本书获汪功新先生及西北政法大学刑事辩护基金资助

比较法视野下的

公民参与审判类型化研究

陈建军　著

法律出版社
LAW PRESS · CHINA
北京

图书在版编目(CIP)数据

比较法视野下的公民参与审判类型化研究 / 陈建军著. -- 北京:法律出版社,2022
ISBN 978-7-5197-6458-6

Ⅰ.①比… Ⅱ.①陈… Ⅲ.①陪审制度-研究-中国 Ⅳ.①D926.2

中国版本图书馆 CIP 数据核字(2022)第 030163 号

比较法视野下的公民参与审判类型化研究
BIJIAOFA SHIYE XIA DE GONGMIN CANYU SHENPAN LEIXINGHUA YANJIU

陈建军 著

策划编辑 冯雨春
责任编辑 冯雨春 张 颖
装帧设计 鲍龙卉

出版发行 法律出版社
编辑统筹 法律应用出版分社
责任校对 王晓萍
责任印制 刘晓伟
经　　销 新华书店

开本 880 毫米×1230 毫米 1/32
印张 10.5 **字数** 294 千
版本 2022 年 6 月第 1 版
印次 2022 年 6 月第 1 次印刷
印刷 北京虎彩文化传播有限公司

地址:北京市丰台区莲花池西里 7 号(100073)
网址:www.lawpress.com.cn
投稿邮箱:info@lawpress.com.cn
举报盗版邮箱:jbwq@lawpress.com.cn

销售电话:010-83938349
客服电话:010-83938350
咨询电话:010-63939796

书号:ISBN 978-7-5197-6458-6 **定价**:48.00 元

凡购买本社图书,如有印装错误,我社负责退换。电话:010-83938349

前　言

权利是法律赋予人实现其利益的一种力量。公民参与审判是公民参与司法的有机组成部分，是司法民主化的实际操作内容。公民参与审判制度形式上是一项司法制度，但本质上彰显着部分政治制度的特色，是公民个人参政权向司法领域的一种“扩张”。公民参与审判的历史源远流长，目前公民参与审判制度已被绝大多数现代法治国家所认可、构建，并越来越呈现出类型化的蓬勃发展趋势。我国人民陪审员制度存续已久，然而实践效果不尽如人意，始终摆脱不了实践中“陪而不审，审而不议，议而不决”花瓶式的效果。随着2018年《人民陪审员法》的颁布及实施，我国人民陪审员制度的完善迎来了新的契机。基于此，本书秉持“由实入理”的学术理念，奉行“中国问题，世界眼光”的研究格局，立足于我国人民陪审员制度实施过程中具体的理论问题和实践问题，运用比较研究、实证研究、社会学功能主义等研究方法，为我国人民陪审员制度的进一步完善建言献策。本书的主要内容包括以下四个方面：

第一章是对世界范围内公民参与审判制度的类型化界定进行分析，这是本书研究的逻辑起点。该部分以完善我国人民陪审员制度为背景，立足当下中国司法民主的新发展，以中国特色司法民主制度的类型化构建和完善为愿景，提出我国人民陪审员制度具有独立于其他公民参与审判模式的类型化特征。具体包括：第一，从社会语言学角度对世界范围内公民参与审判制度的相关用语进行厘清和界分；第二，对世界范围内具有代表性的公民参与审判制度，运用统一标准进行模式划分，将其划分为分工模式、协作模式、糅合模式、并行模式以及见证模式五大类型；第三，对五大类型的公民参与审判制度从选任程序，适用范围，庭审程序，权利、义务及责任四个方面进行比较分析和模式化总结。

第二章是对公民参与审判类型化的生成机理进行探究和论证，这是本书研究的理论前提。该部分旨在探讨公民为什么需要参与审判，进而为我国人民陪审员制度的进一步完善提供妥当的制度基础、理论基础以及价值基础。具体包括：第一，对公民参与审判的渊源进行探究和甄别，明确现代主流公民参与审判模式的制度前提；第二，对公民参与审判制度的流变过程进行梳理和分析，论证司法民主同各国司法文化、司法传统之间的张力关系；第三，运用社会学功能主义方法，论证司法民主理论、依宪执政理论、公民参与阶梯理论、分工效率和协调增进理论、政治风险转移理论与公民参与审判制度的关系；第四，通过论证司法民主与司法职业化、司法公正、司法监督、依法独立行使审判权、公民的司法认同之间的相互关系，探讨公民参与审判制度的价值基础。

第三章是对我国公民参与审判制度进行类型化评析，这是本书研究的问题路径。该部分通过对我国公民参与审判制度的运行机制和理论问题进行评价和分析，厘清我国公民参与审判制度运行过程中的实践问题。具体包括：第一，对我国公民参与审判的立法现状、制度特色及相关配套措施进行梳理和评析，明确我国人民陪审员制度的特色；第二，对实质影响我国公民参与审判的合宪性争议、权利和义务的平衡、各式角色的冲突、事实和法律问题的区分、审判与新闻自由等典型性理论问题进行归纳与评析；第三，对人民陪审员制度试点和实施过程中出现的选任机制，适用范围，评议规则，保障体系，考核、退出及惩戒机制等代表性问题进行归纳与评析。

第四章是探讨我国公民参与审判类型化的完善进路，这是本书研究的关键所在。该部分在归纳前述问题的基础上，对我国公民参与审判制度的进一步完善提供了多种可行路径。具体包括：第一，我国公民参与审判制度应该秉持精英化为主兼采大众化、以实质参与为主兼采形式监督、以审判职能为主兼采调解等基本原则；第二，明确我国人民陪审员制度的诉讼定位，审判制度应该以人民陪审员制度为中心重构，审前制度以人民陪审员制度为中心调适；第三，从限定理论依据、明确宪法依据、平衡权利义务、确定事实和法律问题的认定方法、界定新闻自由的边界等方面为我国人民陪审员制度的完善提供支持；第四，从选任机制，适用范围，评议规则，保障体系，考核、退出及惩戒机制等方面为我国的人民陪审员制度的完善提供操作规程。

自　　序

随着经济的全球化，民主制度的全球化已经呈现出不可逆转之趋势。诚然，民主理念和制度并非无往不利。在民主相对成熟的国家，公民在某种程度上失去了在公共事务中的权益和参与权，他们对于民主的质疑从未停止；在法治相对落后国家，民主理念和制度的“扩张”遭遇了空前的阻力，举步维艰。然而，毋庸置疑的是，民主制度正在逐步全球化，至少民主理念持续不断地冲击并影响着各国公民的传统思维，给各国公共制度的构建施加压力。换言之，民主理念不但深入政治制度构建的各个方面，也对司法制度的构建产生深远影响，具有代表性的诸如对公权力的制约、公民的直接参与以及保障人权等理念和制度都是司法民主理念的具象化体现。

公民参与审判无疑是司法民主理念的具体践行，但司法民主和司法职业能否共存始终是世界范围内的一个争议命题。虽然至今仍未彻底解决这一争议，但回顾司法制度的发展历程，司法民主理念已然根植于大多数国家的刑事司法制度之中。一般认为，司法民主最初仅存续于法治先行的英国和美国，但随着法治的推行和民主理念的深入人心，以德国、法国为代表的大陆法系国家逐步承认并引入了公民参与审判制度。20 世纪末，新兴法治国家日本、韩国等相继改革本国的刑事司法制度，推行司法民主的理念。可以说，现如今如何通过公民参与审判制度有效践行司法民主理念已然成为各国刑事司法制度改革必须面对的一个重大难题。

立法机关与行政机关如同人的心脏与动脉，司法机关则如同人的静脉，立法、行政改革宛如清除心脏、动脉栓塞，以期恢复血脉顺畅、进而强化生理机能，而司法改革宛如彻底解决静脉过窄问题，扩充管道，以期调养生息、强健体魄。司法改革和立法改革、行政改革同等重要。法治乃任一公民平等、对等之法治，因此，即使是个人的微言片语，若是发自肺腑的正义话语，就需耐心倾听，因为这是每个公民无可替代之尊严与信仰，亦是宪法保障人权的具体体现，司法改革如果没有公民参与必然与民心相背离。现代法治国家，公民参与审判是司法改革的重要组成部分，无论是分工模式还是协作模式，抑或糅合模式，都不是尽善尽美的公民参与审判制度，但我们能看到参与审判的公民基本都严肃地履行自己的义务，认真地作出有利于社会公正的审议，他们富有责任感，关注社会公益。可以说，民主理念和制度的践行其实很简单，就是聚集在一起的公民就某项特定议题，根据适当的、可操作化的程序通过审议作出决定。本书的创作初衷就是在肯定公民参与审判具有正当性的基础上，通过对主要法治国家的公民参与审判制度进行类型化的研究后，为我国公民实质参与审判提供适当的、可操作化的规范程序。

陈建军

2021年6月5日于西安

目录

CONTENTS

第一章

公民参与审判的类型化界定

第一节　公民参与审判的相关概念界分

一、国外的用语界分

世界范围内公民参与审判制度类型多样，用语修辞迥异。由于文字本身所具有的抽象性和多义性，构成法律条文的语词自始就存在不确定性和模糊性。[①] 随着不同公民参与审判制度的融合和流变，本来确定性不足的专业术语，变得更加模糊，甚至出现了张冠李戴的情形。以最为常见的陪审、参审等专业术语来说，很多国家的使用呈现习惯化用语的态势。例如，自 1941 年法国公民参与审判模式从陪审制向参审制转变之后，陪审员与法官“分职分权”的陪审制就转变为参审员与法官“同职同权”的参审制，但是，《法国刑事诉讼法》中仍然保留着陪审团和陪审员的专有称谓；[②] 德国也早在

① 参见牟治伟：《法官、法律语词与公正裁判》，载《人民法院报》2020 年 9 月 18 日，第 6 版。

② 参见《法国刑事诉讼法》第 240 条、第 255 ~ 257 条。

1924 年就废除了陪审制，《德国法院组织法》上虽然不再有陪审员的称谓，但地方法院级别的陪审法院称谓沿用至今；[①] 1971 年，苏联将苏俄时期的陪审制改革为公民与法官共同审判的参审制，但陪审的称谓沿袭了下来；我国受苏联的影响，虽然一直将参与审判的公民称作陪审员，但其实质与参审制更具类似性；佛蒙特州是美国唯一适用参审制的“异类”，该州将参审员称为陪席法官。综上所述，对于参与审判公民的称谓，上述国家都遵循了约定俗成的用语习惯，并不会因为制度的改革而改变其既定称呼。

美国学者 John P. Richert 将公民参与审判的类型大致区分为三种：参审制、平民法官和陪审制。[②] 其中，参审制也称为混合审判制，是一种协商型审判模式。平民法官以英国的和平法官为代表，仅在英国和美国等英美法系国家具有影响力，其特征在于平民行使审判权，仅对特定事物享有管辖权。陪审制又可分为参与陪审制和咨询陪审制，前者的特征在于陪审员高度独立于职业法官，后者的特征在于职业法官对陪审员在法律中扮演角色有重要影响。

二、国内的现有用语

国内对公民参与审判的相关概念呈现既熟悉而又陌生的样态。一方面，陪审、参审的字眼充斥在浩如烟海的学术论文和法律规范之中；另一方面，对于陪审、参审的概念运用恰如其分的却少之又少，尤其是陪审的概念面临着乱用、胡用的窘境。陪审概念运用的状况按适用范围从大到小大致可归纳为以下四种情形：其一，将陪

---

① 参见《德国法院组织法》第 75 条、第 77 条。

② See John P. Richert, *West German Lay Judges*: *Recruitment and Representativeness*, Florida University Press, 1983, p. 20.

审制等同于现代的公民参与审判和古代的市民参与审判。也就是不仅将陪审制等同于参审制，还将其等同于日本的裁判员制度、韩国的国民参与裁判制度、我国的人民陪审员制度、我国台湾地区的观审员制度以及挪威、芬兰的陪审与参审并用制度等，甚至还等同于古希腊、古罗马的市民参与审判制度；其二，相比于前一种情形，仅将古希腊、古罗马的市民参与审判制度排除在外；其三，相比较于前两种情形，陪审制的外延和内涵的界定进一步限缩，仅将其视为英美法系陪审制和大陆法系参审制的总和；其四，相比较于前三种情形，仅将陪审制等同于英美法系的陪审制，包括“大陪审团”（Grand Jury）和“小陪审团”（Petty Jury）。①

之所以会出现上述情形，主要是因为我国对于陪审、参审的相关概念的应用界限含糊不清。自清末变法引入国外法律文化和司法制度伊始，无论是在理论研究、制度构建，还是司法实践层面都未明晰陪审与参审的本质区别。例如，介绍大陆法系的参审制时，一直沿用陪审制的相关概念，把参审制等同于陪审制而混用。事实上陪审制和参审制是基于不同法律文化、传统及实践而产生的风格迥异的两类公民参与审判制度。直至现如今，我国的现行人民陪审员制度其实质上更贴近于参审制，与陪审制相去甚远，但是陪审的用语沿用至今，无论是理论界还是实务界，大家好像存在一种“无形的默契”，对于陪审所指为何，与参审区别何在，没有深层次的考量，而将其视为简单的文字游戏。

三、相关概念厘清

对于陪审制、参审制、裁判员制度、国民参与裁判制度、人民

① 参见刘锡秋：《论陪审制度的概念》，载《社会科学论坛》2013 年第 2 期。

陪审员制度、观审员制度以及陪审与参审并用制度，我国并没有明晰的区分标准，为了便于本书接下来进行的公民参与审判制度类型化的分析和研究，有必要对相关概念进行厘清。

其一，公民参与审判相关概念的厘清。因为存在陪审制等多类公民参与审判制度，为了方便对这些制度进行共性和个性的研究，下文将其统称为公民参与审判制度。在此前提下，需明确各类制度之间的称谓区别：陪审员特指适用陪审制的陪审团成员以及韩国参与裁判的公民；参审员特指适用参审制的参审员；观审员特指我国台湾地区的参与审判的居民；裁判员特指日本裁判员制度中的参与审判的公民；人民陪审员特指我国人民陪审员制度中参与审判的公民。

其二，公民、人民、国民、市民概念的区分。就一般民众参与审判而言，世界范围内有公民、人民、国民、市民等不同的表达形式：古希腊、古罗马的一般民众参与审判常用到“市民”一词，这和古希腊城邦的市民阶层即自由民的诞生息息相关。而古罗马则曾经颁布了《市民法》，以规制罗马市民之间的关系。日本和韩国习惯用国民这一称谓，《日本裁判员参加刑事审判相关法》（以下简称《日本裁判员法》）第1条就明确规定：“该法通过从国民中选任裁判员和法官共同进行刑事审判，以期达到国民对司法的深入理解和信赖。”韩国的陪审员参与审判制度官方称为国民参与裁判制度。我国在法律规范中常用人民字样，中国的公民参与审判制度亦称为人民陪审员制度。人民无疑是一个纯粹的政治概念，但其在不同的历史时期具有不同的外延和内涵。公民不仅是一个政治概念，还是一个法律概念。它是依托于相关的法律法规体系而存在的，离开其相关联的法律法规体系，其本质与人民无异。国民是拥有一国国籍的国家主权构成者，法国政治家约瑟夫·塞亚斯认为，国民就是生活在同一宪法下作为立法代议机构主权代表的人们共同体。①市民具有一定的区域特性，通常指的是具有城市户籍的居民或常居城市的合法居民。通过上述含义的叙述可知，当今法治社会语境下，人民和市民的概念在法律层面是不能适用的，国民和公民虽然都能在法律层面适用，但是就法律用语习惯而言，公民这个概念更贴近我国的司法现实状况。

其三，审判、裁判概念的区分。审判和裁判的概念的区分仅仅适用于以汉字和佛教文化为纽带的东亚文化圈，尤其是日本和韩国。上述两国习惯运用裁判这一概念表达审理案件之义，而我国通常采用审判这一概念表示审理案件之义。究其原因是日本与韩国的法官通常称为裁判官或者裁判者，与之相对应，两国的一般公民参与审判的制度称为裁判员制度与国民参与裁判制度。

第二节　公民参与审判的分工模式

一、美国陪审制

陪审制起源于英国，兴盛于美国。美国被公认为“西方陪审制度的沃土”②，托克维尔认为美国陪审制“是人民主权的一种形式”③。

① 参见于清：《我国“人民”含义之宪法史考辨》，载《沈阳大学学报（社会科学版）》2014 年第 2 期。

② 何家弘：《陪审制度纵横论》，载《法学家》1999 年第 3 期。

③ ［法］托克维尔：《论美国的民主》（上卷），董果良译，商务印书馆 1989 年版，第 315 页。

与世界主要法治国家对陪审制附加诸多限制条件，甚至对陪审制敬而远之的情形不同，美国对陪审制情有独钟。《美国联邦宪法第六修正案》明文规定，“被告人在一切刑事诉讼案件中，享有由犯罪行为发生地的州或者地区的陪审团予以迅速、公正、公开审理的权利”。根据美国法的规定，美国陪审团可分为大陪审团和小陪审团两种类型。“大陪审团”，又称起诉陪审团，通常由 23 名陪审员组成，采取“大陪审团”的刑事案件，检察官不能决定是否将案件起诉至法院，而由“大陪审团”决定，其功能在于限制公权力的滥用。“小陪审团”，又称为审判陪审团，一般由 12 名陪审员组成，适用于案件审判的事实认定，即审判过程中陪审团与法官各司其职：前者独立负责认定案件事实，后者负责适用法律。陪审团在经过集体讨论后得出的决定通常只有有罪或者无罪的事实认定。如果陪审团认定无罪，法官应当庭释放被告人；如陪审团认定有罪，则由法官进行量刑。值得注意的是，就美国的联邦法院系统而言，《美国联邦刑事诉讼规则》明文规定，一般情形下，参与刑事案件的陪审团必须由 12 名陪审员组成；就美国的州法院系统而言，对于参与刑事案件的陪审团，共计约有 40 个州坚持要求在重罪案件中适用 12 人陪审团。但是，对于轻罪案件，仅有 10 个州坚持要求适用 12 人陪审团。可见，美国联邦刑事陪审团的标准阵型是 12 人陪审团，只有在特殊情况下，才可以组建人数少于 12 人的小型刑事陪审团。[①] 鉴于本书要探讨公民参与审判制度具有代表性的特征，因此仅针对 12 人陪审团的相关问题进行分析和讨论。

---

① 参见胡荣、胡夏冰：《域外陪审法庭的组织结构与席位布局概览》，载《人民法院报》2017 年 4 月 7 日，第 8 版。

揆诸美国的法律发展史，其适用陪审制的传统要远远早于美国的建国历史。早在英属殖民地时期，陪审制就在北美大陆有了一定程度的适用，但此时陪审制承担着特殊的政治功能。美国陪审制虽然是对英国陪审制的继受，但就运行现状和发展程度而言，美国陪审制在当今世界的影响最为深远、最为广泛。现行美国陪审制呈现出多样化特征：联邦有联邦的制度，各州有各州的制度。美国多层次的司法制度是其陪审制多样化的制度基础。基于此，研究美国陪审制时，应该注意其多样化的样态。不过，美国陪审制也存在诸多相似特征，在刑事案件中呈现出的相似程度要远远高于民事案件。总之，为达到对美国陪审制体系性、全面性认知的目的，有必要在承认其多样化的前提下，归纳其共性特征，并在此基础上对其运行机制进行讨论和分析。

（一）美国陪审员的选任程序

《美国联邦宪法第六修正案》仅对陪审团的组成进行了原则性的规定，即仅需陪审团的组成公正、公开且按照事先确定的法律程序从各地区随机抽选即可。根据《美国联邦陪审团组成人员抽选与服务的法律》的规定，成为陪审员必须同时满足以下条件：其一，须为年满 18 周岁的美国公民；其二，在特定司法辖区居住至少 1 年，必须拥有填写陪审员资格图表的相应文化水平；其三，自身没有未决的刑罚，或者处罚 1 年以上监禁的犯罪记录；其四，英语日常交流无压力且个人身体及精神状况能够胜任陪审员的基本要求。需要注意的是，尽管美国联邦对陪审员的资格认定已有成文法规定，但基于各州的特殊情况，至少有 3 个州对陪审员的年龄有更高的要求。另外，因为陪审员职业的特殊性以及现实客观情况的限制，满足下列条件的美国公民拥有担任陪审员的豁免权：其一，法院确定的特定团体或特殊职业，如公务员、消防员及法律职业群体等。其二，个人申请后批准的特定群体，如医生、神职人员、抚养婴幼儿的监护人等。其三，因为个人客观情况不宜担任陪审员，如患有严重疾病、经济拮据、年龄过大、居住地遥远等情形。

美国陪审团成员需要通过审前随机抽选程序产生。陪审员的随机抽选程序一般需要经过以下四个步骤：其一，通过美国各州法院的计算机系统从样本中随机抽选并提名一定数额的候补陪审员，抽取样本通常是地方居民的纳税记录、机动车驾驶证登记簿或者选民登记表等。司法实践中，由法官的助手从当地的选民登记手册中随机抽出候选人名单，法官根据案件的具体情况确定候选陪审员人数。① 值得注意的是，为了保障所遴选陪审员的公平性、中立性，美国遴选陪审员的名单，必须在某些关键的方面与社区一致。对此要求，泰勒案（Taylor *v.* Louisiana）具体化为“公平交叉规则”（fair cross section）②。其二，并非每个候补陪审员都有机会成为正式陪审员。候补陪审员到庭之后，法院工作人员会对候补陪审员进行资格审查，资格审查通常由法官向候补陪审员询问，之后律师再进行补充提问。然而司法实践中，70%的案件都是法官单独对候补陪审员进行询问。其三，通过资格审查程序，控辩双方根据提问的情况可以确定候补陪审员对己方是否持有偏见或者有先入为主的倾向。如果存在上述有失公允的情形，控辩双方可以依据有因回避或者无因回避要求其回避。通常而言，有因回避必须阐明要求回避的理由，回避的理由依据法律进行逐一列举；无因

① 参见喻贵英：《走进美国的陪审制度》，载《法学评论》2004年第2期。

② 樊传明：《陪审员是好的事实认定者吗？——对〈人民陪审员法〉中职能设定的反思与推进》，载《华东政法大学学报》2018年第5期。

回避无须进行说理。有因回避没有次数的限制，无因回避有次数的限制。[①] 其四，法官最终确定12名正式陪审员，但是为了防止审判过程中陪审员的突发情况而导致庭审中断，通常要根据案件的复杂程度及案件的持续时间的相关情况来确定若干名预备陪审员，以备不时之需。预备陪审员也需全部出庭并全程听审。

（二）美国陪审制的适用范围

因为陪审团的适用存在司法成本昂贵、诉讼周期漫长等缺点，美国基于司法效率和司法效益的考量，仅针对严重、疑难、复杂的刑事案件和标的额巨大的民事侵权案件才赋予被告人是否适用陪审制的选择权。根据美国法的规定，死刑案件必须适用陪审制进行审判，对于可能判处6个月以下监禁刑的轻微罪案件，禁止适用陪审制进行审判。

原则上，美国赋予了被告人是否适用陪审制审理刑事案件的选择权，如果被告人选择适用，则法官或者检察官没有权力阻止。如果被告人放弃适用陪审制，则该选择必须得到法院的许可和相关政府部门的同意，且必须以书面的形式进行公示。美国的司法实践中，大概有2/3的重罪案件赋予了被告人是否适用陪审制的选择权，仅有1/3的重罪案件是强制适用陪审制的。由此可见，在美国是否适用陪审制进行审判，是被告人享有的一项宪法性权利。

（三）美国陪审制的庭审程序

正式庭审之前，陪审员必须进行宣誓，以表示为审理案件负责。宣誓之后，在陪审员参与审判的过程中，法官的指示发挥着至关重要的作用。具体而言：其一，法官首先会给陪审团提供初步指示。

---

① 参见［美］伦道夫·乔纳凯特：《美国陪审团制度》，屈文生等译，法律出版社2013年版，第20页。

这类指示用通俗易懂、简单明了的语言为陪审员提供必要的信息，使审判更具有意义。司法实践中，美国法官通常会将指示的具体内容统一印制在“指示样本”的宣传册上，庭审前向陪审员宣读。该“指示样本”一般包括刑事诉讼的基本原则、陪审员的义务及责任、证据运用的基本规则以及审判的具体流程等。其二，法官在庭审结束时会再次给陪审团提供指示。这类指示既可以由法官自己提供，也可以是由辩护律师提出、控辩双方都同意且经法官认可的指示方案。该指示方案的内容具体包括陪审员审判案件过程中的责任、犯罪行为构成要件、陪审团评议以及事实认定的具体规范等，主要是为了给陪审员提供一种思维模式或者行动的框架。需要指出的是，法官对于是否指示、如何指示拥有最终决定权，法官的指示往往是在和控辩双方协商讨论之后的结果。法官指示陪审员作出不当事实认定的，控辩双方可以以此为理由提出上诉。①

陪审员了解法官的指示内容之后，会对案件事实是否构成犯罪以及构成何罪进行事实认定。事实认定之后，陪审团进入对案件的秘密评议阶段。陪审团评议必须在专门的评议室内秘密进行，评议期间，控辩双方以及法官都无权旁听。陪审团评议过程奉行秘密原则主要是因为：其一，可以保障陪审员之间坦率而充分地进行评议，进而有利于公正判决的作出；其二，有利于维护刑事判决的确定性与终局性，避免外力的无端干扰；其三，有助于维护公民对于陪审制的信赖；其四，有利于保证陪审员评议时不受外界侵扰，保护他们的隐私和安全。陪审员在评议过程中对于证据运用或者法律适用有疑惑时，可以将问题写在纸条上通过法警提交给

① 伊藤博路「陪審における説示と評議：素人の事実認定の可能性と限界」北大法学論集45巻3号（1994年）440－441頁参照。

法官。陪审员在评议过程中不得接触新闻媒体，不得擅自离开，否则要承担相应的刑事处罚。评议后陪审团的评决也是通过投票的方式秘密进行。

《美国联邦刑事诉讼法》要求陪审员评议、评决全员意见一致。美国各州的刑事诉讼法绝大多数也要求评议、评决全员意见一致，仅有 5 个州例外。美国陪审团的评议、评决原则上必须意见全部一致，即必须贯彻陪审团一致裁决原则。司法实践中，陪审团一致裁决原则始终在美国联邦和州两级法院的司法实践中占据统治地位，这体现了乐观理性主义的认识论。然而，无论是理论界还是实务界，质疑并要求废除这一原则的声音从 20 世纪末以来从未停止过。经过 1972 年联邦最高法院的判决之后，一致裁决原则的地位开始下降，各州逐步开始允许自主选择是否适用一致裁决原则。① 评决结束以后，必须将裁决结果告知法官并在法庭上公开宣读，宣读后诉讼双方当事人有权向每一位陪审员进行询问。如果陪审团评决“悬而未决”，法官会对陪审团宣读“爱伦指示”（Allen Charge）②，命令陪审团重返评议室重新评议一次或者数次，再次评议后仍然无法作出裁决时，法官会公开宣布该次审判无效。

（四）美国陪审员的权利、义务及责任

结合上文论述可知，美国公民参与审判主要是一项公民权利，但是，又兼具义务属性。之所以说美国公民参与审判具有义务属性，主要原因在于：其一，除法律明文规定的具有豁免权的特殊团体和特定职业外，其他公民想要豁免这项义务可以以严重疾病、经济拮

---

① 参见高一飞：《陪审团一致裁决原则的功能》，载《财经法学》2018 年第 6 期。

② 爱伦指示也称强迫性指示，是指在陪审团难以达成一致意见而形成僵局时法官向陪审团作出的指示，要求陪审员应认真听并尊重彼此的意见，努力作出一致裁断。

据、年龄过大、居住地遥远等为由向法院提出申请，由法官根据客观情况进行裁量；其二，陪审员参与审判负有宣誓的义务，保证在参与审判过程中保持公平、公正，原则上陪审员庭前必须全部进行宣誓；其三，陪审员对评议内容负有守密义务，但是评议的秘密性及其守密义务相较于英国要宽松许多。比如美国陪审团评议过程中，陪审员可以通过法警用纸条向法官传递信息，而英国是严格禁止的；美国陪审员在审理结束后，可以阐述对案件的看法，也可以对外界公开评议情况，而英国是严格禁止的。另外，美国陪审员评议期间的惩罚措施比英国稍轻：英国陪审员若违反评议规则直接以藐视法庭罪论处，而美国陪审员若违反评议规则多处以罚款、社区劳动以及监禁。

美国陪审员参与审判的保障措施主要包括：其一，陪审员参与审判所耗费的住宿费、伙食费以及误工费必须通过司法经费予以补贴。其二，赋予陪审员的工作豁免权。陪审员参与审判时，其所在工作单位不得变相克扣工资、以无理理由任意辞退该人员。公民因为正当理由如严重疾病、抚养义务以及休假安排等而提出陪审员豁免申请的，应该被尊重，如果遭到主管官员拒绝，该公民有权就此提起上诉。其三，适用陪审团审判的案件，无罪判决原则上奉行一审终审制，检察官不得上诉。有罪判决的被告人有权上诉，虽然实践中上诉成功的案例极少。① 其四，在适用陪审团审理的刑事案件中，也可能会出现“陪审团废法”的情形，即检察官已经排除合理怀疑地证明被告人违反了刑事法律，构成刑事犯罪，应依法被判决有罪，但陪审团依然判决被告人无罪。“陪审团废法”之所以在质

① 中川丈久「陪審審理が米国法にもたらした影響」神戸法学年報16号（2000年）135頁参照。

疑和批判声中依然顽强地存在，是因为“陪审团废法”植根于陪审制度本身。[①]

（五）小结

综上所述，美国陪审制伴随着美国独立运动的发展而壮大，这一时期美国陪审制的任务更多地偏向挣脱英国统治的“牢笼”，具有强烈的民主政治色彩。独立后的美国随着法治理念的深入人心，以及对公权力的有效制约，刑事陪审制的雏形已经初见端倪。现如今，美国陪审制经过200多年的持续发展，已经形成了庞大且有体系的“联邦—州”刑事陪审团双轨系统。当初继受于英国陪审团的制度基础、陪审员的资格认定、陪审团的组成等各个方面都发生了显著变化。

美国陪审制最为显著的特点主要体现在：其一，美国从宪法上赋予公民接受陪审团审判之权利，以防止公民的生命、自由及财产等基本权利遭遇政府或者他人不公平的起诉、剥夺。潘恩将陪审制看作“人权的伟大而又几乎是唯一留存的堡垒”[②]。其二，美国陪审制从早期的“邻居陪审”向“路人陪审”转变。早期遵循的是“同侪审判”理念，即陪审员最好是熟知被告人性格及具体情况的、居住在被告人左近的邻居，但随着信息化、全球化的发展，人与人之间的关系日益陌生化，美国陪审团逐步转向“路人陪审”。其三，美国陪审制将影响陪审团审判的新闻媒体报道纳入具体的陪审制构建中来，防止过度新闻自由给司法民主带来的冲击。其四，美国陪审制政治色彩强烈，美国立法者认为政府是具有实质危险性的公权

① 参见高一飞、贺红强：《美国陪审团废法的正当性考察》，载《学术论坛》2013年第6期。

② ［英］潘恩：《潘恩选集》，马清槐译，商务印书馆1981年版，第87页。

力，必须借由陪审制予以制衡，因此赋予两种制度以公权力即议会代表制及陪审制，以保障公民的民主自由。为了更好地使公民具备采取直接行动来影响国家，担任陪审团也许还能强化社会科学家所谓的“政治功效”。[①] 当然，随着多元替代性纠纷解决方法的兴起，美国的陪审制也面临着前所未有的挑战。具体包括陪审员时常会曲解法律、评估证据粗心大意、易被主观情感左右、对证据回忆困难、难以适应复杂的诉讼程序、妨碍司法制度的正常运行、担任修正或者解释法律的立法者角色等诸方面。但多年以来，美国对于陪审制更多的是尝试改革而不是去废止它，可谓是明智之举。[②]

二、英国陪审制

一般来说，人们普遍认为英国是现代陪审制的“苗圃”。然而，现代意义上的陪审制也并非英国土生土长的产物，而是1066年威廉从欧洲大陆引入英国的古老习惯。这一时期，英国陪审制的功能仅仅是王室获取相关信息的工具，其是有限的证人身份。随着社会的发展，1215年，《英国自由大宪章》把陪审团以法律形式规定下来。1352年，爱德华三世颁布诏令，设置12人陪审团专司审判之职。[③] 我国学者李洪海认为，英国陪审制主要经历了从宣誓调查到咨审，再到陪审三个阶段，其中，第一次转变（从宣誓调查到咨审）是适用范围之变，即从行政领域引入司法领域。第二次转变（从咨审到

---

① 参见［美］约翰·加斯蒂尔等：《陪审团与民主——论陪审协商制度如何促进公共政治参与》，余素青、沈洁莹译，法律出版社2016年版，第32页。

② 参见高一飞：《上帝的声音——陪审团法理》，中国民主法制出版社2016年版，第12页。

③ 参见齐树洁：《英国陪审团制度的发展与改革》，载《司法改革评论》2009年第9期。

陪审）是性质之变，即陪审员从知情人、信息的提供者转变为事实的裁断者。而在第二次转变中又可以细分为两个阶段：第一阶段是作为裁断者的陪审员由了解当事人情况的邻人组成，因此陪审团可以依据自己所知或经调查后径行裁断；第二阶段则是由完全不了解案情或当事人情况的陌生人组成裁断陪审团，不得依自己所知而只能依有效的呈堂证供进行裁断。①

随着陪审制功能和范围不断增强和扩大，陪审制逐渐成为英国资产阶级革命以来引以为傲的“自由的堡垒”“象征着自由永存之明灯”。② 英国能成为人类历史上第一个法治国家，与几百年来陪审制在其中扮演“培养英国人的守法习惯”这一角色无疑息息相关。陪审制对于英国法治之形成功勋卓著，此乃世所公认。③ 然而，由于英国法数十年对陪审制的漠视和相应宪法保护措施的阙如，英国民事陪审团已经退出历史舞台，英国刑事陪审团的权限和威望也在逐年缩小和降低。毋庸置疑，英国陪审团的衰落正在持续，官方依然在施加压力将更多种类的刑事案件抽离陪审团。④

（一）英国陪审员的选任程序

根据英国法的规定，凡是在英国本土连续居住累计 5 年以上，18 ~ 70 周岁的登记在册公民都具有被抽选为陪审员的资格。但是，法律禁止或者豁免担任陪审员的人员除外，这类人员包括：其一，

---

① 参见李洪海：《英国陪审制转型的历史考察》，载《法学评论》2015 年第 4 期。

② See Sir Patrick Devlin, *Trial by Jury*, *Stevens & Sons Limited*, London, Sixth Impression, 1978, p. 60.

③ 参见刘练军：《陪审的性质与功能新论》，载《华东政法大学学报》2012 年第 4 期。

④ 参见［美］威廉·L. 德威尔：《美国的陪审团——一位美国联邦法官对陪审制度的激情辩护》，王凯译，华夏出版社 2015 年版，第 7 页。

患有精神病的限制行为能力人、留有犯罪记录的人、至今过去 10 年间被处以刑罚或者存在其他类似经历的人。其二，神职人员和法律职业人员。法律职业人员具体包括执业律师、警察、法院内部从事法律相关工作人员、监狱工作人员等。其三，议会议员、医务人员、现役军队武装人员等。

英国陪审团通常由 12 名陪审员组成，陪审员的召集由英国全国陪审员调度中心统一管理。各地区选民主事官员每年将登记造册的选民登记副本提交至法院主管法官，主管法官从该副本中随机抽选定额的候补陪审员，并以大法官的名义将该名单邮寄给被选定人员。为了让被通知的公民了解英国陪审制相关内容，在书面传唤通知书中，通常附有关于陪审相关事项的说明资料，主要介绍担任陪审员资格以及公民如何履行陪审义务，在何种情况下可以申请免除或者推迟提供陪审服务，[①] 同时指明无正当理由不到庭参加选任的法律后果等。被通知的公民根据上述说明资料，可以判断自己是否有资格担任陪审员，并应当告知法院能否按时参加抽选。参与抽选的公民应当如实地填写调查问卷，如果具有可以申请豁免的正当理由或者存在不参加陪审员选任的法定情形，应当在调查问卷中予以注明。参与抽选的公民也可以申请推迟履行陪审义务，请求在其他时间提供陪审服务。法院根据调查问卷的填写情况，判断其是否符合陪审员的资格以及能否担任本案的陪审员。

每次法院开庭会根据现实需要，通知一定数量的公民到法庭参加甄选。刑事法庭的甄选一般分为法院的甄选和控辩双方的甄选。法院甄选主要考察被抽选者是否符合法定资质，或者有无申请陪审

① 参见胡荣、胡夏冰：《英国：陪审员选任程序及特色》，载《人民法院报》2017 年 8 月 4 日，第 8 版。

豁免权。控辩双方甄选陪审员则是法律赋予其获得公正审判的诉讼权利。就法院的甄选而言，一般在法庭正式审理之前，由法官助理从候补陪审员的名单中随机抽选12名正式陪审员，并对陪审员的资质进行考察。考察之后会将行为举止失常、个人能力低下、酗酒以及怀有偏见等陪审员予以排除。需要指出的是，在陪审员甄选期间，如果公诉机关或者辩护律师认为已被选中的正式陪审员因为某种理由必须回避的，① 可以直接要求其回避，如果陪审员回避的话，法官助理可以随机抽选预备陪审员，以填补空缺。12名正式陪审员最终确定后，需要进行宣誓并列席法庭陪审席，在法庭审理过程中，如若陪审员因为疾病或者其他理由不能继续参与审理案件时，只要陪审团成员不低于9名，刑事审判依然可以继续进行。

（二）英国陪审制的适用范围

英国陪审制的适用范围受到了英国法院体系和罪责种类的双重限制。就英国的法院组织体系而言，可自下而上大致区分为三个层级：其一，负责审理轻微刑事案件的治安法院。治安法院大多适用的是简易程序，并不适用陪审制审理案件。其二，负责严重犯罪的刑事法院、王座法院以及上诉法院。陪审制绝大多数适用于普通程序的刑事法院，王座法院与上诉法院作为一审案件的上诉机关，也是不适用陪审制的。其三，最高审判机构为上议院。上议院通常受理具有非常重大影响的刑事上诉案件或者涉及重要人物的刑事上诉案件，同样是不适用陪审制的。

就英国的罪责种类而言，根据犯罪情节的严重程度可以大致划分为三种类型：其一，涉嫌扰乱社会治安或交通肇事的轻微刑事案

① 英国刑事案件的陪审员回避总共有三种情形：有因回避、无因回避以及暂缓决定，无因回避于1998年被彻底废除。

件，即即决犯罪案件。这类案件通常由治安法院负责审理，是不适用陪审制的。其二，涉嫌盗窃、人身轻伤害的一般刑事犯罪案件，即“两可犯罪”案件（该类犯罪案件通常赋予被告人选择适用简易程序和普通程序的选择权）。如果被告人自愿选择无罪答辩，则必须通过刑事法院，由1名法官和12名陪审员组成合议庭进行审理。如果被告人自愿选择有罪答辩，则适用治安法院的简易程序，无须适用陪审制。其三，涉嫌杀人、抢劫、强奸、叛国、严重故意伤害等多数严重刑事犯罪案件，即可起诉犯罪案件。该类案件通常适用刑事法院的普通程序，诉讼中赋予了被告人是否适用陪审制的选择权。

（三）英国陪审制的庭审程序

英国陪审员的庭审权限主要在于仔细聆听控辩双方的辩论、举证以及质证，进行证据审查和询问证人，进而根据主审法官的指示，独立于法官进行事实认定并举行秘密评议，刑事案件中的事实认定包含裁定被告人是否有罪。英国实行的是控辩充分对抗的当事人主义诉讼模式，整个刑事诉讼程序的核心在于刑事审判。控辩双方通过对抗辩论、对双方证人的询问与交叉询问以及总结陈述，尝试尽最大努力使陪审团和法官承认自己证据的可采性。陪审团负责事实问题的认定，但是对于专业的法律问题则需接受法官的指示。在英国司法实践中，当刑事案件的证据严重匮乏时，法官可以指示陪审团作出被告人无罪的事实认定。

值得注意的是，英国法官对陪审员的指示可以说是确保陪审员妥当进行事实认定的保障。1987年来，英国法官对陪审员的指示从一般性指示逐渐细化到个案的具体内容。例如，英国2003年刑事司法改革就确立了关于品格证据适用过程中法官对陪审员指示的具体规则和标准。① 另外，虽然法律明文规定陪审团仅能认定事实问题而不能涉及法律问题，但是，在英国的司法实践中，案件法律问题和事实问题通常相互杂糅在一起，如案件事实是否具备法律要件的认定等情形，往往必须法官和陪审团共同解决。英国普通法中有一句传统格言："法官回答法律问题，陪审团回答事实问题。"这一原则是英国司法得以高效运作的重要因素，被视为普通法制度的传统特色。② 现在看来，这一原则已经越来越受到了司法实践的冲击。

陪审团的评议必须在法庭审理结束后秘密进行，任何人不得列席旁听，而且评议过程禁止对外公开。在英国的司法实践中，陪审团评议通常是在专门的评议室秘密进行，陪审员负有严格的守密义务，泄露评议内容会被追究藐视法庭的刑事罪责。适用陪审团审理的刑事案件中，为了保障时间的充足性和质量的可靠性，陪审团评议的时间不得短于两个小时。英国陪审团的评决，原则上必须意见全部一致，如果确实无法达成全员一致意见的，贯彻少数服从多数的多数决规则。多数决规则的合理性在于在尊重人性多样性的基础上，最大程度保证不同个人"一般意志"的一致性。③ 多数决规则要求原则上必须是10∶2，仅有陪审团审判过程中人数减少至10人的情形，才允许9∶1的多数决。④ 一般而言，陪审团评决的有罪裁

---

① 高平奇恵「二〇〇三年英国刑事司法法における悪性格証拠に関する説示」法政研究81巻3号（2014年）384－385頁参照。

② 参见王涛：《陪审制兴衰考》，载《中国刑事法杂志》2016年第1期。

③ 坂井豊貴「陪審定理と多数決の正当性」経済研究67巻2号（2016年）130頁参照。

④ 加藤紘捷「イキリスの陪審審判の変遷と2003年刑事審判法による近時の改正」社会科学研究33巻2号（2013年）158頁参照。

定必须在法庭上公开宣布，并将裁决结果递交主审法官，法官应该当庭宣布判决。

（四）英国陪审员的权利、义务及责任

在英国，公民参与审判既是一项权利，也是一项义务。除了因客观现实因素以陪审员身份参与审判会严重影响公民的日常生活或者工作需要为其豁免外，所有人必须积极履行陪审义务。陪审员参与审判之前，负有宣誓的义务，保证其在参与审判过程中保持“上帝视角”。通常来说，宣誓作为陪审员是否可以公平、公正的精神象征，原则上必须全部进行。另外，陪审员就评议内容而言，负有严格的守密义务，评议内容的秘密性也是英国陪审制的精髓之所在，如果泄露评议相关信息，相关陪审员会面临藐视法庭的刑事追责。但需要指出的是，2015 年英国的刑事司法改革中，对于陪审员绝对的守密义务已经有所松动，基于公正裁判优先思想指导下的这次改革会对英国陪审制的未来走向产生深远影响。① 另外，根据英国法的规定，为了保障陪审团的独立性、公正性，如果有人实施下列行为还可能构成犯罪：其一，在法庭内或者法庭外对陪审员使用暴力、威胁或者谩骂的，视为蔑视法庭，可立即予以控告；其二，假冒陪审员按普通法规定构成可起诉犯罪；其三，按普通法规定，企图贿赂或者收买陪审团的，构成意图贿赂陪审员罪；其四，陪审员意图接受或者收受贿赂的，构成刑事犯罪，如果定为意图贿赂陪审员罪过于严厉的，可定为破坏审判罪。另外，威胁或者报复陪审员也构成法定罪行，在司法程序中泄露或者贿求陪审员商议期间所作的裁定意见、辩论意见或者投票态度的，构成蔑视法

① 河辺幸雄「揺れる英米刑事陪審（1）：陪審員によるインターネット不正使用と公正な裁判」廣島法學 40 巻 4 号（2017 年）127 – 128 頁参照。

庭罪。[①]

为了保障陪审员的权利行使，英国法详细规定了陪审员参与审判的相关保障措施：其一，对于陪审员参与审判所耗费的住宿费、伙食费以及误工费等必须予以补贴。其二，赋予陪审员工作豁免权。陪审员参与审判时，其所在工作单位不得变相克扣工资、以不正当理由辞退该人员。其三，公民因为严重疾病、抚养义务以及休假安排等正当理由提出陪审员豁免申请的，一般应该被允许。如果基于上述正当理由提出的豁免申请遭到主管官员拒绝，该公民有权提起上诉。其四，对于适用陪审制的刑事案件，控辩双方几乎不可能提起针对陪审团裁决的上诉，究其原因是，陪审团评议过程和内容的秘密性，以及无须向任何人、任何组织阐述评决作出的过程及依据是上诉几乎不可能成功的主要原因。

（五）小结

陪审制在英国的诞生，不仅对普通法的形成和完善至关重要，还引导了英国证据审查制度以及司法裁决方式的民主化、科学化改革。可以说，英国普通法程序大多源于陪审制或者以其为根本而生成：对抗制的基本程序，如二元审判结构、先调查后裁决、当事人平等对决、连续集中听审、证据排除规则等，几乎都是庭审程序，而庭审程序是围绕陪审制运作的，是陪审制的有机组成部分。因此，就陪审制与庭审程序的关系而言，后者从属或附着于前者，因陪审制而生，可谓之“母子关系”。[②]

---

① 参见蔡定剑、王新宇：《英国现行陪审制度》，载《环球法律评论》2001 年第 2 期。

② 参见汪栋：《英美陪审制度及其程序价值考论》，载《东南大学学报（哲学社会科学版）》2016 年第 4 期。

陪审制与英国判例法密切相关，一般公民基于社会阅历、经验常识、大众心理及自然正义的理念，参与专业的刑事审判，除了对案件的事实认定可以作出合乎情理的裁决之外，也可以对法官公权力的恣意进行有效的监督和制约，进而增进对于司法的信赖和尊重。然而，任何人为设计的制度都不是十全十美的，英国陪审制也不例外。英国陪审制也存在明显的缺点：其一，陪审员的抽选具有完全随机性，因此，陪审团的组成往往职业、年龄以及性别等失衡严重，也就是说陪审团的组成缺乏代表性、广泛性，不能完全反映广泛的社会民意；其二，陪审员都是“门外汉”，缺乏必要的法律专业知识与司法实务经验，对于案件的相关法律的理解、事实的认定以及证据的把握都不能和专业人员同日而语，这些困难最终也在一定程度上影响了案件的质量；其三，适用陪审制的案件都是重大疑难案件，加之陪审员的召集、抽选以及审理程序烦琐复杂，适用陪审制进行审判不仅耗费司法成本，而且使诉讼效率相对低下，影响审判的迅速化。

三、分工模式评析

陪审制作为世界范围内最多国家或地区适用的公民参与审判模式，具有普适的民主价值和鲜明的制度优势。通过对美国和英国陪审制从陪审员的抽选程序、陪审制的适用范围、庭审程序以及陪审员的权利、义务、责任等方面进行梳理和分析，可以归纳出陪审制存在以下共性特征：

其一，陪审团都由符合法定条件的公民组成。虽然因各国国情的差异，对于公民担任陪审员的条件规定不一，但是本质上都是公民对于专业刑事审判的实质参与，充分体现了司法的民主化。

其二，层层递进的陪审员筛选程序。美国和英国对于陪审员的抽选都保持审慎态度。从随机抽选候补陪审员，到以有因回避或者无因回避等法定理由进行甄选，进而至正式陪审员名单的最终敲定，严苛的抽选程序目的在于保证陪审员能够公平、公正进行案件审理。

其三，陪审团独立地、秘密地进行评议、评决。美国、英国陪审团的评议、评决都是独立、秘密进行，法官一律禁止干预。陪审团秘密进行评议的神圣不可侵犯的特质也是陪审制的精髓之所在，最大限度地保障了陪审员事实认定的独立性和权威性。

其四，陪审团和法官存在明确的职能分工。在陪审员和法官二元结构的法庭设置中，陪审员负责事实认定，即认定被告人有罪或者无罪，法官负责法律适用和量刑，虽然各国都存在法官对于陪审团的指示的功能设置，但是法官的指示并未实质影响陪审团事实认定的独立性。

其五，陪审团裁决采用一致裁决或者有条件的多数决规则。陪审员的参与程度主要是由其性格决定的，与裁决规则无关。如果说对裁决规则有影响的话，那么多数决规则也比一致裁决规则更有利于各方，尤其是持少数意见者的深入参与。① 陪审团的裁决很难实现全员意见一致，因为一来陪审员随机抽选而产生，其背景、工作、文化水平等都存在很大的差别，不可能存在同等的认识度；二来适用陪审制的多是疑难复杂案件，并非非此即彼的简单判断，必须基于证据、案情等条件进行理性分析，在理性要求不能达成的情况下，民主的多数决是最体现公民意志的形式。民主的理念要求国家机关将公民聚集在一起表达他们对公共问题的看法，陪审制度正好践行

① 参见张鹏程：《美国陪审团的一致裁决原则：历史与当下》，载《时代法学》2012 年第 2 期。

了这种理念。陪审制不仅使公民聚集在一起表达了自己的意见，而且这类特殊体验使公民之间、公民与国家之间构建了全新且持久的关系。

作为世界范围内应用最广泛的公民参与审判模式，陪审制具有以下优点：

其一，陪审制是民主理念在司法制度中的彻底贯彻，可以说公民参与审判是民主彰显的一种方法，也可以说陪审制加强了公民的国家主权地位。某种程度上，推进公民参与审判不仅能够防止职业法官的错误，而且能够维护司法与民主之间的张力关系。陪审制在俄罗斯、西班牙等国的复兴所昭示的不仅是对更为民主的司法制度的渴望，更是对更为自由、民主的政府的期待。[①] 其二，陪审制可以最大限度地体现公民健全的社会常识与丰富的经验阅历，使审判结果在一定程度上体现了民意。其三，陪审制通过赋予公民独立进行事实认定的权力，一定程度上分享且限制了职业法官司法权力的滥用，从而确保了司法的公平、公正。其四，公民通过参与审判，对于司法制度与法律知识都有了了解，可以增强公民对司法的信任，提升公民自身的法律素养。其五，陪审制通过公民参与审判缓解了司法审判冷酷无情的特质，缓解控辩双方的敌对态度，使最终的判决更具有说服力，有利于判决结果法律效果和社会效果的统一。

然而，陪审制自从诞生至今，除了自身的原生性问题之外，在运行过程中也出现了诸多新问题：

其一，民主遭遇危机。无论是在民主起源的希腊，还是在昔日民主彰显的欧美国家，民主都遭遇了空前的危机和挑战。英国陪审

---

① 参见陈卫东：《公民参与司法：理论、实践及改革——以刑事司法为中心的考察》，载《法学研究》2015 年第 2 期。

制诞生的首要原因在于冲决国王的专制，保障公民的民主和自由。[①]然而，随着时代的发展，在民主法治已然成熟的西方诸国，民主遭遇了“滑铁卢”，呈现出了步入“黄昏”的趋势，西方诸国公民对于民主制度持续冷眼相向，对于民主的决策不敢恭维。

其二，陪审员代表性、广泛性不足。陪审员的代表性、广泛性不足使陪审制审判不能够充分反映公民意志。造成这一问题的主要原因：一是中产阶级的分崩离析。随着经济的发展，西方国家两极分化逐渐升级，促使陪审制大放异彩的中产阶级已然不复存在。二是陪审员无因回避的相关法律规定，使被告人及其辩护律师选任陪审员以是否有利于己方操控为目的。无因回避权在有利于当事人排除不公正的候选陪审员的同时，也有利于当事人排除对自己不利的候选陪审员而只保留对自己有利的候选陪审员。这样一来，当事人决定是否提出回避的标准就不是候选陪审员是否公正，而是候选陪审员是否对自己有利。[②] 三是在适用陪审制的诸国，参与陪审对于公民而言主要是一项权利。正如我国学者汪栋所言，陪审制是自然权利与程序理性的统一体。普通公民通过陪审制行使司法权、立法权，体现了其程序理性与直接民主功用，陪审制这种“用”源自其蕴含的自然权利之“体”。[③] 权利就可以放弃。在陪审员的选任阶段，大多候补陪审员会以生病或者其他理由拒绝参与审判。四是在一些适用陪审制的多民族国家，陪审员对少数民族没有一视同仁，

① 谷直之「国民の司法参加としての陪審制に関する一考察：英米の議論を素材にして」同志社法學51卷1号（1999年）43頁参照。

② 参见程翔：《美国陪审团制度的晚近发展》，载《司法改革评论》2007年第1期。

③ 参见汪栋：《英美陪审制度及其程序价值考论》，载《东南大学学报（哲学社会科学版）》2016年第4期。

致使实质上陪审团审判过程中出现民族偏见或者种族歧视。五是陪审团效率低下、成本昂贵。效率低下一直是民主问题的软肋，这也是欧洲专制王权体制向民主政体转变缓慢的历史原因之一。就陪审制的适用过程来说，从陪审员的抽选程序到甄选程序，再到陪审团的事实认定，导致了审判的长期化，这是毫无争议的事实。为了保障陪审员实质参与审判，必须保障其误工费、交通费、差旅费及住宿费等，这是一笔昂贵的司法成本；但这还不包括陪审员的召集、选任过程中的前期费用以及陪审团评决未果的再次审理费用。陪审员成本的昂贵也是诸国不断缩小陪审制适用范围的现实原因之一。

其三，陪审员的专业能力饱受质疑。陪审员专业能力从陪审制产生之初就饱受法律职业人员的质疑。“我们训练新兵打仗，我们给律师、内科医生、牙医、助产士、兽医、马蹄铁匠和司机颁发执照，但是，只要一个人能说英语、听力正常、在候选陪审员名单上并且没有成见，他就被认为是在法庭上解决纠纷的合适人选……得以担任陪审员的是那些多余的，不负重大责任的人，他们的职业通常不能培养出敏锐的心智。”① 质疑陪审员能力的理由主要有：一是陪审员法律知识及素养的欠缺。职业法官接受过专业的法律教育并在长期的审判实务中积累了丰富的司法经验，其进行事实认定或者量刑都存在一个日积月累形成的“审判定式”；而陪审员对于事实认定仅仅是基于自己的社会经验和社会阅历，其是否对证据、案情了如指掌都是存疑的。二是陪审团不当裁决的风险。陪审团对于事实认定的裁决在适用陪审制的国家是无须说理的。由于陪审员的事

---

① Charles A. Boston, *Some Practical Remedies for Existing Defects in the Administration of Justice*, 61 University of Pennsylvania Law Review 11, (1912).

实认定并非基于法律知识或者逻辑推演，而是出于其常识及经验的直观判断，这不可避免地会出现误判的可能性。

其四，陪审团难以公正、公平进行事实认定。陪审员虽然在正式庭审之前会进行宣誓，但司法实践中，对于陪审员难以公平、公正的质疑从未停歇。一是实践中陪审员容易受到威胁、胁迫。由于陪审员保障措施的欠缺，陪审员及其亲属的安全一直是陪审员难以公平进行审判的隐性成因，被告人及辩护律师对陪审员及其家属进行威胁、胁迫的实例不在少数。尤其是暴力犯罪适用陪审制的场合，听取被告人、证人的陈述后，陪审员对于自己和家属的安全的不安感会飙升。① 二是陪审员容易被某些辩护律师神乎其技的法庭表演以及诱导性的辩护意见所蒙蔽，缺乏对证据及事实的理性理解，进而作出有利于被告人的“不公正”判决。三是陪审制实施以来，量刑畸重和刑事案件的无罪率都偏高。陪审员无须说理，判决是否合理、合法佐证困难。四是随着信息化社会的发展，影响陪审员审判的最大因素就是新闻媒体的无节制报道，尤其在庭审前，陪审员或候补陪审员基于媒体的报道已经先入为主，很难在参与审判过程中保持不偏不倚。

其五，辩诉交易的大量庭前分流。陪审制已经从诸多国家的民事领域退出，在刑事领域也进行了适用范围的限缩。世界范围内适用陪审制的刑事案件数量，美国占了将近八成，其他国家加起来才仅占两成。即使在美国，因为辩诉交易的迅速发展，绝大部分的刑事案件都由被告人及辩护律师与检察官通过协商而在庭前予以解决，根本不会适用陪审制审判。根据我国学者的考察，90% 的刑事

---

① 河辺幸雄「アメリカ陪審員ストレス研究に学ふ」広島法学 37 巻 3 号（2014 年）75－76 頁参照。

案件并未通过审判程序终结，而是以辩诉交易的方式得到解决。[①] 被告人选择辩诉交易而放弃陪审制审判的主要原因：一是为了节省陪审团审理的个人成本。一旦上庭律师费暴增被告人难以承受，而公益律师的水平又不敢恭维。二是陪审团裁决难以控制和预测，案情如何发展实在难以掌控。

其六，陪审团一致裁决的“死胡同”。适用陪审制的绝大部分国家原则上就事实认定的裁决要达成全员一致意见，在陪审员竭诚努力并遵从内心不偏不倚发表意见之后，全员若无法达成一致，哪怕仅有一人持有反对意见也不能作出有效裁决。在这种情形下，法官会鼓励继续进行评议，直到陪审员全员达成一致意见为止。实在无法作出一致裁决的情况下，法官会宣告未决审判。这样一来，不但耗费司法成本、拖延诉讼效率，而且无形中增加了参与审判公民的负担，很难保证在反复的评议过程中陪审员不会放弃自己的主张，妥协于大部分其他陪审员。

其七，陪审团难以胜任复杂、专业案件。社会的快速发展和法律的精细化、专业化致使业余化、平民化的陪审团越来越难胜任审理案件的工作。陪审员的裁定是在案件事实充分认定的基础上作出的被告人有罪或者无罪的判断。陪审员对案件的事实认定离不开法官的指示，这就不但要求法官和律师必须是高度专业化的，而且还要将专业的法律知识通过浅显易懂的方式让来自不同阶层、知识结构不同的陪审员在有限时间内完全理解并消化，这谈何容易。在法律的发展早就超过了普通人认知的范畴，其精细化、专业化程度很高且法律问题与事实问题并非泾渭分明的如今，对于陪审员而言是

① 参见祁建建：《美国辩诉交易研究》，北京大学出版社2007年版，第5页。

强人所难的。对此，日本学者青木孝之认为，陪审制所带来的对于认定事实的不安定性，使他国移植该制度时必须予以注意，避免使其成为混乱刑事司法的毒药。①

其八，就刑事庭审层面而言，陪审团参与审判活动的主要功能是通过判断、评价证据来进行事实认定，可以说陪审团的优势就在于通过丰富的社会经验和健全的公民常识对于证据进行多元化判断，尤其是对于证人证言等言词类证据的判断。然而，随着科学技术和网络技术发展的不断深入，书证、物证、鉴定、勘验、电子数据等证据形式在大量案件中取代了言词类证据，成为决定性的证据形式，如此一来，陪审制在这方面的优势就不复存在了。②

其九，随着互联网技术的发展，相当一部分陪审员在案件审理过程中违反守密义务，私下利用互联网搜索案件相关信息和当事人相关资料，这些做法使陪审制公正性、独立性饱受质疑和挑战。可以说，互联网给陪审制带来的现实威胁已成为英、美、法等国家不容忽视的崭新问题。例如，英国的福蕾尔案中，英国公民福蕾尔在担任一起贩毒案的陪审员时，私底下径行与案件被告人在著名社交网站“脸谱”上进行交流，并在互联网上搜索同案另一名被告人的资料，最终导致被告人被陪审团认定无罪。福蕾尔因为违反陪审员的守密义务，被判处藐视法庭罪并因此获刑 8 个月，成为英国第一个因在互联网上违反守密义务而获刑的陪审员。

综上所述，陪审制作为世界范围内适用国家最多的公民参与审

---

① 青木孝之「陪審制度からみたアメリカの刑事手続」琉大法学 73 号（2005）91 頁参照。

② 参见陈国文：《英国陪审制及其思考》，载《西北师大学报（哲学社会科学版）》2014 年第 2 期。

判的模式类型，其之所以能够存续至今绝非幸致。陪审制所体现的民主理念从未过时也很难被其他制度所取代，但是随着专业分工的精细化、专业化，陪审制所奉行的“同侪审判”“一致裁决”等理念或原则已然有些不合时宜，况且如何解决烦琐、有侵害隐私权之虞的陪审团选择程序，简化证据规则和频繁的证人质证程序，扩大陪审员的代表性、广泛性，保证陪审员无后顾之忧参与审判，保障陪审员的公平、公正及加强陪审员的专业知识的庭前培训等都是陪审制亟须解决的难题。

第三节　公民参与审判的协作模式

一、法国参审制

法国作为大陆法系的旗帜，其法律传统先后受到罗马法、教会法、日耳曼法及古典自然法的影响，近代自19世纪孔德实证主义占据主导地位以来，法律实证主义成为法国主流。[①] 法国在借鉴英国陪审团的基础上，结合本国实情经过长期发展，孕育出了贵族陪审团制度。纵观漫长的法国公民参与审判的刑事司法改革史，从最初的“贵族陪审团”演变成“民主陪审团”，再从“理想陪审团”演变成“附庸陪审团”，最后从“保守陪审团”演变成“参审制”。可以说，法国公民参与审判的制度内容和名称随着法国激荡的政治体制革新几度变更，但毋庸置疑的是，法国公民热衷参与审判的民

① 参见李璐：《当代法国法哲学中法的概念与效力来源研究——从卡雷·德·马尔伯格到狄骥、维莱》，载《国外理论动态》2020年第1期。

主理念始终从未改变。2011 年，法国对参审制进行了新的修改，修改内容包括参审制的适用扩大至轻罪审判、对参审制的程序进行简化、制定未成年人适用参审制的相关规定等。2019 年法国修法时规定，特别重罪法庭在审理案件时无须参审员在场，这与需要 6 人或 9 人参审员的重罪法庭明显不同。① 参审制，又称为混合法庭制，是指在刑事审判中，由参审员和职业法官共同决定案件事实问题和法律问题的公民参与制度。② 参审制源自英美法系的陪审制，但相比于陪审制又有很大不同，可以说参审制是在借鉴陪审制基础上，立足本国司法文化和司法传统进行的本土化改造。

（一）法国参审员的选任程序

根据法国法的规定，法国公民出现在年度参审员名单中，必须同时满足以下条件：其一，同一年度未被年度参审员名单所登记；其二，过去 5 年间未曾承担参审员义务或者选任的前一年度未被年度参审员名单所登记；其三，年满 23 周岁，能够运用法语流利的交流和书写，并依法享有参政权、民事法上的权利以及家族法上的权利等；其四，属于大审法院的司法管辖内居住的法国公民。③

根据法国法的规定，禁止以下法国公民成为参审员：其一，公民有被判处 6 个月以上监禁的轻罪或者重罪的相关犯罪记录；其二，公民已经被起诉或者采取拘留、逮捕等强制措施；其三，因犯罪或者违法被撤职的国家及地方公职人员；其四，因犯罪、违法被撤职

① 参见申军：《法国刑事诉讼法改革的特点》，载《人民法院报》2020 年 10 月 16 日，第 8 版。

② 参见施鹏鹏：《法国参审制：历史、制度与特色》，载《东方法学》2011 年第 2 期。

③ 中村義孝「フランス司法権の特徴と重罪陪審審判」立命館法学 2・3 号（2015 年）400 頁参照。

或者禁止从业的法律职业工作者；其五，未得到复权的法定破产者；其六，根据《法国刑法》及《法国刑事诉讼法》的相关规定禁止参与审判的其他人员；其七，依法被监护、司法保护的限制行为能力人及精神病人。

根据法国法的规定，有权申请豁免参审员义务的具体情形包括：其一，国家或者地方公职人员；其二，法律职业工作群体；其三，年龄超过70周岁的公民；其四，因生活拮据、严重疾病、在校求学及出国等情形不能履行参与审判义务的公民。

就参审员的选任程序而言，一般由市区负责人从当地选民名簿中抽选一定数量的候补参审员，并制作候补参审员名单，由各个重罪法院或者大审法院院长带头组成的选任委员会将前一年度履行过参审员义务的公民从候补参审员名单中剔除，再从剩余的候补陪审员中根据参审员的法定条件进行筛选，进而最终确定法定名额的参审员。在抽选参审员名单的过程中，被告人及其辩护律师、检察官等均有权根据有因回避或者无因回避向法官申请被选中参审员的回避。每一起刑事案件正式开庭之前，在控辩双方和诉讼参与人到场之后，法庭的书记员会对到场的参审员点名确认。确认完毕后，公开从确认的参审员当中随机挑选9名正式参审员及1名或者数名替补参审员列席案件的调查、辩论等。为了保障抽选的公正性，参审员通过抽签的方法确定，抽签的方法本身具有随机性、不可知性，所以到底最终谁被选中，都不是可以人为操控的。依此来看，法国参审制使参审员的抽选在范围民主之后，还达到了程序的民主。

（二）法国参审制的适用范围

法国的法院组织体系呈现双轨模式，包括行使司法权的司法法院和行使行政权的行政法院。司法法院主要包括最高法院、控诉法院、重罪法院及大审法院。其中，最高法院负责法律的解释及上诉判决的撤销；控诉法院负责一审法院案件的上诉；重罪法院负责一审的重大犯罪案件，原则上必须经过预审法庭的移送；大审法院负责一审的轻罪案件及民事案件的审理。[①] 根据法国法的规定，对于重罪法院受理的刑事案件，一审案件需要 6 名参审员参加审理；对于控诉法院受理的刑事案件，控诉审案件需要 9 名参审员参加审理；对于大审法院（轻罪）受理的刑事案件，合议庭由审判长 1 名、职业法官 2 名及参审员 2 名组成。

另外，法国的犯罪类型从轻重程度可以划分为重罪、轻罪及违警罪三种。重罪案件通常指的是可能被判处 10 年以上有期徒刑或者无期徒刑的刑事犯罪案件，重罪案件的所有类型都需要参审员参加审判。[②] 轻罪案件需要参审员参与审判的主要包括以下五种类型：其一，大审法院的一审刑事案件，主要涉及可能判处 5 年以下监禁刑的人身伤害案件、酒驾案件、交通肇事致人死亡案件以及盗窃案件等；其二，轻罪一审的上诉案件；其三，行政法院处以保安处分或者申请假释的一审案件；其四，行政法院处以保安处分或者申请假释的上诉案件；其五，未成年人法院受理的一审轻罪案件，未成年人犯罪案件主要涉及的是累犯并可能被科处 3 年以上禁锢的轻罪。

（三）法国参审制的庭审程序

适用参审制审判的刑事案件庭审开始前，法官助理或者书记员

---

① 参见曾涛、梁成意：《法国法院组织体系探微》，载《法国研究》2002 年第 2 期。

② 大河原眞美「ヨーロッハ　の参審制度、陪審制度についての一考察：审判員制度を視座に」地域政策研究 17 卷 4 号（2015 年）6 頁参照。

根据参审员名单对选定的正式参审员进行点名并核对，发现参审员无正当豁免理由无故缺席或者依法传唤后无正当理由依然不到庭的，法官有权依法科处罚款，对于被惩罚达3次以上的参审员，必须取缔其参审员的法定资格。参审员到庭后，在法庭案件审理过程中不得擅自离开，无正当理由擅自退庭的，法官可以科处罚款。值得注意的是，任何可能会导致“程序无效”的抗辩情形必须在庭前的预备阶段提出，否则正式庭审开始后一律不予受理。一般在庭前，法官听取控辩双方关于“程序无效”的意见后会立即作出裁决。假如无效的抗辩事由是在庭审中发生的，则案件的审理会被推迟到下一次开庭，在下一次开庭时，所有程序必须重新开始，包括参审员的抽选。

参审员按照法律规定就位后，必须当庭进行宣誓。宣誓时，全体参审员起立脱帽，通常由主审法官宣读宣誓内容，参审员仔细聆听后，举手并回复“我宣誓，……”庭审过程中，参审员可以跟法官一样行使以下职权：其一，在法庭调查阶段，依法询问被告人、听取证人证言、对证据材料进行调查等；其二，在法庭辩论阶段，可以听取被告人及辩护律师的有罪陈述、被害人的最终陈述等；其三，法庭辩论阶段结束后，法官和参审员在评议室进行秘密评议。主审法官命令司法警察禁止任何人以任何理由进入评议室，评议秘密不得泄露，参审员和法官均负有严苛的守密义务。评议主要针对被告人是有罪还是无罪以及被告人量刑轻重两个问题进行。评议时，法官和参审员首先必须填写票据，以保证公平、公正评议。在评议程序中如何使用问题清单，审判长必须向参审员进行说明。[①] 评决

① 参见［法］贝尔纳·布洛克：《法国刑事诉讼法》，罗洁珍译，中国政法大学出版社2009年版，第273页。

采用单纯少数服从多数的方式解决，当表决表的肯定意见达到2/3的绝对多数，可以作出不利于被告人的裁决。评决过程中，凡是空白票和宣告无效的票据，均按有利于被告人的意见进行统计，票据一经适用立即作废并予以销毁。①

评议、评决结束后，参审员和职业法官返回法庭。由审判长传唤被告人到庭后，宣读合议庭对犯罪各项问题的认定，进而宣告包括定罪、免除刑罚或者释放被告人的判决。也就是说，如果合议庭认定被告人的行为并不构成犯罪，则应该判决被告人无罪并立即释放被告人；如果合议庭认定被告人的行为已经构成犯罪，但依法应该被免除刑罚，则应判决被告人有罪，但免除其刑罚；如果合议庭认定被告人的行为已经构成犯罪并应当接受刑事处罚，则应该判决被告人有罪，并在判决书中写明对被告人科处的刑罚。

（四）法国参审员的权利、义务及责任

法国公民参与审判既是一项权利，也是一项义务。参审员所拥有的权利包括：其一，知悉参审员权利、义务的知情权；其二，可以在庭审过程中做书面笔记的权利；其三，庭审过程中，可以向控辩双方及其律师、证人、鉴定人进行询问的权利；其四，有权获得因为担任参审员而花费的住宿费、伙食费以及差旅费的补贴，此类补贴按日计算，统一由法院书记室进行发放；其五，享有因为担任参审员职务的本职工作的辞职豁免权和误工费补贴。

参审员负有的义务具体包括：其一，如实履行陪审员职责的义务。无正当理由或者无故擅自退庭，可以对其科处13,750欧元的罚款。其二，宣誓义务。保证在庭审中不偏不倚，客观公正。其三，

① 大村浩子＝大村敦志『ある日，あなたが陪審員になったら：フランス重罪院のしくみ』（信山社，2006年）52頁参照。

庭审时的注意义务。不得随意扰乱法庭秩序。其四，保持中立。庭审时禁止就案件事实或者证据发表自己的主观意见。其五，相对宽松的守密义务。法国参审员在法庭审理还会继续的情况下，也是允许回家的，那么回家后向亲人、朋友严格保守秘密是相当困难的。就某种程度上而言，法国参审员对于评议的守密义务仅限于参与审判的特定人群。① 另外，根据2011年出台的法国政令，参审员必须接受一定程度的法律教育，法律教育的时间仅有1日，但其教育内容涉及法院的构成及管辖、受理的对象案件、刑事责任的概念、法曹伦理、无罪推定原则以及证据法等基本法律知识。②

（五）小结

结合上文分析，法国参审制的特色可以归纳为：其一，参审制适用过程中，内心确认制度的普遍适用。内心确认制度是以与案件事实紧密关联的证据为前提，法官或者参审员按照内心的确信独立进行判断，无关乎证据的具体形式。其二，法国适用参审制度的案件范围广泛，不但包括重罪案件、轻罪案件，还包括上诉案件。但需指出的是，法国对于涉及军事犯罪、危害国家安全犯罪、恐怖活动犯罪、毒品犯罪以及黑社会性质犯罪等禁止适用参审制。其三，参审员的选任具有广泛性、代表性。法国参审员的资格认定以及选任程序相比较于其他国家门槛更低，基本上具有完全行为能力和参政权的公民都可以成为参审员。其四，彻底贯彻司法民主理念。法

① 河辺幸雄「審判員法守秘義務序説」広島法学35卷2号（2011年）125－126頁参照。

② 小木曽綾「フランス刑事裁判における市民参加：市民参加による透明性ある刑事裁判の実現?」比較法雑誌46卷4号（2013年）77頁参照。

国近代虽然政权更迭，但始终坚持司法民主理念，并将该理念渗透至刑事程序的各个方面，将参审制作为民主主权在司法领域的重要载体。其五，法官的指示通过问题清单的方式进行。法官制定一定数量的与被告人是否实施某一犯罪行为相关的问题，通常情况下，参审员仅仅需要根据问题清单中的提示问题给出肯定或否定答案即可。其六，严格奉行主权至上理念。法国学者普遍认为，上诉审适用参审制是唯一合乎逻辑、可有效协调参审制与上诉制度之间微妙关系的审判设置。因为参审制奉行了公民参与审判是人民主权载体以及人民永远不会犯错的政治信仰，同时，也是人民有权更改自己的决定这一民主精神的体现。基于此种理念，审理上诉案件的重罪法院合议庭由更具代表性的公民（参审员的数量更多）所组成，而依民主政治运作中的少数服从多数原则，审理上诉案件的合议庭当然有权撤销或更改原合议庭所作出的判决。①

二、德国参审制

德国作为大陆法系的代表性国家之一，其公民参与审判的制度有200多年的悠久历史。受到法国陪审制②移植失败的影响，德国并未直接移植英美法系的陪审制，而是立足本国司法文化和传统，

① 参见施鹏鹏：《法国参审制：历史、制度与特色》，载《东方法学》2011年第2期。

② 在1789年法国大革命之后至1808年拿破仑《刑事诉讼法典》公布以前，法国受英国的影响，采用控诉式刑事诉讼，实行陪审制，重罪案件的起诉得由“大陪审团”作出决定，案件的事实问题、定罪问题得由12人组成的“小陪审团”作出决定，案件的法律问题、量刑问题则由职业法官解决，即定罪程序与量刑程序分开设置。1941年，法国改革陪审制，实行参审制，参与审判公民的人数从原来的12人减少至6人，参审员对于定罪问题和量刑问题享有与法官平等的表决权，定罪程序与量刑程序也不再分开设置。

构建了具有本国特色的参审制。因为英国的陪审制根植于自己特殊的政治体制和文化，很难与德国的社会文化和政治体制相融合，而德国人对于地理位置上接壤的法国有更多自然意义上的亲近感。[①]德国的参审制不仅适用于刑事审判，也同样适用于民事、行政等司法领域。可以说，德国悠久的大陆法系传统不仅表现在精密的成文法典之上，也表现在与之相匹配的具体司法制度上。德国的参审制深受大陆法系传统影响，是独具特色的德国公民参与审判制度。

（一）德国参审员的选任程序

一般而言，德国选任参审员的初期任务是以地方自治体为界限制作候补参审员名簿，候补参审员的人数通常比正式参审员人数多1/3。这里的自治体一般指的是德国的乡镇或者市区，候补参审员名簿通常由地方自治体的负责人主持。候补参审员名簿必须由该地区的自治体议会代表的2/3绝对多数通过才具有效力。德国地方自治体的候补参审员名簿每4年重做一次。通常只有德国国籍的公民才有权被纳入候补参审员名簿，其他常住人口并不计算在内。候补参审员名簿的制作还需要适当考量该区域公民的性别、年龄、职业、文化水平以及阶层等各项因素。[②]

根据德国法的规定，下列公民禁止担任参审员：其一，被撤销公职的国家或地方公职人员；其二，有被科处6个月以上刑罚的公民；其三，因涉嫌犯罪，可能被撤销公职或者判处刑罚的公民。根

① 参见黄河：《陪审向参审的嬗变——德国刑事司法制度史的考察》，载《清华法学》2019年第2期。

② 平良木登規男「参審制度について：その成立と発展の経緯」法學研究：法律・政治・社会第67卷7号（2016年）1-3頁参照。

据德国法的规定，下列德国公民可以申请豁免：其一，年龄未满25周岁的德国公民；其二，年龄超过70周岁的老年公民；其三，在地方自治区常住未满1年的公民；其四，因为生理或者身体原因不能胜任参审员工作；其五，德国中央或者地方的公职人员；其六，法律职业群体或者其他特殊群体，如神职人员、医生、护士、宗教团体等。①

候补参审员名簿通过后，应该公开进行为期一周的公示。当地公民可以就名簿内容以书面等方式提出异议。提出异议的，该地方自治体的负责人必须说明理由，并将候补参审员名簿的异议书一同移交当地法院进行裁定。候补参审员名簿最终确定之后，由当地法院组织召开参审员选任委员会，以处理参审员选任相关事宜。通常而言，参审员选任委员会每隔4年召开一次。参审员选任委员会由1名当地政府官员和10名当地居民组成，并由区法院法官担任主持人。在确定参审员正式名单之前，必须由法官对候补参审员名簿的异议进行裁定，该裁定必须得到委员会全员过半数同意才能生效。

选任参审员的时候，必须综合考量预备参审员的性别、年龄、职业、文化水平及阶层等各项因素。调查研究表明，参审员中男性多于女性，而中产阶级特别是公务员的人数，远远超过其他阶层的人数。② 德国参审员的任期是5年，每年履行义务10~12个工作日，具体参审方式由参审员办公室的负责人员根据参审法庭和参审的案

① 参见朱建华等：《德国"荣誉法官"制度评介及其思考》，载《法律适用》2011年第12期。

② 参见［德］托马斯·魏根特：《德国刑事程序法原理》，江溯等译，中国法制出版社2021年版，第143页。

件数量以抽签的方式确定。德国参审员每小时可获得4欧元的补助。尽管补助极少，参审员往往要蒙受收入损失，但在德国，参审员的地位尊贵，许多公民乐于履行这一职责。①

（二）德国参审制的适用范围

德国的法院体系由六个法院系统组成，具体包括宪法法院、普通法院、行政法院、劳动法院、社会福利法院以及财政法院，各个法院都设有相对应的联邦法院。就普通法院而言，其主要负责刑事和民事案件的审理，包括区法院、地方法院、州高等法院以及联邦最高普通法院四级，通常适用三审终审制，但是民事案件多适用两审终审制。德国参审员广泛参与各级法院审判，通常被称为“名誉法官”②。例如：行政地方法院和行政高等法院的合议庭由5名法官与2名“名誉法官”组成；联邦财政法院、联邦高等财政法院及地方财政法院的合议庭由5名法官与2名“名誉法官”组成；联邦劳动法院的合议庭由5名法官与2名“名誉法官”组成；联邦高等劳动法院及地方劳动法院的合议庭由3名法官与2名“名誉法官”组成；联邦社会法院、联邦高等社会法院的合议庭由5名法官与2名“名誉法官”组成；联邦地方社会法院的合议庭由3名法官与2名“名誉法官”组成。

从严格意义上来说，德国的刑事参审法庭才是德国参审合议庭的典型代表，其他部门法的参审法庭的组成都是以刑事参审法庭为蓝本而构建的。德国的参审法庭从层级上而言，具体可分为：其一，

① 施鹏鹏：《德国参审制：制度与特色》，载《人民法院报》2014年9月19日，第8版。

② 片桐直人「参審制と信教の自由」第61回宗教法学会——創立30周年記念シンポジウム（2011年）147頁参照。

各区法院的参审法庭原则上由 1 名法官和 2 名参审员组成，由区法院的法官担任审判长，主持合议庭工作。各区法院的刑事案件除了自诉案件或者可能被处以两年以下徒刑的刑事案件原则上由法官独任审判之外，其他的案件通常由 1 名法官和 2 名参审员组成合议庭进行审理。其二，地方法院的刑事参审法庭根据案情的严重程度有两种参审法庭模式：一种是 1 名法官和 2 名参审员组成的针对轻罪案件的“小参审法庭”，另一种是由 2 名法官和 3 名参审员组成的针对重罪案件的“大参审法庭”。需要指出的是，德国的未成年人诉讼程序允许参审员的参加，参加该程序的参审员通常被称为“少年参审员”。[①] 由“少年参审员”和职业法官组成“小参审法庭”审理未成年人案件，原则上必须在德国的少年审判所进行，合议庭人员必须是熟悉未成年人身心特点的职业法官和参审员，以更好保护未成年人的合法权益。[②] 可以看出，针对不同类型案件，德国参审法庭会相应作出人性化的调整。

（三）德国参审制的庭审程序

德国参审员最终确定后，必然会参加庭审程序。庭审一般由审判长主持，遵循公开、直接言词以及不间断审理等审判基本原则。德国的正式庭审程序一般包括开庭、法庭调查以及法庭辩论三个阶段。其中开庭阶段，由审判长宣布案由，确认各诉讼参与人是否到庭，然后由检察官宣读起诉书，最后由被告人进行陈述。当然，被告人陈述是被告人的一项权利，被告人也可以选择放弃这一权利。

---

① 大塚英理子「ドイツ少年参審制度の歴史的展開：市民参加と社会的教育専門性」一橋法学博士論文甲第 836 号（2015 年）1 頁参照。

② 大塚英理子「ト　イツにおける少年参審制度の創設」一橋法学 15 巻 1 号（2016 年）310 頁参照。

但是，被告人放弃陈述权利后，合议庭可能据此作出不利于被告人的推断。法庭调查阶段，在审判长主持下，控辩双方及其诉讼参与人依次询问证人、鉴定人、出示各种物证和书证等。需要注意的是，法庭调查阶段对案件事实真相可依职权将证据调查延伸到所有对审判有意义的证据或者事实上，带有浓厚的职权主义色彩。法庭辩论阶段，在法官主持下，由检察官和辩护律师交替进行辩论，辩论的时间和次数原则上没有特别限制，但是，如果控辩双方过度纠缠于某一明确的事实或者过于脱离控辩双方争点的主题，则审判长有权予以制止。

德国的参审员和职业法官拥有同等的权力，法官的相关条款对参审员同样适用，参审员和法官一样对判决结果的产生起实质性影响。[①] 换言之，参审员同法官一道参与案件的事实认定、法律适用以及量刑，对于每个判处监禁的刑罚案件，参审员都会对其产生实质影响，而并非徒有虚名。判决必须经过法庭所有法官，包括参审员的评议，应当追求法庭所有成员都能够接受的方案。[②] 在“大参审法庭”，针对被告人的罪责问题和量刑问题上，若作出不利于被告人的裁决，必须要有 2/3 以上的多数同意；[③] 在“小参审法庭”，只要 2 名参审员一致反对作出不利于被告人的裁断，那么即使法官持有相反意见也无济于事。基于此，可以看出德国参审员对于审判结果是具有实质性影响的，并非仅是装饰司法民主的“花瓶”。另外，整个庭审过程中，德国职业法官对参

① 参见朱淑丽：《德国的参审制》，载《人民法院报》2006 年 6 月 9 日，第 3 版。

② 参见［德］托马斯·魏根特：《德国刑事诉讼程序》，岳礼玲、温小洁译，中国政法大学出版社 2004 年版，第 147 页。

③ 小暮得雄＝丸山治「陪審制と参審制：刑事訴訟における」北大法学論集 28 巻 3 号（2011 年）482 頁参照。

审员存在法定的说明责任，因为参审员对于职业法官而言是“对等的搭档”。①

（四）德国参审员的权利、义务及责任

德国的参审员是任期制的，任期内和法官享有同等的权力和义务，因此，就德国参审员而言，其参与审判是一项权利和义务的结合体。然而，在德国的刑事司法实践中，参审员的权利和义务还是同职业法官存在些许细微的差别：其一，参审员在庭审过程中拥有和法官同样的质问被告人、证人的权力，不过质问被告人或者证人时，必须事先征求法官的同意。参审员因不正确的质问方式影响法官的判断时，法官有权要求参审员停止质问权的行使。其二，德国法对于参审员的要求并不严苛，尤其是与对法官的要求不可同日而语。最明显的就是被选任为参审员后，并不需要长时间地学习法律知识和司法实践，给参审员配发的《参审员指引规则》也不要求参审员必读。德国公民参与审判，只要求公民具有健全的公民常识和社会阅历，而非其他。从这一点上也能证明参审员与法官的权力和义务并无完全对等的必要。其三，德国参审员被科以严苛的守密义务，参审员的任期内必须遵守守密义务，违反守密义务会被根据具体情形予以处罚。② 其四，德国立法者给予职业法官和参审员非常高的信任，他们在整个案件审理过程中建立起来的、自由的内心确

① 田口守一「ドイツの審判所における参審員と職業審判官との関係」比較法学42巻1号（2008年）178頁以下。

② 黒澤睦＝高村紳「ドイツの参審制度と日本の審判員制度：刑事手続における市民参加に関する比較法的一考察」法律論叢第90巻第4・5合併号（2018年）291－292頁参照。

信，属于法院判断证据调查的结果。[①]

（五）小结

结合上文分析，德国参审制的特点可归结为以下六个方面：其一，以参审法庭为基本构造的参审制度设计。德国拥有悠久的法官职业化传统，这从德国大学的法学教育模式就可以窥见一二，德国的法学教育是以培养法律职业工作者为天职的。德国的参审员对于审判的参与是全程实质参与，同英美的陪审团仅仅进行事实认定是有巨大差别的。其二，参与审判的职能分工不同。德国的参审员参与审判与职业法官一起组成合议庭进行事实认定、法律适用以及量刑，不存在分工负责的问题。英美法系的陪审团和法官之间是存在明确的职能分工的，陪审团仅进行事实认定，法官仅进行量刑，二者互不干涉。其三，严格的参审员选任程序。德国的参审员是有法定任期的，因此对于参审员的选任必须严苛。德国的参审员的选任的详细操作程序是通过法院组织法进行规定的，从这就可以看出德国是将参审员和法官一视同仁的。其四，司法民主化和司法职业化的矛盾。德国对于自己的成文法传统和法律职业化有着极端的崇拜，他们将法律视为一种科学，推崇规范、推理以及逻辑体系的建构。基于此，虽然参审员与法官拥有同等权力和义务，但是实际上职业法官的意见对于参审员案件的审理起着决定性作用。其五，合议庭作出判决需要充分说理。根据《德国刑事诉讼法典》第267条规定："被告人被判决有罪时，判决理由必须写明已经查明的、具有犯罪行为法定特征的事实。证据如果是根据其他事实推断出来的，也要写明这些事实……在审理中如果有程序参与人主张刑法特别规

① 参见《德国刑事诉讼法典》，宗玉琨译注，知识产权出版社2013年版，第22页。

定的排除、减轻或者提高可罚性情节的，不管这些情节是否已确定或没有确定，判决理由都必须写明；判决理由必须写明所适用的刑法和对量刑起了决定性作用的情节……如果没有对判决提起上诉，则法庭只需列明其认定为真实的事实，以及其所适用的刑法条文；被告人被无罪判决的，判决理由必须明确是否被告人没有实施被指控的罪行，或者是否以及因何原因认为已经查明的行为并不构成犯罪的事实……”其六，参审员人数相对较少。德国的合议庭设置中仅有 2 名参审员席位，和英美法系的陪审制国家相比，人数极为精简。参审员人数较少的合议庭组织可以减少大量的司法资源，但也会导致司法民主彰显程度不够等弊端。

三、协作模式评析

对于参审制这一公民参与审判模式从参审员的选任程序、参审制的适用范围、参审制的庭审程序以及参审员的权利、义务、责任等方面进行梳理和分析，可以归纳出参审制这一模式所共有的特质：

其一，参审员全程参与审判的实质性。通过对适用参审制的代表性国家进行考察可知，公民对于庭审基本上是实质参与，参与事实认定、法律适用以及量刑全过程，并对判决最终结果也存在实质影响；而陪审制仅仅进行事实认定，对于判决结果影响有限。

其二，事实认定采取“问题清单”的方式。参审员对于事实的认定主要是通过“问题清单”的形式进行，由法官根据参审员的事实认定结果对被告进行定罪量刑；而陪审制中公民对事实的认定原则上独立于法院，以裁定的方式作出且大多无须说理。

其三，评决多采用少数服从多数的单纯多数决的规则。适用参审制的合议庭评决多采用单纯的多数决原则，简单多数一致就可以作出不利于被告人的判决；而陪审制的评议就需要陪审员意见达到全员一致，无法全员一致的情况下，多采用有条件的多数决。

其四，参审制的适用范围呈现缩小的趋势。有些国家的参审制已经从民事领域退出，刑事领域也多适用于轻罪、重罪，对于轻微刑事案件禁止适用。

其五，司法职业和司法民主具有无法调和的矛盾。实行参审制的国家大多是大陆法系国家，奉行成文法和职业法官主义，对于参审员参加庭审多持有怀疑态度。但是，司法民主又是公民主权的切实需要，如何解决二者之间的矛盾，平衡二者之间的关系，是参审制国家面临的一大共性难题。

参审制模式是在法国和德国移植英国陪审制失败后，结合自己的司法传统和司法实践创设出的不同于陪审制的公民参与审判模式，可以说是在借鉴陪审制基础上，立足本国实情的一种嬗变。基于此种认识，可以发现参审制与陪审制相比较具有以下优势：其一，就事实认定而言，参审员可以纠正职业法官不知不觉形成的职业偏见，职业法官也可以凭实务经验弥补参审员法律知识的欠缺。其二，参审员丰富的社会阅历和本职知识可以弥补职业法官对陌生专业领域知识的匮乏，有针对性地选任的专业参审员可以协助职业法官进行事实认定、法律适用以及量刑。其三，参审员参与法律适用及量刑可以减轻法官作出判决的心理负担，而且在程序设计上以减少审级的方式使司法机关的整体负担减轻。参审制既保证了司法的相对独立，又彰显了司法民主的特色。其四，参审制具有高效性的优点。因为参审制没有非法证据排除、制作陪审团指示等程序的掣肘，其不但禁止辩诉交易，制约检察官的权力，而且在提升诉讼效率，保障司法公平方面具有优势。

然而，纵观参审制的发展历史和运行实践情况，参审制的适用也遭遇了诸多“瓶颈”。

其一，司法职业化的过度推崇。实行参审制的国家，尤其是德国，对于自己的传统法律文化有着狂热的崇拜。德国的法学教育是以培养法律职业工作者为天职的，因此，他们认为未经训练的普通公民参与专业的刑事案件的审判，会降低司法的品质，会妨碍职业法官的独立判断，公民凭社会常识与自身的直觉作出的判决缺乏可预见性，而且法律的目的就在于矫正落后的民俗习惯，普通公民参与审判有着阻碍司法改革之虞。德国的职业法官对参审员多持有不友好甚至敌对的态度。

其二，参审制适用司法成本过高。法院从参审员选任、进行基础法律知识培训到参加庭审，再到审判结束，必须增加数目可观的人力、物力以及时间成本。每个不同的案件，法官必须费尽口舌指导参审员，致使诉讼程序的时间整体拉长，造成案件积压，从而影响整体的司法效率。另外，参审员参与审判必须进行庭审当事人主义模式的改革，采取“起诉状一本主义”、贯彻直接言词原则等配套措施，不然的话，参审员不参与庭前准备程序，仅凭庭前阅卷，其在庭审中很难应对复杂的案件事实以及法律问题。这样就带来了职业法官、律师角色的转变，其职业训练、伦理道德的构建都必须进行重大调整。

其三，德国法典的极端抽象化。德国有着悠久的成文法传统，法律基本以法典的形式予以规定，“法言法语”以其专业性、复杂性闻名于世，而参审员要理解这些法律概念和法律方法是极其困难的，仅靠基础的法律知识培训与庭审中法官的指示，作用是极为有限的。参审员在庭审过程中，对于法律规定及疑难问题的困惑依赖于法官的指示，也导致了参审员过于依赖职业法官。在职业法官的主导下，很难独立提出自己关于案件的看法，往往依附于法官，成为法官审理案件的协助者，久而久之，参审员就变成了司法民主的“装饰品”。

其四，参审制适用率较低。现如今，德国的刑事司法实践中，适用参审制审理的刑事案件仅占刑事案件总量的 5.4%。即使在 5.4% 的适用参审制案件中，参审员也缺乏独立性、自主性，往往屈服于职业法官的意见。根据德国官方数据统计，在参审员与职业法官意见相左的刑事案件中，仅有不足 1/3 的参审员的意见得到了职业法官的尊重或者影响了案件的结果。也有德国的职业法官认为，其职业生涯里几乎没有出现过参审员不同意职业法官意见的，德国的参审制对本国作用不大，流于形式。①

总而言之，在大陆法系国家，一方面，公民基于对专业刑事庭审的恐惧，参与审判意愿低落；另一方面，职业法官对公民参与审判持轻视的态度。这样一来，如何才能既满足司法对公民参政权的切实回应，又保障自己优秀的法律文化传统不被侵害呢？权衡之后，这些国家采取了在不妨碍职业法官依法独立行使审判权的前提下，增加人数极少的参审员参与审判的做法。这样的做法虽在一定程度上满足了各方的需求，但是参审制毕竟适用范围有限，仅限于存在职业法官传统并信任司法权威的特定国家。

① 田口守一「ドイツの裁判所における参審員と職業裁判官との関係」比較法学 42 巻 1 号（2008 年）166 頁参照。

第四节　公民参与审判的糅合模式

一、日本裁判员制度

日本第二次世界大战战败之后关于公民参与刑事裁判的讨论，始终围绕着陪审制与参审制的模式之争展开。[①] 1999 年，日本设立司法制度改革审议会，准备进行大规模的司法改革。此次改革课题是“如何将法的精神、法的支配转化为国家的血肉和轮廓，如何将宪法确立的对个人的尊重与公民主权真正地实现”。为此，此次改革基调设定为“由过度事前规制、调整型社会向事后监督、救济型社会转换”“促进公民统治客体意识向统治主体意识转换”。[②] 基于此，确立司法制度改革基本方针：构筑满足日本公民期待的司法制度（制度基础配备）、培养支撑司法制度的法律人才（人才基础扩充）和公民基础确立（公民司法参与）。其中，针对公民基础确立，要求“一般公民参加刑事裁判，通过裁判过程中对公民健全社会常识反映，加强公民对司法理解和支持，进而强化公民的司法基础”。2001 年 6 月，日本司法改革审议会提议创设区别于陪审制或者参审制的公民参与裁判制度。日本立法者最终采取了折中的方法，在结合本国司法文化和司法实践的基础上，糅合了陪审制和参审制的积

① 木幡洋子「陪審法と裁判員制度：民主主義国家と主権者教育保障への架橋としての裁判員制度」社会福祉研究 10 号（2008 年）18 頁参照。

② 参见陈建军：《试论人民陪审员制度改革的未来走向——以日本法为参照的分析》，载《东北农业大学学报（社会科学版）》2016 年第 6 期。

极因素，构建了彰显本国特色的裁判员制度。日本裁判员制度背后的理念在于“在民主法治的国家，作为国家一员的公民拥有参加刑事审判的权利”①。日本裁判员制度摆脱20世纪日本公民作为统治客体的窠臼，培养公民的公共意识，增加公民对公共事务参与的热情，增强公民对司法的信任，并希冀通过公民参与裁判的方式强化国家基础。② 日本裁判员制度对其刑事诉讼理念的影响之一是促成当事人诉讼追行主义理念的回归。以裁判员制度的引入为契机，日本现行刑事诉讼法的基本理念——当事人诉讼追行主义得以复苏。这种理念的回归，彰显了裁判员制度的确是一般公民参与刑事审判的最合适方式。③

（一）日本裁判员的选任程序

根据裁判员法的规定，日本公民只要具有众议院选举资格就具有选任裁判员的资格。通常来说，日本公民年满20周岁，就被视为成年，具有选举参议员或者众议员的资格。由此可见，日本的公民参与裁判的初始门槛还是相对比较低的。然而，对于满足裁判员初始条件但符合失格事由、除斥事由、回避事由以及辞退事由的，将被排除在裁判员选任的范围之外。

---

① 西尾浩二「プラトンにおける裁判制度と裁判官：裁判員制度の導入に寄せて」古代哲学研究室紀要14巻（2006年）46頁以下。

② 種村文孝「法律専門職と市民にとっての裁判員制度：導入時の議論とその後の影響」京都大学生涯教育フィールド研究3号（2006年）84頁参照。

③ 参见尹琳：《日本裁判员制度的实践与启示》，载《政治与法律》2012年第1期。

就失格事由而言，具体包括：其一，未完成法定义务教育。公民参与裁判一般不要求具有专业的法律知识，但是起码得具有现代公民的基本知识。日本社会一致认为义务教育是判断公民是否具有基本知识的形式标准。其二，有被判处徒刑以上犯罪记录。其三，因为身体残疾或者精神障碍而无法胜任参与审判工作。由于裁判员在参与庭审期间，具有临时公职人员的身份，因此也必须符合《日本公务员法》所规定的消极条件，即受禁治产宣告人员、受免职处分未过 2 年的人员以及主张暴力推翻现有政府的党派人员等，都应该排除在裁判员选任范围之外。

就除斥事由而言，具体包括：其一，立法层面上的国会议员、行政层面上的中央以及地方的公职人员，禁止成为在司法层面上的裁判员；其二，由于是非专业人士的参与，法律职业工作者被排除在外；但值得注意的是，日本的法学院在职教授以及在读学生也被排除在裁判员选任的范围之外。

就回避事由而言，若被发现与控辩双方或其家属存在利害关系，应该回避裁判员的选任。

就辞退事由而言，日本公民可以依据以下理由主动辞退裁判员：其一，年龄 70 周岁以上的；其二，在议会会期中的地方议会议员；其三，在学校学习的脱产学生；其四，担任过裁判员或者候补裁判员的；其五，担任过检察委员会审查员的；其六，患有严重疾病或者正在怀孕的；其七，必须抚养婴幼儿或者赡养孱弱老人的；其八，交通十分不便的；其九，遭遇父母的葬礼或者近亲属婚礼的。

关于裁判员的选任。每年 9 月 15 日前日本各地方法院根据司法管辖范围区、镇的人口比例，通知各地方选任委员会在 10 月 15 日之前从众议院议员的选举名簿中依照法定比例随机抽选出名单并移送各地方法院。各地方法院于12月月底之前，制作裁判员候选名簿。通常来说，具有选举权的公民进入候选人名簿的比例约为1/3，而且在每年都必须重新制作裁判员候选人名簿的情形下，日本公民都有成为裁判员的机会。当地法院制作裁判员候选人名簿之后，有通知被抽选公民的义务，通知时一并提供关于裁判员制度的介绍书籍。除此之外，各个法院通常都设有与裁判员制度相关的咨询窗口，同时，公民也可以通过各级法院的官网进行查询和咨询。对于日本公民来说，成为裁判员参与审判既是一项权利也是一项义务，因此，在1年之内，裁判员候选人名簿中的所有人都有被召集的可能。一般而言，正式裁判员的选任，先由各法院进行裁判员是否参加的意愿咨询通知，如果有意愿成为裁判员，则必须进一步填写质问票，之后则进入实质的裁判员选任程序。裁判员的选任程序通常采取不公开原则，由3名法官组成，并选择其中1名法官主持。选任裁判员时，检察官和辩护律师必须出席，法官认为有必要时，被告人亦可以列席。针对法官、检察官以及辩护律师的询问，候选裁判员有陈述的义务。值得注意的是，对于候选裁判员，控辩双方拥有4次（1次1人）无须说理的剔除权。最终选任6名法官，最多6名正式裁判员，与3名法官组成合议庭进行审判。

根据日本最高裁判所针对裁判员分布数据的统计，男性占54.90%，女性占43.30%（无回答的占1.80%），覆盖各个年龄段；就日本裁判员的职业分布而言，上班族占55.30%，临时合同工占15.10%，家庭主妇和主夫占9.90%，个体经营者和自由职业者占

7.10%，其他职业占12.60%。[①] 经计算，日本第一审法院约有10万件案件，约有3%即3000件能够成为裁判员审理的案件。以一个案件要有6位裁判员及2位候补裁判员参与审理计算，一年约有24,000位国民参加选任。平均而言，一般公民中选的概率约为1/4000。由于重复参与者很少，有学者统计，日本公民一生中可能参与案件审理的概率为1/67。[②] 据此可知，日本裁判员制度旨在实现各个年龄段、各个职业等有选举权公民的广泛参加，并通过参与庭审，对其进行法律教育，提高整体公民的法律素质。

（二）裁判员制度适用范围

根据《日本裁判员法》的规定，日本裁判员制度仅适用于重大的刑事案件，并不适用于民事案件。适用裁判员制度的刑事案件包括：其一，判处最高刑罚可能为无期徒刑或者禁锢[③]的相关刑事犯罪；其二，《日本裁判员法》第26条第2项第2号规定的故意犯罪致使被害人死亡的相关犯罪。根据上述规定，适用裁判员制度的具体罪名一般包括杀人罪、伤害致死罪、抢劫致伤罪、抢劫致死罪、抢劫杀人罪、遗弃致死罪、违反兴奋剂取缔法罪、现住建筑物放火罪、伪造货币罪、使用伪造货币罪、危险驾驶致死罪、违反麻醉药物法罪、违反爆炸物取缔法罪、违反枪械刀剑取缔法罪、强奸致死罪、强制猥亵致伤罪、抢劫强奸罪、集体强奸致死伤罪等。日本裁判员制度主要适用于公民关注度高且社会影响重大的刑事案件，尤其是

---

① 日本最高裁判所：《裁判员制度》，载日本最高裁判所官网2017年6月26日，https：//www.saibanin.courts.go.jp/index.html。

② 参见胡荣、胡夏冰：《日本国民参与刑事审判制度重述》，载《中国应用法学》2019年第5期。

③ 禁锢是日本自由刑的一种，和徒刑的区别在于其没有劳动作业义务。参见《日本刑事诉讼法》第350条之2第2项。

造成严重人身伤亡的案件，共计占到了75.28%，但适用裁判员制度审判的案件数仅占全国地方法院刑事一审案件总数的2.50%。[①]

通过上文阐述可以看出，日本裁判员制度的适用范围是一种强制性规定，即必须严格按照法律文本执行，法院或者当事人都不能依职权或者依申请随意启动。这与英美法系国家陪审团启动的方式截然不同。英美法系国家的陪审团制度在启动方式上通常尊重被告人的意愿。另外，根据《日本裁判员法》的规定，上述案件原则上应当适用裁判员制度审理；然而，存在以下例外情形时，不能适用裁判员制度进行审理：根据被告人的言行举止、被告人所属团体的主张或者团体其他成员的言行举止，以及存在对裁判员候选人或者正式裁判员进行伤害或者伤害告知等其他现实危险情形，法官认为这对于裁判员候选人、正式裁判员、历任裁判员或者他们的亲属或者其他亲友的生命、身体或者财产产生危害或者威胁，或者对于上述人员的日常生活有现实侵害危险的，其结果会造成裁判员候选人或者正式裁判员产生恐惧，导致裁判员候选人出庭困难，或者正式裁判员无法正常履行职务，从而难以选任替代裁判员时，法院应当依检察官、被告人及其辩护律师的申请或者依据职权裁定该案件由法官组成合议庭审理。合议庭在作出上述裁定或者驳回当事人申请裁定时，应当听取检察官、被告人及其辩护律师的意见。但是，已经参与案件审理的法官，通常不得参与作出该项裁定。如果由裁判员参加的合议庭已经组成，法院在依职权作出由法官组成合议庭审理案件裁定时，应当预先听取由裁判员组成的合议庭审判长的意见。法院作出由法官组成合议庭审理案件的裁定，必要时可以调查有关

① 日本最高裁判所：《裁判员制度》，载日本最高裁判所官网2017年6月26日，https：//www. saibanin. courts. go. jp/index. html。

事实。对于法院作出的由法官组成合议庭审理案件的裁定和驳回当事人申请的裁定，当事人可以进行上诉。

（三）裁判员制度的庭审程序

根据《日本裁判员法》的规定，适用裁判员制度的刑事案件自提起公诉后就必须强制适用，被告人无拒绝选择适用的权利。这样规定的原因在于：其一，相比于被告人的诉讼权利，一般公民的司法参与才是裁判员制度导入的初衷；其二，适用参审制的很多国家不承认被告人的拒绝权；其三，日本“旧陪审制”因承认被告人拒绝选择适用陪审制的权利而导致其低适用率的失败教训。

根据陪审制的经验，为了最大限度地减少日本公民参与裁判的负担，适用裁判员制度审判的案件必须集中、不间断审理，通常应该在3日内审结。这样一来，庭前的争点整理与证据开示，都必须在公判前整理程序中及时处理。日本的公判前整理程序由1名法官主持，检察官和辩护律师必须参加。该程序旨在整理出控辩双方的争点，并就调查证据的种类和顺序作出有序安排，以便裁判员能够快速、准确地审理案件。

冒头程序是日本公判审理程序的开端。该程序启动后，先由审判长确认裁判员是否全员列席，再由检察官宣读起诉状，之后由主审判长告知被告人拥有沉默权，接下来再讯问被告人是否承认所指控犯罪事实。值得注意的是，无论被告人是否承认所指控犯罪事实，都必须适用裁判员制度进行审理。在法庭调查阶段，裁判员并非处于被动聆听的地位，裁判员和法官一样可以对证人、鉴定人进行询问，法庭调查必须在3日内完成。在法庭辩论阶段结束后，必须立即进行评议，评议程序必须秘密进行。评议时，必须由6名裁判员和3名法官对本案的事实以及相关证据的证明力进行讨论。评议结束后，必须就被告人是否有罪进行评决。评议、评决时，6 名裁判员必须全程参与，禁止擅自离开。评决采用有条件的多数决方式，即作出不利于被告人的判决必须合议庭成员过半数同意之外，还必须满足多数决中兼有法官与裁判员的意见这一条件。如果 6 名裁判员同意被告人有罪，而 3 名法官同意被告人无罪，则不能作出不利于被告人的判决；不过判决是以法官和裁判员充分的评议为前提的，这种事态几乎不会发生。[①] 对于量刑的评决，亦采用有条件的多数决方式，即对于被告人量刑必须从最重者依次加入次重者，依次类推直至人数过半，且多数意见中至少有 1 人为法官。例如：如果有 4 名裁判员和 1 名法官同意判处被告人死刑，则必须判处死刑；如果 3 名裁判员同意判处 15 年有期徒刑，2 名法官同意判处 12 年有期徒刑，剩下的 3 名裁判员和 1 名法官同意判处 10 年有期徒刑，此时必须将 3 名裁判员纳入 12 年有期徒刑的意见之中，视为多数决通过判处被告人有期徒刑 12 年。

通常而言，裁判员参加审判程序的平均时间是 5.3 日，判决内容的评议时间平均为 9.8 小时。根据裁判员的调查报告显示：针对评议内容的难易程度，理解容易占 62.70%，一般占 30.20%，理解困难占 5.60%；针对评议中是否充分讨论，讨论充分占 72.60%，讨论不充分占 7.20%，不知道是否充分占 18.80%。[②] 由此可见，评议过程中，裁判员大部分对案件认定不存在障碍，且充分发表自己意见；但因评议是秘密进行的，裁判员负有守密义务，评议过程中

① 参见［日］田口守一：《刑事诉讼法》，张凌、于秀峰译，法律出版社 2019 年版，第 395 页。

② ナンシーガートナー＝平山真理「市民はどう裁いたか：裁判員制度の課題と展望」金沢法学 54 巻 1 号（2011 年）195－196 頁参照。

其有多大自主性不得而知。一般而言，裁判员和法官同时出席公开庭审并拥有对等权限，即对于事实认定、法令适用以及量刑都拥有同等权限。但是，针对诉讼程序的判断以及法律解释等专门性强的事项，专属职业法官办理。裁判员在理解法官法律解释的基础上，并在自主事实认定前提下，和法官同时采取法律适用并提出量刑意见。日本裁判员制度审判的刑事案件凸显出有罪率略显上升且总体量刑偏重的趋势，[①] 原因就在于：一是裁判员“门外汉”的特征以及受日本“被害人参加制度”实质影响，适用裁判员制度的刑事案件，裁判员很难进行理性判断；二是新闻媒体的无节制报道导致裁判员提前预断，影响案件的公正审理，如尼崎杀人并遗弃尸体案件的审理就是代表性案例。[②]

（四）裁判员的权利、义务及责任

对于日本公民来说，成为裁判员参与审判既是一项权利也是一项义务，但其义务属性多于权利属性。根据《日本裁判员法》的规定，正式裁判员、候选裁判员参与审判的，必须对其耗费的交通费、住宿费、差旅费以及误工费进行补贴。通常来说，正式裁判员一日补贴 1 万日元，候选裁判员一日补贴 8000 日元。裁判员的义务主要包括：其一，裁判员必须依法公平诚实地行使职权；其二，裁判员在公判期日以及评议、评决时按时到庭，且不得进行任何有辱裁判员人格品行的行为；其三，评议时的秘密及职务上获得的秘密的严

---

① 井田良「わが国における量刑法改革の動向」慶應法学 7 号（2007 年）17－18 頁参照。

② 曽我部真裕「裁判員制度と報道——NHKスペシャル尼崎事件再現映像番組から再考する」新聞研究 746 巻（2013 年）43－47 頁参照。

格守密义务；其四，裁判员禁止进行有损审判公正和威严的行为。对于裁判员违反守密义务，泄露评议的内容或利用职务之便获取的秘密，会科处6个月以下的徒刑或者50万日元以下的罚金。

（五）小结

通常而言，程序法相较于实体法的修改更加大费周折，因为程序法是由环环相扣的具体制度交织而成的严谨系统，各具体制度往往实质关联、互为表里，修改其中的任何一项具体制度，都会牵一发而动全身地引导其他具体制度的契合式修改。为了保障日本裁判员制度的健康有序运行，日本先后构建和完善了一系列配套措施。

其一，构建公判前整理程序。公判前整理程序是在一审公开审理之前，通过整理争点和重点，确立明确的审理计划，达到保障庭审集中、不间断审理之目的，是由法官主持的庭前准备程序。2005年，公判前整理程序通过修法予以创设。一般而言，适用裁判员制度进行审理的案件必须适用公判前整理程序。日本最高裁判所公布的数据显示：自裁判员制度实施之后，2009年，公判前整理程序的平均适用期限为2.8个月；2010年，该程序的平均适用期限为5.4个月；2012年该程序的平均适用期限为7个月。可以看出，公判前整理程序作为庭前准备程序，为了保障庭审的集中、不间断审理，呈现出长期化的特征，这也招致了检察机关和被告人及其辩护律师的不满。

其二，完善证据开示制度。证据开示制度是一种庭前的程序与机制，用于诉讼双方从对方处获得与案件有关的事实情况或其他信息，进而为庭审做准备。日本完善后的证据开示制度称作“三阶段证据开示”，依次是检察官证据开示、检察官开示证据以外的类型证据开示、被告人及其辩护律师的证据开示。对于日本刑事司法实践中证据开示的相关问题，日本2016年修法构建了证据一览表交付制度，并对类型证据的开示范围进行了扩充。

其三，强化刑事审判的充实化、迅速化。日本现行刑事诉讼外形为当事人主义的形态，内核却为职权主义的传统，整体呈现为外形和内核背离的“疑似当事人主义”①。日本希冀凭借构筑以裁判员制度为代表的新时代刑事司法制度实现以下传统司法理念的转型：从缜密侦查与慎重起诉的“精密司法”② 转向围绕核心争点与证据进行审判的“核心司法”③；从过度依赖口供④、检察官笔录⑤转向证人出庭作证以实质影响案件审判结论的新样态；从依

① 村岡啓一「日本の刑事司法：平成刑事訴訟法の下での現状評価」CrimeInfo論文エッセイ集4号（2018年）2頁。

② 日本学者松尾浩也提出这一概念，“精密司法”要求从犯罪动机、犯罪背景及犯罪的社会影响等诸方面，通过缜密的调查取证、慎重的起诉及精密的事实认定达到解明真相之目的。通常而言，在“程序公正”和“实体真实”之间，更倾向于后者。松尾浩也「私と刑事訴訟法50年」ジュリスト1148号（1999年）7頁参照。

③ 日本学者平野龙一提出这一概念，核心司法要求明确争点、严选证据，在审理过程中贯彻直接言词原则，庭审过程围绕核心争点和证据进行，实现庭审的充实化、迅速化。平野龍一「参審制の採用による『核心司法』を——刑事司法改革の動きと方向」ジュリスト1148号（1999年）5頁参照。

④ 口供被称为“日本刑事司法的心脏”，检察官通过获取口供来收集其他证据及构建案件事实，法官认为口供是如何判定案件的唯一最重要证据，没有口供定罪的案件是很值得怀疑的。参见［美］戴维·T. 约翰逊：《日本刑事司法的语境与特色——以检察起诉为例》，林喜芬等译，上海交通大学出版社2017年版，第355－357页。

⑤ 检察官笔录是检察官侦查中为了确保供述的可信性而制作的笔录，但其内容不囿于有罪供述，还囊括嫌疑人、被告人的生活经历、人际关系、该案的社会影响及检察机关的指导政策等诸方面。强调临场感和可信性，兼具故事风格的检察官笔录被美誉为追诉方“传家宝刀”，侦查中被置于核心地位。检察官笔录的证据能力是检察官拥有特权地位的体现，即使庭审中被告人翻供，可以凭借检察官笔录的“相反性”和“特信性”予以反证。青木孝之「検察官調書の史的考察」琉大法学80号（2008）165頁参照。

赖“密室讯问”与长期羁押以获取口供的“纠问式侦查观”转向肯定嫌疑人不负强制调查取证忍受义务的“弹劾式的侦查观”①；从案发后进行侦查、强化收集情报机能的“事后处理型刑事诉讼”转向通过合意获得证据后而预先介入他人案件的“危机管理型刑事诉讼”。早在2003年，日本就制定了审判充实化、迅速化的相关法律，规定了辩护律师、法院及当事人双方为了审判充实化、迅速化所应尽义务，并规定最高裁判所负有就审判充实化、迅速化实施状况评估的责任，并将评估结果每2年公开发布一次。

结合上文分析，可以归纳出日本裁判员制度的特点主要体现在以下五个方面：其一，裁判员制度是大陆法系参审制与英美法系陪审制的糅合。日本裁判员制度对于裁判员的选任体现的是陪审制的特色，对于案件的事实认定、法律适用以及量刑体现的是参审制特色。其二，裁判员制度的实施带来日本“精密司法”向“核心司法”的转变。日本“精密司法”依赖于侦查阶段的调查笔录，注重于发现真相，而裁判员制度的导入使审判成为诉讼的中心，注重程序公正，可以说体现了“核心司法”的理念。其三，合议庭评议、评决采用有条件多数决的方式，作出不利于被告人的判决除必须合议庭成员过半数同意之外，还必须满足多数决中兼有法官与裁判员的意见这一条件。其四，裁判员严苛的守密义务。裁判员的守密义务不仅包括保守评议、评决过程中的秘密，还包括履行职责时知悉

---

① 就口供获取而言，纠问式侦查观认为侦查是调查取证的程序，即使不能强制性地直接获取口供，也可以通过其他强制方法达到取证目的，如拘留、逮捕等措施；弹劾式的侦查观认为拘留、逮捕措施不过是为了保障庭审时被告人能及时到庭，否定嫌疑人负有强制调查取证的忍受义务。辻本典央ほか「平野龍一理論と刑事訴訟法——共同研究・刑事訴訟法の基礎理論（第2回）」近畿大学法学第64卷第3・4号（2017年）7－10頁参照。

的其他秘密。违反守密义务会被追究刑事责任。其五，构建被害人参加制度。为了切实保护刑事诉讼主体被害人的相关权利，2008 年日本创设了被害人参加审判制度。根据法律的规定，被害人参加适用裁判员制度的庭审，拥有在庭权、对证人的质问权、对被告人的讯问权以及最终陈述权。被害人参与审判对于裁判员进行事实认定、法律适用以及量刑具有重大影响。

日本裁判员制度实施以来，日本学术界和实务界一直围绕此制度争论不休。日本普通公民对裁判员制度优点和缺点的比较也颇多，如日本民间统计裁判员制度的优点仅 33 条，而缺点达 54 条。根据日本舆论调查会 2015 年 3 月的调查，认为裁判员制度未融入日本社会的观点占到 65%，裁判员制度的好感度从该制度实施之初的 55% 降至 44%。[①] 裁判员制度实施以来之所以争议不断，笔者认为主要原因有：

其一，日本裁判员制度的理论依据模糊问题。日本理论界对裁判员制度产生的两大理论依据——公民基础强化论和正义审判实现论[②]存在很大质疑。其中，公民基础强化论是在公民从统治客体意识向统治主体意识转换的前提下，被写入《日本裁判员法》，成为公民参与审判的首要目的的。由此可见，公民基础强化论来自新自由主义思想指导下的统治主体意识，即审议会创设裁判员制度的目的就是对公民以裁判员参加审判的方式开展教育，向公民灌输统治主体意识，统治主体意识本质是权力意识，该意识强制公民站在行

① 参见陈建军：《试论人民陪审员制度改革的未来走向——以日本法为参照的分析》，载《东北农业大学学报（社会科学版）》2016 年第 6 期。

② “公民基础强化论”，是指通过公民参加刑事审判，加强公民理解和司法信赖，进而强化司法的公民基础。“正义审判实现论”，是指通过公民参与审判，与法官协作，提高审判质量，彰显司法正义。

使刑罚权力一侧，对社会越轨行为加以惩罚。统治主体意识（权力意识）与民主主义和依宪治国思想本质上要求的权力抑制、权力批判相悖，不应成为公民参与司法的依据，否则容易造成“司法暴政”。就正义审判实现论而言，《日本裁判员法》作为《日本刑事诉讼法》的附属法，其首要目的“公民基础强化论”与刑事诉讼“发现真实”和“保障人权”的本质目的存在不可调和的矛盾。简单而言，裁判员制度根本目的是通过公民参加刑事审判，加强公民对司法的理解和信赖，进而强化司法的公民基础。但是，在审判过程中为减轻参与审判的公民的负担，既要实行审判迅速化，又要使其充分理解专业术语，法官指示不到位、被害人参加庭审、检察官和辩护律师“神乎其技的表演”等因素均可能导致误判和对被告人人权的侵害。

其二，日本裁判员制度的违宪问题。日本裁判员制度实施以来，关于该制度违宪的争议不断涌现。具体表现为：第一，法律根据的问题。《日本宪法》对于“一般公民参与司法，同法官处于同等立场，进行审判的参审制或陪审制”无明文规定。《日本刑事诉讼法》中也无与参审制或陪审制相对应的明文规定。换言之，日本裁判员制度无宪法和法律上的根本依据。第二，法官依法独立行使审判权的问题。根据《日本裁判员法》第67条规定的评决办法，若3名法官中仅1名确认被告有罪（其他2名确认被告无罪），6名裁判员有4名确认被告有罪，被告将被判有罪，不同意见法官的证明标准被迫从“个人的内心确信”妥协为“人际统一尺度”，[①] 这与《日本宪法》第76条第3项规定的“法官遵从良心，独立进行审判，仅受

① 石川多加子「裁判員制度に関する憲法的考察」金沢大学教育学部紀要人文科学社会科学編57号（2008年）57-70頁参照。

宪法及法律约束”的立法精神相背离。第三，被告人的权利保护问题。根据《日本宪法》的规定“被告人拥有在公平的法院，接受迅速、公开审判的权利”，然而，《日本裁判员法》中针对该制度并未赋予被告人选择适用的权利，被告人只能被动接受裁判员制度审判。这显然违背被告人“接受公正审判的权利”。第四，违反信教自由问题。有观点认为日本裁判员制度违反《日本宪法》第20条第1项规定的“保障任何人信教的自由”，因为许多宗教的教义是反对死刑的。然而，日本裁判员制度的适用范围包括可能判处死刑或无期徒刑或相当于监禁的案件。另外，《日本裁判员法》中没有将信教人员排除在选任范围之外，信教也不构成信教公民辞退裁判员或裁判员候选者身份的合法依据。日本诸多信教公民对以裁判员身份掌握他人“生杀予夺”的权力表示质疑和抗议。第五，日本裁判员制度规定了日本公民有被选任为裁判员以及参与刑事审判的法定义务。有部分日本学者认为这与《日本宪法》第18条规定的苦役的立法精神相违背，他们认为没有任何义务可以代替公民的工作、收入、家庭、自由以及将来。①

其三，裁判员制度与死刑问题。日本在一系列误判事件（如“松川事件”“名张事件”）之后，因为一般公民此起彼伏的批判运动，针对“官僚审判容易产生误判和侵犯人权”的现状，决定导入公民参与审判相关制度，以提高审判质量和维护司法权威。但是，适用裁判员制度被一审判决死刑的23人中，在高级法院仅由法官组成的合议庭认为“判刑过重”改判无期徒刑的达3件（改判率

① 緑大輔「裁判員制度における出頭義務・就任義務と苦役：憲法18条との関係」一橋法学2巻1号（2003年）305－328頁参照。

13.04%），并均最终被最高法院确认。① 日本最高法院指责判断是否适用死刑时，必须从犯罪的性质、动机、社会影响、结果重大性等各方面讨论，判断是否符合“永山基准”②，显然上述3起案件偏离该标准。可以看出，日本裁判员制度实施至今，并未有效改善误判和侵犯被告人人权的状况。对参与审判的裁判员而言，没有以往判例和量刑经验做参考，量刑也没有明确法定标准，全凭内心直观感觉，虽然判决反映公民的意志，却丧失审判应有的公正性。

其四，裁判员制度导致的重刑化问题。裁判员制度实施以来，量刑相比职业法官审判时代有重刑化倾向。例如：伤害致死案件和强盗致伤案件，职业法官一般量刑区间为“5年以上，7年以下”最多，裁判员一般量刑区间为“7年以上，9年以下”最多；强奸致伤罪职业法官一般量刑区间为“5年以上，7年以下”最多，裁判员一般量刑区间为“7年以上，9年以下”最多；强制猥亵致伤罪职业法官一般量刑区间为“3年以下执行犹豫”③ 最多，裁判员一般量刑区间为“5年以上，7年以下”最多。可以说，日本裁判员量刑偏重是导致被告人平均上诉率居高不下（35.70%）的首要

---

① 増本弘文「裁判員制度における死刑のあり方について」奈良大学紀要38号（2010年）39-49頁参照。

② “永山基准”（Nagayama Criteria）是日本审判因杀人而判处死刑案件时，适用的和判例同等重要的死刑适用参考标准，具体包括：(1) 犯罪性质；(2) 犯罪动机；(3) 犯罪样态，特别是杀人方法的执拗性、残忍性；(4) 结果严重性，特别是被害人人数；(5) 被害人家属的感情；(6) 社会影响；(7) 犯人年龄；(8) 前科；(9) 犯罪后的情状。

③ 执行犹豫是日本的一种刑罚执行制度，根据罪犯的实际情况，考虑在一定期限内缓期执行刑罚，如果在规定的缓期执行期限内，罪犯不会在犯罪或严重违反相关规定，缓刑期满原来的刑罚效力随之消灭。针对3年以下的徒刑或50万日元以下的罚金，其满足执行犹豫条件的，可以在1年以上5年之内缓期执行。

原因。其中，强奸致死伤案件的上诉率达 50.30%，强盗杀人案件的上诉率达 65.20%，违反组织犯罪处罚法案件的上诉率达 66.70%。就此而言，日本裁判员量刑偏重的原因主要在于：第一，“量刑界限”的缺失。“量刑行情”是指同种类、同性质、同程度的犯罪行为，适用同样刑罚的量刑实务经验，该经验是致力于司法实务的职业法官长年累积而成的量刑判断标准。一般国民根本无此方面经验，量刑往往依靠主观性评价。第二，“先入为主”观念的影响。日本裁判员制度主要适用于“公民关注度高、社会影响大、法定刑重”的刑事犯罪案件，此类案件常见诸各大媒体报道，裁判员不可避免地会受到影响，进而主观臆断将被告人置于“死地”。第三，裁判员容易被诱导。裁判员参与审判的过程中，其主观判断容易被检察官和律师诱导，尤其是强奸、猥亵及虐待儿童案件，由于被害人参加制度的存在，针对被害人的供述，裁判员保持客观中立的立场异常艰难。

其五，日本裁判员的守密义务问题。根据《日本裁判员法》的规定，裁判员的守密义务主要包括两方面：第一，评议过程中的秘密，包括评议结论达成过程、评议过程中法官与裁判员发表的意见、评决时达成多数意见时的票数等。第二，其他职务上得知的秘密，包括事件相关人的隐私、裁判员名字等。可以看出，《日本裁判员法》对于裁判员的守密义务规定得相当苛刻。之所以会这样，日本立法者解释为：第一，可确保裁判员评议时，意见充分发表，无后顾之忧；第二，可保证案件相关者不想公开的信息的安全性；第三，对于裁判员保护的考量，防止被非难和报复；第四，确保审判公平和可信赖性，防止评议意见多样性对司法权威造成损害。

然而，《日本裁判员法》实施以来，日本理论界和实务界对守密义务的批判也很多，主要可以归纳为以下几个方面：第一，日本裁判员的守密义务必须背负一生，如若违反，会被处以6个月以下徒刑和50万日元以下罚金，处罚非常重。第二，裁判员的守密义务还包括对法官在评议时不合适的证据归纳和诱导，这样非常不利于事后责任追究。第三，《日本裁判员法》实施以来，很多问题必须重新审视和修正，但评议的秘密性致使该制度现存的很多问题都很难公之于众。第四，守密义务范围不明确。究竟什么是评议秘密，什么是其他职务得知的秘密，没有明确的细化规定，在司法实践中很难操作执行。第五，在守密义务的规定上，裁判员和法官之间存在不公平对待。《日本裁判员法》明确规定，裁判员有守密义务，但对于职业法官却无法律规定，是否遵守守密义务全凭职业操守。2007年发生的“袴田案件”就是例证，一审后法官向媒体解释“自己已经形成了无罪的心证，但在评决阶段还是违心进行了死刑判决”。

其六，日本裁判员制度与审判迅速化的问题。在日本裁判员制度创设之初，日本学者松尾浩也教授认为，裁判员制度的设立不但确立了司法的公民性基础，而且随着证据开示制度范围的扩充、连日集中审理、公判前整理程序及犯罪嫌疑人法律援助律师的委任等措施的实施，以前“精密司法”所导致的审判期限冗长的问题可以迎刃而解。可以说，从“精密司法”向“核心司法”的转变，是日本裁判员制度实施的必要要求，也是审判迅速化的题中之义。但是，根据日本裁判员制度实施状况的调查来看，认为裁判员制度实施后，审判并没有迅速化的调查结果占到了81%。司法实践也印证了这一点，2006—2008年职业法官时期，平均审理期限是6.6个月，2009—2012年裁判员参与审判的平均审理期限是8.5个月。由此可见，日本裁判员制度实施以来，真正迅速化的是“实际审理期限（从开庭之日到判决之日）”，平均审理期日仅需5.3日，最短的2日。究其原因：第一，通过公判前整理程序归纳了争点、整理了证据、指定了审判期日等，大大节省了审判的时间。第二，实行连日开庭，开庭的间隔基本是零；而职业法官时期，平均开庭间隔长达1.3个月。① 因为裁判员并不参加审判前程序，其掌握的案件信息本就和检察官、律师及法官不相称，在这么短的实际庭审日期内，要保证其充分且正确地进行事实认定、法律适用与量刑，确实有些强人所难，况且庭审中还存在诸多不确定因素。为了减轻裁判员的负担，审判的迅速化和效率被置于首要位置，却以牺牲发现事实真相和审判公正性的可能性为代价，这种做法纯属本末倒置。

综上所述，从日本裁判员制度草案提出到最终立法并实施，跨度将近9年，在这期间进行了反复考察、论证和模拟实验，然而，最终形成的顶层设计依然存在不少漏洞和问题。日本裁判员制度糅合了陪审制的随机抽选陪审员和参审制的参审员与法官对等享有事实认定、适用法律以及量刑的权力，表面上看似是对两大制度的“取其精华，弃其糟粕”，然而形式上的融合因无深根固柢，本土化过程中必然出现种种问题。基于此，日本国内对于该制度的实施状况的评价毁誉参半，各种争议也甚嚣尘上。

二、韩国国民参与裁判制度

关于韩国构建国民参与裁判制度的讨论最早可以追溯至1999年。鉴于韩国司法公信力低下以及公民对于韩国司法的极度不信赖，

① 日本最高裁判所：《裁判员制度》，载日本最高裁判所官网2017年6月26日，https：//www. saibanin. courts. go. jp/index. html。

加之自由民主理念的普及，韩国公民参与司法的呼声日益高涨。因韩国固有的司法文化和传统中并无普通公民参与司法的经验，纯粹移植陪审制或者参审制都与现行宪法所规定的法官依法裁判的权力相抵触。① 因此，2004 年，韩国立法机构公布的《司法改革建议报告》中明确了将在韩国构建糅合陪审制与参审制积极因素的公民参与审判制度，并且先期开展公民参与审判制度的试点实验（每年适用 100 ~ 200 件），为期 5 年。② 到了 2008 年，韩国公民参与审判的国民参与裁判制度得以正式实施。2012 年，韩国司法参与委员会决定正式采用国民参与裁判制度。

（一）韩国陪审员的选任程序

韩国的陪审员必须是随机抽选的年满 20 周岁的拥有韩国国籍的合法公民。可以看出韩国国民参与裁判的门槛是比较宽松的。除此之外，韩国禁止以下公民参与审判：其一，符合失格事由的国家公务员；其二，符合除外事由的国家总统、议会议员、检察官、律师以及法务工作人员等；其三，符合除斥事由的与本案存在关联的法官；其四，符合免除事由的 70 周岁以上的高龄老人、患有严重疾病的人、负有严重伤情的人以及身体残疾参与审判明显存在困难的人、依法被拘留或者逮捕的人等。

法院通常从陪审员的候补人选名单中随机抽选一定数额的候补陪审员，并将决定的公判期日通知候补陪审员。公开审判之时，法官通过查证是否存在失格事由、除外事由、除斥事由、免除事由以

① 山名京子＝金玲「韓国の国民参与裁判制度の1 年半の状況とその評価」關西大學法學論集 59 号（2010 年）91 – 92 頁参照。

② 吉垣実「韓国の司法制度について」大阪経大論集 59 号（2010 年）61 頁参照。

及询问候补陪审员是否存在偏见，一旦出现失格事由、除外事由、除斥事由、免除事由以及个人偏见，法官可以依职权或者依检察机关、律师的回避申请，对满足上述情形的候补陪审员予以排除。通过上述甄选程序之后，法官从剩余的候补陪审员中随机抽选法定数额的正式陪审员以及预备陪审员。根据韩国法的规定，对于可能判处死刑、无期徒刑或者禁锢的案件，需要9名陪审员参与审判；除此以外的其他案件，需要7名陪审员参与审判；对于在庭前准备程序被告人及其辩护律师对于公诉事实无异议的案件，可以由5名陪审员参与审判。①

韩国大法院统计的数据显示：韩国被选定的正式陪审员与预备陪审员的性别比例为女性陪审员占47.8%，男性陪审员占52.2%；陪审员的年龄比例为50周岁以上占30.7%，40~49周岁占25.4%，30~39周岁占26.5%，20~29周岁占17.4%；陪审员的职业种类比例为上班人员占31.5%，自营业人员占15.5%，家庭主妇占18.3%，在校学生占7.6%，其他占27.1%。② 平均而言，韩国参与审判的陪审员选定所需时间为1小时17分钟。对于检察机关或者辩护律师对陪审员或者候补陪审员提出的有因回避申请，一件案件平均0.3名，1193件案件中仅有194件提出了有因回避的申请。从这可以看出法官对于有因回避申请的标准执行还是挺严格的。无因回避的数量为1件案件平均4.8名，其中，认罪案件比不认罪案件平均多出0.9名，特别是针对性犯罪案件，平均会要求无因回避的人

---

① 李銀模「韓国の国民参与裁判制度の内容と問題点：日本の裁判員制度との比較を中心に」関西大学法学研究所の主催て行われた第75回特別研究会ての講演内容（2010年）68頁参照。

② 朴光培「韓国国民参与裁判の現況」法と心理学会第9回大会企画公開特別シンホシム（2010年）5頁参照。

数达5.9人。另外，对于适用国民参与裁判制度进行审理的案件，适用国选辩护人的比率为979件，占81.2%；自己聘请律师的比率仅为227件，占18.8%。选择国选辩护人概率很高主要是因为私人律师认为参与该类制度进行辩护，不但耗时耗力，费用比其他类型案件低，而且还必须在庭审中说服陪审员，结果不具有可预测性。

（二）韩国国民参与裁判制度的适用范围

根据韩国法的规定，被告人对于是否适用韩国国民参与裁判制度拥有有条件的选择权，即就被起诉的被告人而言，是否选择适用国民参与裁判制度是他的一项法定权利，对于被告人选择适用的具体内容必须以书面的方式向法官提交确认。韩国国民参与裁判制度的适用范围具体包括：其一，刑法规定的犯罪行为致人死亡的犯罪；其二，特定犯罪的结果加重犯；其三，各地方法院合议部管辖犯罪案件中的最高法院规则特定的犯罪；其四，《韩国国民参与裁判法》第5条第1项第1号或第3号规定犯罪的未遂犯、帮助犯、教唆犯、准备以及预谋犯罪；其五，《韩国国民参与裁判法》第5条第1项第1号犯罪的关联犯罪。2009年，韩国适当扩大了国民参与裁判制度的适用范围：其一，增加了韩国刑法修正后规定的准强奸、准抢劫以及特殊抢劫等结果加重犯罪；其二，增加了多次抢劫、盗窃的惯犯犯罪。2011年，韩国进一步扩大了国民参与裁判制度的适用范围，全部一审刑事案件即可能判处1年以上的有期徒刑或者禁锢、无期徒刑及死刑犯罪均可以适用该制度。①

值得注意的是，一方面，韩国赋予了被告人是否适用国民参

① パクヨンチュル＝加藤克佳「韓国と日本における国民参加の刑事裁判」専修法学論集（2018年）132号170頁参照。

与裁判制度的选择权，法院有权对被告人选择权的行使进行书面审查；[①] 另一方面，根据性关联犯罪适用国民参与裁判制度的经验，被害人、证人在被询问过程中会经历“二次伤害”的恐怖与痛苦，为此，韩国法进一步规定，对于性关联犯罪，犯罪被害人及其法定代理人不希望适用国民参与裁判制度的，法官可以根据具体情况决定是否适用。

根据韩国大法院统计的数据显示，适用国民参与裁判制度进行审理的刑事案件中，杀人案件占到27.90%，抢劫案件占到20.50%，伤害致死案件占到5.95%，性犯罪占到17.60%，其他犯罪案件占到28.05%。由此可见，韩国国民参与裁判制度多数适用于重大的刑事犯罪案件。

（三）韩国国民参与裁判的庭审程序

韩国的国民参与裁判制度要求贯彻审判中心主义理念，这与韩国的其他审判程序是有很大差别的。通常来说，在公判日期到来之时，韩国陪审员必须参加冒头程序。在冒头程序中，参加审判的正式陪审员与预备陪审员必须宣誓，然后由主审法官对其进行初步指示。指示内容一般包括陪审员参与审判的权限及义务、刑事庭审流程、无罪推定原则、被告人拥有拒绝陈述权及禁止先入为主的程序设置等。

正式庭审开始后，在法庭调查阶段，韩国陪审员是无法直接对证人或者被告人进行询问的，其意欲质问的事项必须以书面的方式向主审法官提交，通过主审法官进行质问。在法庭辩论结束后，进入评议室之前，主审法官必须对陪审员再次进行指示，指示内容包

---

① 趙均錫「国民参与裁判制度施行三年の評価と展望」法學研究：法律・政治・社会84巻9号（2011年）605－606頁参照。

括无罪推定原则，证据审判主义，自由心证主义，被告人拒绝陈述或提交证据的不能推定被告人有罪，参与审判的义务及评议、评决的注意事项等。

一项研究发现，韩国法官在指导陪审团了解基本原则方面表现出色。这些基本原则包括沉默权、证据裁判原则和无罪推定原则。然而，同一项研究也发现，法官在解释犯罪的要素或者严重程度方面不是那么清晰，致使陪审员评议时存在困难。① 陪审员评议、评决原则上独立于法官进行，对于疑难问题，全员过半数同意咨询法官的，可以听取法官的意见。关于被告人有罪或者无罪的评决，第一次全数陪审员无法达成一致的情况下，第二次评决之前必须听取法官的意见，第二次评决采用单纯多数决的方式进行。② 评决被告人有罪的情况下，法官与参与审判人员必须就量刑进行讨论并发表自己的意见，主审法官在量刑讨论之前，必须说明处罚的范围和量刑的条件。宣告判决原则上在辩论结束之日作出，判决书上必须记载陪审员的事实认定及其相关意见。③

韩国大法院统计的数据显示，适用韩国国民参与裁判制度审理的案件被判决有罪的占到92.7%，被判决无罪的占到7.3%。通过比较发现，韩国适用国民参与裁判制度进行审理的刑事案件的无罪率是同期间内韩国一审刑事案件无罪率（3.5%）的两倍多。韩国陪审员平均评议所需时间为1小时41分钟，认罪（自首、坦白）案件的

---

① 参见［韩］李哉协等：《韩国影子陪审团评议过程实证研究》，载《国家检察官学院学报》2016年第1期。

② 李昊重「韓国の陪審制：国民参与裁判の現状と課題」南山法学（2009年）331号，10－11頁参照。

③ 趙炳宣「韓国における国民参与裁判制度の最終モテルに関する論争およびその展望」教育研究フロシェクト・法学会共催講演会（2011年）10－11頁参照。

平均评议时间为1小时25分钟，不认罪案件的平均评议时间为1小时49分钟，评议最短用时仅10分钟，最长用时达5小时。①

（四）韩国陪审员的权利、义务及责任

韩国国民参与裁判制度可以说是权利与义务的结合体。韩国陪审员在参与审判过程中可以行使事实认定、法令适用以及提出量刑意见的权利。另外，韩国为了保障国民参与裁判，以增强国民对司法的信赖，法律规定了一系列措施予以保障：其一，禁止任何人以不法目的干扰参与裁判的陪审员。其二，陪审员具有免于辞职或者自身遭受损失的权利。其三，陪审员负有严格的守密义务，任何人和团体禁止为了非法目的进行获取，但用于学术研究的例外。其四，禁止泄露陪审员的个人信息，尤其是隐私信息。其五，为了保障陪审员参与裁判无后顾之忧，必要时可依法采取保障其本人及家人的安全措施。通过威胁、请托等行为致使陪审员无法公平、公正参与裁判的，可以依法处以2年以下有期徒刑或者500万韩元以下罚金，陪审员违反守密义务的，可以依法处以30万韩元的罚金或者6个月的有期徒刑。其六，韩国陪审员庭审过程中有询问的请求权和记录笔记的权利，但是行使上述权利不得阻碍庭审活动的顺利进行。其七，正式陪审员、预备陪审员或者候选陪审员因与其职务有关而收受或者预期获得他人财产或者其他经济利益的，应当给予3年以下有期徒刑或者1000万韩元以下的罚金。② 其八，正式陪审员、预备陪审员、候选陪审员无正当理由没有在法院指定的日期出庭的，或

① 韩国大法院：《韩国国民参与裁判制度》，载韩国大法院官网2017年6月26日，https://www.scourt.go.kr/scourt/。

② 参见胡夏冰：《韩国国参参与审判：制度与启示》，载《民事程序法研究》2014年第2期。

者正式陪审员、预备陪审员无正当理由拒绝宣誓的，或者候选陪审员在选任程序中进行虚伪陈述的，可以科处最高200万韩元的罚金。①

（五）小结

为了使国民参与裁判制度能够良好的运行，同为新兴法治国家的韩国与日本一样陆续有计划地构建和完善了一系列的配套措施，主要包括：其一，构建了庭前准备程序。一般而言，主审法官在许可被告人选择适用国民参与裁判制度之后，可以依职权启动庭前准备程序。检察官、被告人及其辩护律师为了该程序能够有序顺利进行，需要提前收集、整理相关案卷和证据材料。法官为了明确争点整理与证据开示的审理计划，必须制定公判审理日期，公判审理日期原则上必须公开；但是公开会妨碍庭审程序正常运行的除外。其二，有条件地引入证据开示制度。韩国的证据开示通常在庭前进行。被告人及其辩护人对公诉案件相关的书面材料或者证据材料可以申请阅览、誊写，② 与此相对应，检察官也可以要求被告人及其辩护律师一定程度上开示其收集的相关证据材料。在韩国大法院关于证据开示的调查中，72.2%的韩国公民认为进行了充分的证据开示，26.4%的韩国公民认为仅进行了部分证据开示，1.4%的韩国公民认为证据开示不充分。其三，韩国为了避免适用国民参与裁判制度带来庭审程序拖沓、间断，积极主张在庭审程序中贯彻集中审理原则、直接言词原则。在韩国大法院关于庭审是否集中的调查中，85.5%

① 参见胡夏冰：《韩国陪审制的基本内容》，载《人民法院报》2014年9月26日，第8版。

② 参见陈学权：《韩国刑事诉讼法的修改及发展趋向》，载《人民检察》2007年第5期。

的陪审员认为大部分集中，13.9%的陪审员认为有一半集中，0.6%的陪审员认为基本不集中。

结合上文分析，可以归纳出韩国国民参与裁判制度具有以下四方面显著特征：其一，评议时，原则上法官不得干预且陪审员必须要达到全员一致，这可以说是借鉴了英美法系陪审团评议规则的内容；无法达成一致的情形下，需在听取法官意见的前提下，按照多数决原则作出评决，这可以说是借鉴了大陆法系国家参审制评议规则的内容。其二，庭前准备程序的扩充以及证据开示制度的导入。公判前准备程序可以有效进行争点整理和证据开示，能够集中审理且迅速进行，也避免了证据能力欠缺的证据对参与审判人员的误导。其三，直接言词原则以及集中审理原则的明文化。为了使公民有效地参与审判，实现公判中心主义，韩国贯彻直接言词原则和集中审理原则，要求庭审中必须就整理好的争点和证据调查运用辩论的方式进行，检察机关的起诉书必须当庭宣读等，以避免陪审员将精力耗费在没完没了的庭审之中。① 其四，调查取证的录音录像制度作为证据使用的减少和调查取证负责人证言制度被引入。2007年韩国刑事诉讼法修改后，对录音录像证据进行了严格限制，取而代之的是调查取证负责人证言制度的引入即调查取证负责人庭审中必要时必须以证人的身份出庭宣誓后进行证言陈述。

韩国国民参与裁判制度实施以来，适用该制度的刑事案件数量在逐年递增，虽然与当初创设该制度的预期存在一定差距，但是也可以接受。然而，韩国国民参与裁判制度运行过程中也出现了诸多问题。

---

① 参见陶建国：《浅论韩国陪审制度》，载《当代韩国》2010年第1期。

其一，被告人选择权的问题。按照韩国现行法律规定，韩国公民参与裁判制度只有在被告人申请适用的情况下才会运行。这样规定主要是因为制定国民参与裁判相关法律时，司法制度改革推进委员会认为违背被告的意志强制适用国民参与裁判制度，有违反《韩国宪法》第27条第1项所明文规定的“被告有依法接受法官公正审判的权利”的风险，最终被迫赋予了被告人选择权。但是，通过对韩国司法实践的考察可知，被告人选择适用国民参与裁判制度的比例较少。究其原因是被告人通常不知道该制度的存在，就算知道，被告人也很难判断适用该制度是否对自己有利。另外，就算被告人申请适用国民参与裁判制度，中途撤回的案件也多达40%。被告人主动放弃适用国民参与裁判制度的理由，一是法官、检察官、辩护律师以及陪审员全部参与审判，给被告人带来沉重的负担；二是陌生的陪审员进行评议、评决给等待判决的被告人带来不安全感；三是司法实践中，辩护律师说服被告人主动撤回适用国民参与裁判制度的实例不在少数。

其二，法院依职权排除被告人适用国民参与裁判制度的问题。根据韩国现行法律规定，被告人申请适用国民参与裁判制度，法院认为不适合适用的，可以依职权决定排除适用。韩国法院依职权排除适用国民参与裁判制度的案件平均占到了17.3%，可以看出，法院的高排除率是韩国国民参与裁判制度适用率低的主要原因之一。韩国理论界的主流观点认为，韩国现行法律对国民参与裁判制度的规定过于抽象，助长了法官的恣意裁量，导致了国民参与裁判制度的高排除率。

其三，审判过于迅速化的问题。韩国适用国民参与裁判制度的案件大多数是不认罪案件，往往是涉及杀人、抢劫、性犯罪以及特定加重处罚的案件，可以说绝大部分案件是案情复杂的重大刑事案件。上述重大案件必须经过陪审员选任、证据调查、评议评决以及最终宣判，要在1日之内迅速审结，陪审员是否有效参与案件审理都是疑问重重。纵观韩国的司法实践，仅在1日之内迅速审结的案件，最终因为陪审员事实认定错误而最终改判无罪的案例不在少数。

其四，检察官再次陈述意见的问题。根据韩国现行的法律规定，检察官做完意见陈述后，辩护律师和被告人会先后做最后意见陈述。这样的话，检察官事实上并没有最终反驳辩护律师和被告人的机会。在韩国的司法实践中，辩护律师在最终意见陈述阶段，发表无根据言论，模糊案件真相，给接下来的陪审员评议带来严重影响。如何避免陪审员带着偏见进入评议阶段，是否赋予检察官再次陈述意见的权利是韩国目前必须面对的现实问题。

其五，评议过程法官恣意介入的问题。陪审员评议必须具有独立性，需要避免外界干扰，这样才能最大限度地保证国民参与裁判的实质性、公正性。评议过程中，法官过度介入或者提出诱导性建议会使国民参与裁判的本质要素遭遇侵害，有沦落成法官附庸的极大风险。结合上文论述可以看出，评议、评决过程并不是独立于法官进行，而且定罪评议和量刑评议结合在一起并且都受法官意见的影响。

韩国国民参与裁判制度的目的在于通过普通国民参与刑事审判以提高司法公信力，将公民的社会常识、正义观念以及社会经验融入法官判决之中，进而推进韩国司法审判方面的民主理想。在陪审制与参审制孰优孰劣的问题上，韩国用实验的方式予以了验证。韩国通过国民参与裁判模式的实验，在结合自身法律文化传统与实践的基础上创设了正式的国民参与裁判制度。虽然韩国国内对该制度的争议不绝于耳，但韩国国民参与裁判制度还是在修葺和质疑声中逐步有序推进。

三、糅合模式评析

无论是日本的裁判员制度，还是韩国的国民参与裁判制度，共性特征都体现为：其一，贯彻审判中心主义理念。日本和韩国基本上以贯彻审判中心主义为目的，采取了构建庭前准备程序、贯彻直接言词原则、增强控辩双方庭审的对抗等具体保障措施。其二，糅合模式的公民参与审判大多采取的是任期制，而且公民参与审判仅进行事实认定，并不对法律适用和量刑产生实质性影响。其三，采用糅合模式的国家，公民参与审判多视为一种义务兼具权利属性，也就是说，公民参与审判多是一种职责，或是对公民的教育，抑或对公权力的监督，总体上体现了一种“牧民”思想。

一般而言，糅合模式主要适用在没有英美法系或者大陆法系传统的新兴法治国家。这些国家都主张采用当事人主义，但是本国的法官职权主义色彩浓重。与陪审制国家相比，新兴法治国家公民的基础法律知识尚不足以应对陪审制，法官数量及职业素养也不及参审制高；陪审制沉重的公民负担及诉讼拖沓使新兴法治国家对其敬而远之，但是新兴法治国家如果采用参审制，是采用专家参审还是公民参审也争议很大；单纯采用陪审制或参审制需要修改诸多配套法律制度，司法成本巨大，而结合本国的司法实践和司法文化，借鉴并糅合二者的必要特质是一个折中办法。随着两大法系呈现出相互借鉴糅合的趋势，随着法律多元价值观的兴起及各国间的法律制度水平差异逐渐缩小，新兴法治国家尝试另辟蹊径，借鉴陪审制和参审制的优点，摒弃其缺点，再结合本国的实际国情和传统法律文化，构建新的公民参与审判制度，其中以日本裁判员制度与韩国国民参与裁判制度为代表。虽然二者实施以来伴随质疑和争论，但是从两国普通公民对该制度的评价来看，国民参与裁判制度还是利大于弊，有必要继续改革并完善而非直接废止。

第五节　公民参与审判的并行模式

一、挪威陪审制与参审制并行模式

挪威是北欧的君主立宪制国家，国家政体是基于立法权、行政权、司法权的相互分立与制衡的民主共和体制。1397 年，在丹麦的主导下，丹麦、瑞典以及挪威组成了联合王国，挪威被丹麦支配了 434 年。但是里昂战争中，丹麦以法国同盟国的身份参战并最终战败，根据同战胜国瑞典签署的停战条约规定，挪威被割让给瑞典。1905 年挪威宣布独立并被瑞典承认，挪威于同年制定民主宪法。挪威现行陪审制与参审制并行模式的源流与挪威跌宕起伏的历史以及复杂多变的历史环境息息相关。受邻国英国的强势影响，1849 年挪威制定宪法时，将陪审制写入其中。但是，因为陪审制存在费时费力、审判周期冗长等弊端，为了提高审判效率，挪威 1930 年修改刑法时，以德国参审制为蓝本引入了参审制。挪威陪审制与参审制并行模式最早可追溯至 1887 年，远远早于丹麦的陪审制与参审制并行模式，因此，有观点认为，丹麦的陪审制与参审制并行模式是以挪威为制度模板的。

（一）挪威陪审员与参审员的选任程序

挪威陪审员或者参审员的选任条件是一致的，成为挪威陪审员或者参审员必须同时满足以下四方面条件：其一，年龄满 18 周岁；其二，在挪威境内常住 10 年以上；其三，拥有选举权；其四，拥有挪威国籍。陪审员或者参审员必须从挪威各地地方议会提供的选民名单中随机抽取，并制作陪审员或者参审员候选人员名簿提交至当地法院；[1] 由当地法院主审法官、检察官以及律师组成的资格审核小组审核候补参审员或者陪审员；在正式庭审开始之前，由主审法官从候补参审员或者陪审员中随机抽选 10 名正式陪审员或者 6 名正式参审员。参审员的任期原则上为 4 年。在挪威，法律没有赋予被告人适用陪审制或者参审制的选择权。社会民众普遍认为陪审制使诉讼成本增加，诉讼效率降低，现在陪审制的作用已越来越小了。[2]

（二）挪威陪审制与参审制并行模式的适用范围

挪威的法院系统由四部分组成，包括简易法院、地方法院、高等法院以及最高法院，其中，仅有地方法院与高等法院适用陪审制进行审判，简易法院和最高法院并不适用陪审制。整体上，挪威陪审制主要适用于重大的刑事案件。根据挪威官方的解释，重大的刑事案件审判，需要参与审判公民具有健全的公民常识和丰富的社会经验。轻微的刑事案件通常适用参审制进行审判。犯罪嫌疑人、被告人认罪的刑事案件、被课处罚金的刑事案件一般由市裁判所的职

① 参见张培田：《陪审制和参审制的历史考察与比较》，载《西南民族大学学报（人文社会科学版）》2006 年第 2 期。

② 参见纪敏：《挪威的司法改革》，载《人民法院报》2004 年 6 月 18 日，第 7 版。

业法官独任审判，这些案件占到了所有刑事案件的9成以上。据此可知，挪威适用陪审制或者参审制审理的刑事案件仅占所有刑事案件的不到1成，每年平均100件左右。①

在社会基础组织重构、交往增加、居住模式变化的背景下，对现有的一审法院司法审判权限进行审查，地方法院的作用被重新思考。② 基于此，挪威1995年构建并实施了陪审制与参审制并行模式。根据挪威法律的规定，各地方法院受理的一审刑事案件：被告人认罪的，应当由法官独任审判；被告人不认罪的，应当由1名法官和2名参审员组成合议庭进行审理。高等法院受理的二审上诉案件：可能判处6年有期徒刑以上刑罚的刑事案件且仅存在事实争议的，应当由3名法官和10名陪审员组成合议庭进行审理；可能判处6年有期徒刑以上刑罚的刑事案件且存在量刑争议或者可能判处6年有期徒刑以下刑罚的刑事案件且存在事实争议的，应当由3名法官和4名参审员组成合议庭进行审理；对于可能判处6年有期徒刑以下刑罚的刑事案件且仅存在量刑争议，应当由法官组成合议庭进行审理。

（三）挪威陪审制与参审制并行模式的庭审程序

挪威刑事审判的基本理念贯彻当事人主义、口头主义、公开主义以及辩论主义。挪威的陪审员可以独立于法官进行事实认定，作出有罪或者无罪的裁定。挪威陪审员评议的规定不同于英美法系国家陪审员无法达成一致情形下重新评议的规定。挪威对于评议有双重的保障，如果陪审员认为无罪，法官认为有罪，只能认定无罪。

---

① 大河原眞美「ヨーロッハ　の参審制度、陪審制度についての一考察：審判員制度を視座に」地域政策研究17巻4号（2015年）10頁参照。

② 参见周琰：《挪威民事诉讼程序改革》，载《中国司法》2009年第6期。

也就是说，对于事实认定，必须由陪审员和法官都作出有罪或者无罪的认定。原则上，陪审团作出的一审刑事案件的有罪裁定，需要法官多数通过撤销决定才能予以撤销，无罪裁定需要法官对于撤销决定达成一致意见才能予以撤销。值得注意的是，法官作出撤销裁定后，刑事案件的重新审理适用的是参审制，即由3名法官和3名参审员组成合议庭进行审理。对于宣判的结果，法官和到庭的参审员均为同等法律效力的一人一票制。[①] 根据《挪威法院组织法》的规定，刑事判决文书中必须记载法官与参审员的判决说理。在挪威虽然不存在禁止公民参与审判的观点，但是近些年来要求以陪审制代替参审制的争论很多。

（四）挪威陪审员与参审员的权利、义务及责任

在挪威的陪审制与参审制并行模式下，公民参与审判是一种义务，兼具些许权利属性。挪威参审员是任期制的，参审员在任期内和法官享有同等的权力和义务；而挪威的陪审员仅独立于法官进行事实认定，并不参与法律适用和量刑。挪威法律规定了陪审员或者参审员参与审判具体的保障制度，具体而言：其一，对于陪审员或者参审员参与审判所花费的住宿费、伙食费以及误工费，必须从司法经费中予以补贴。其二，赋予陪审员或者参审员的工作豁免权。陪审员或者参审员参与审判时，其所在工作单位不得变相克扣工资、以无理理由辞退该人员。公民因为正当理由如严重疾病、抚养义务以及休假安排等而提出陪审员或者参审员豁免申请的，应该被尊重。公民提出豁免申请如果遭到主管官员无理拒绝，该公民有权提起上诉。

---

① 参见程巨海、赵俊生：《北欧司法掠影》，载《人民法院报》2002年7月25日，第7版。

挪威陪审制与参审制并行模式的特点包括以下四个方面：其一，挪威并非纯粹的大陆法系或者英美法系国家，但历史上受到了大陆法系国家和英美法系国家的占领，因此，挪威不可避免地保留了参审制和陪审制的司法传统和文化，这也是挪威陪审制和参审制并行模式构建的基石。其二，挪威是典型的废除了死刑的国家，适用陪审制或者参审制进行审判的刑事案件并不能判处被告人死刑，这也间接导致挪威适用陪审制或者参审制进行审理的刑事案件，量刑呈现出的重刑化、长期化的特征。其三，挪威陪审制与参审制并行模式是陪审制和参审制根据具体情况分开或并用，而并非陪审制和参审制二者的融合。但是根据笔者考察，在挪威的刑事司法实践中，挪威公民选择适用参审制的热情远远高于陪审制。其四，挪威无论是适用参审制还是陪审制，其庭审设计和庭审理念都是奉行当事人主义的构造，在庭审中完全贯彻直接原则以及言词原则，主张控辩双方充分对抗，达到使陪审员和参审员容易理解之目的。

二、丹麦陪审制与参审制并行模式

虽然西方国家以权力的分立与制衡理论为基石，并通过宪法的形式确立了司法权的地位，然而，在司法实践中，与立法权、行政权相比，司法权属于明显弱势的一方。这一点在丹麦表现得尤为突出：其司法机关被统辖于具有典型行政色彩的司法部。社会舆论和一般公民对于司法机关能否依法独立行使审判权持有合理怀疑，司法的公信力和权威性也饱受普遍质疑。为了保障司法机关的公信力和权威性，公民参与司法制度的构建成为丹麦历次司法改革的关键环节之一。从1863年开始，丹麦就建立并实施了陪审制，但到1800年的时候废止了。1848年，受法国“二月革命”的影响，丹麦也从君主专制革命为君主立宪制。1849年，丹麦制定新宪法时，明文规定了保障适用陪审制来审理案件。但是，直到1919年，丹麦才以英国陪审制为蓝本进行构建，陪审制才真正付诸实施。随着社会的发展，丹麦发现陪审制耗费司法成本且陪审员的质量参差不齐，但陪审制艰难而漫长的诞生历程使其成为丹麦公民政治观念的一部分，①丹麦立法者没有废止陪审制，而是于1936年在对德国、挪威、奥地利的参审制进行考察的基础上，增设了契合本国司法文化和传统的参审制。至此，丹麦陪审制与参审制并行模式得以确立，并最终延续至今。②

（一）丹麦陪审员与参审员的选任程序

在候补陪审员或者参审员名单的制定方面，陪审员和参审员的选任流程基本是一致的。原则上以一个市为单位组建陪审员或者参审员地方委员会，该委员会任命5名委员专门负责向当地法院推荐陪审员或者参审员的候选人名单。需要指出的是，这5名委员会的委员通常是由各个地方的政党推荐。陪审员或者参审员必须同时满足以下条件：其一，拥有丹麦国籍；其二，年满18周岁且不超过70周岁；其三，身体健康，能正常表达；其四，以丹麦语为母语。满足以上基本条件后，委员会委员推荐主要考察的是陪审员或者参审员的人品、声望以及是否值得信赖。就丹麦公民而言，以陪审员或者参审员的身份参与审判是他们的一项法定义务。然而，这项义务比其他国家宽松很多，倘若本人明示不愿意履行此义务，委员会

① 参见吴军辉：《司法中的不信任与协调——丹麦陪审制剖析》，载《聊城大学学报（社会科学版）》2012年第3期。

② 大河原眞美「ヨーロッハ　の参審制度、陪審制度についての一考察：审判員制度を視座に」地域政策研究17卷4号（2015年）9－10頁参照。

委员不会强制推荐。陪审员或者参审员的名额比例大约为 300 名市民中选任 1 名。

丹麦高等法院在拿到 5 名委员会委员提交的陪审员或者参审员候选名单后，根据个案审判实际确定所需人数。一般是以抽签的方式确定最终的正式陪审员名单，包括基层法院的参审员、高等法院的参审员和陪审员。所有参审员每届任期 4 年，可以选择连任，每年参审员应当至少参与 4 次案件审理。需要指出的是，陪审员和参审员在具体个案的适用程序上略有不同：在开庭前，法庭书记员按照名单先后顺序通知陪审员参与案件审理，陪审员到庭后，法官会在办公室里询问陪审员的相关情况以判断其是否合适参与案件审理；在适用参审制的案件中，当事人对参审员没有无因回避申请权。在陪审团审理的案件中，当事人通常拥有两个无因回避申请的名额，如果是政治案件，则会有 4 个名额。丹麦每个出庭的陪审员或者参审员每天的报酬为 600 克朗。

（二）丹麦陪审制与参审制并行模式的适用范围

丹麦法院系统由三级法院组成，分别是最高法院、高等法院和基层法院（又称城市法院、地方法院）。最高法院由 1 名院长和 17 名职业法官组成，主要负责审理上诉至最高法院的案件。最高法院之下设两个高等法院，即东部高等法院和西部高等法院，它们分别管辖丹麦东部地区和西部地区的上诉案件和需要适用陪审制审理的一审重大刑事案件。高等法院下设 82 所基层法院，负责审理近 8 成的一审普通刑事案件。

根据丹麦法的规定，轻微的刑事案件、被告人认罪的刑事案件原则是由职业法官进行审理。被告人不认罪的，可能判处刑罚不满 4 年有期徒刑的普通案件，原则是由职业法官和参审员组成合议庭进行审理；对于可能判处4年有期徒刑以上刑罚的重大刑事案件，原则是由职业法官和陪审员组成陪审团进行审理。

（三）丹麦陪审制与参审制并行模式的庭审程序

适用陪审制的案件，通常由3名职业法官和12名陪审员组成合议庭进行审理。丹麦陪审员的权力借鉴了法国陪审制改革的经验，使陪审员和法官混合组成合议庭，陪审员可以独立进行事实认定，作出有罪或者无罪的裁决，还可以与法官一同参与量刑。就定罪而言，合议庭只要达成了8∶4的多数就可以作出有罪或者无罪判决，但是多数的判决中必须同时包含3名职业法官；就量刑而言，每名陪审员仅有1票，而每个职业法官有4票，这样分配的目的在于既扩大了参与评议的人员规模，可以听到更多的意见，又不以人数优势压制法官的量刑权力。量刑以单纯少数服从多数的方式进行，票数相等的情况下，通常采用较轻的量刑。一般而言，在量刑之前，合议庭会听取检察官和辩护律师对于量刑问题的意见。

适用参审制的案件则由1名法官和2名参审员一起审理。参审员的职权与法官相同，既可对案件事实发表意见，也可对量刑提出自己的看法。通常情况下，案件的判决遵循少数服从多数的原则。但如果出现两位参审员的量刑比法官的量刑要重的情形时，法官可以否决两位参审员的意见。①

另外，适用陪审制审理的案件的上诉，一般仅限于法律问题，事实问题禁止上诉。上诉案件由最高法院的职业法官进行审理，通常可以根据案情改变刑期长短、纠正原审法律适用的错误等。适用参审制审理的案件一般都允许上诉，上诉案件由高等法院的合议庭

① 参见季美君：《丹麦的刑事司法制度及其借鉴意义》，载《中国司法》2004年第8期。

进行审理，合议庭是由3名职业法官和3名陪审员组成。

（四）丹麦陪审员与参审员的权利、义务及责任

丹麦的陪审员和参审员是任期制的，任期内和法官形式上享有同等的权力和义务。就丹麦的陪审员和参审员而言，其参与审判可以说是一项权利和义务的结合体。陪审员和参审员的权利主要有：其一，知悉陪审员或者参审员权利、义务的权利；其二，庭审过程中，有权向控辩双方及其证人、鉴定人进行询问；其三，有权获得因为担任陪审员或者参审员而花费的住宿费、伙食费以及差旅费的补贴，上述补贴按日计算，统一由法院出纳室进行发放；其四，陪审员或者参审员享有因为参与审判而耽误本职工作的豁免权和误工费补贴。

挪威陪审员和参审员的义务主要有：其一，如实履行参与审判职责的义务，禁止无正当理由或者无故擅自退庭；其二，宣誓义务，保证在庭审中不偏不倚，客观公正；其三，庭审时的注意义务，不得扰乱法庭秩序。

根据笔者考察，丹麦的陪审制和参审制并行模式主要存在以下三方面代表性特征：其一，政党推荐的选任形式。丹麦的陪审制和参审制并行模式在选任程序上具有强烈的政治特色，陪审员或者参审员必须属于相关政党，并由其进行推荐，方能被任命。但是，丹麦理论界一致认为，陪审员或者参审员是否隶属于某个政党不是重点，重点应该是通过政党推荐的方式保证了希望能成为陪审员或者参审员的公民切实参与刑事审判。其二，丹麦的陪审制和参审制并行模式允许被害人参加。丹麦的被害人参加制度有着悠久的历史，最显著的特征就是将被害人作为诉讼的当事人之一，普通公民也认为被害人参与庭审有利于正确地进行事实认定和量刑。其三，丹麦

适用陪审制和参审制并行模式的底色是当事人主义的构造，主张庭审中贯彻直接原则、言词原则，主张控辩双方充分对抗，达到使参与审判的公民容易理解之目的。

三、并行模式评析

挪威和丹麦的陪审制和参审制并行模式，不同于新兴法治国家的糅合模式。糅合模式是在借鉴大陆法系参审制与英美法系陪审制积极因素的基础上进行的本土化改造，而陪审制和参审制并行模式更像是大陆法系参审制与英美法系陪审制的机械合并。挪威和丹麦的陪审制和参审制并行模式的产生受到了其本国历史和地缘位置的深刻影响，这种公民参与审判的模式也有诸多值得借鉴的积极因素：

其一，陪审制和参审制都被宪法所规定，成为挪威和丹麦“依宪执政”的有机组成部分。将公民参与审判的权利和义务在根本大法中予以明文规定，有利于司法民主化的贯彻实施。笔者认为，这也是挪威和丹麦陪审制和参审制能够并用的根本所在。陪审制艰难而漫长的诞生历程使其成为丹麦人政治观念的一部分，取消陪审制就意味着亵渎圣物。陪审制已经成为一种标志，即使其只是象征性地被使用。①

其二，将陪审制和参审制视为审判环节的核心制度。为了维护司法的权威性和公信力，挪威和丹麦将公民参与审判视为刑事司法改革的关键环节。在具体的审判阶段，陪审制和参审制成为庭审中心主义改革的核心内容，在其主导下，直接原则、言词原则、辩论

① 参见吴军辉：《司法中的不信任与协调——丹麦陪审制剖析》，载《聊城大学学报（社会科学版）》2012 年第 3 期。

原则以及可视化原则等得以彻底贯彻。

其三，注重保障被告人的人权，实行“双保险”制度。对被告人定罪必须得到陪审员和职业法官的双重允许，禁止由陪审员或者职业法官单方作出有罪裁决。作为发达国家或典型福利国家，应该说丹麦刑法典与刑事执行法所体现的对公民权利的保护，即便在欧洲也处于较高水准。①

第六节 公民参与审判的见证模式

一、我国台湾地区的观审制

我国台湾地区长期以来都是由统一通过司法考试、接受过法律专业训练的职业法官全权负责审判工作，法官审判不受其他一切事物干扰。但是，因为居民对于法律以及审判程序等十分陌生，对于刑事审判的过程与内容常常存有偏见，加之职业法官的贪腐致使人心背离，法治理念没有深入人心。这就导致居民始终不信赖法院和法官，社会舆论对于司法的负面影响甚至盖过其正面意义，司法的公信力和权威性在居民心里饱受质疑。换言之，我国台湾地区法治经过长期的发展，法律职业化及职业法官的专业知识与案件的审判质量都有了一定的进步，但是居民对法治不信赖的态度，并未有些许改变。

司法以何种形象和姿态面对民众，直接决定着居民对司法的认

① 参见谢望原：《丹麦刑事法研究及对我国的启示》，载《中国法学》2004年第6期。

知与评价。司法社会化改革的一项重要内容，在于塑造礼民、亲民的法官形象和便民的法院形象。[①] 为了使居民恢复对司法的信任，我国台湾地区决定跳出参审制与陪审制的迷思，构建契合当地司法文化和传统的观审员制度。故自 1988 年就开始研讨公民参与审判制度，包括“刑事参审试行条例草案”（1988—1998 年）、“专家参审试行条例草案”（2000—2006 年）等，各个草案的内容虽有差异，但是让居民与职业法官共同组成合议庭，一起决定犯罪事实的有无、如何适用法律、量定刑罚的基本目的则相同，但因为有一些法理上的争议以及现实层面的考虑（如法官的反对）等，一直遇到阻碍，所以迟迟无法完成“立法”。[②] 直至 2012 年，我国台湾地区在嘉义和士林两地法院进行试点，2015 年试点范围扩大到台北、高雄、台中、基隆、台南、宜兰等地。需要指出的是，2014 年 7 月，我国台湾地区将“人民观审制”的名称改为“人民参审制”，但制度的实质内容没有改变。[③]

（一）观审员的选任程序

一般而言，成为观审员必须满足以下三方面条件：其一，必须是我国台湾地区居民；其二，在法院司法管辖区域内常住 4 个月以上；其三，年满 23 周岁。除了满足观审员的初始资格条件之外，还必须符合观审员的除外事由以及辞退事由等内容的相关规定，就观审员的除外事由而言，具体包括：其一，被撤销公职的人员；其二，

① 参见薛永慧：《台湾地区司法社会化改革研究》，载《台湾研究》2015 年第 3 期。

② 参见杨云骅：《台湾地区“人民观审试行条例草案”简介》，载《人民检察》2012 年第 5 期。

③ 参见胡夏冰：《台湾人民参审制的基本内容》，载《人民法院报》2014 年 10 月 17 日，第 8 版。

有犯罪记录的人员；其三，精神病患者或者其他心理缺陷人员。就观审员的辞退事由而言，具体包括：其一，老年的公民参与审判确实有困难的；其二，生活拮据无法参与审判的；其三，患有严重疾病，不能出席审判的；其四，特殊职业的缘故不能擅自离开工作岗位的，如医生、护士等。

观审员的选任首先必须从法院司法管辖的区域内，由负责该区、县的行政官员从符合观审员初始资格与各种禁止事由的观审员名单中，随机抽选一定数额的候补观审员，并将候补观审员名簿提交至当地法院。当地法院由法官、检察官以及律师组成审核小组对抽选的候补观审员进行考察，对于具有偏见或者与本案具有利害关系的，应该予以排除。审核结束后确认合格的候选观审员名单，并以书面形式告知被选定人员，等待法院召集。在审判期日，被召集的候补观审员必须到庭，主审法官从候选观审员名单中随机抽选出正式观审员。最终由 3 名法官与 5 名正式观审员组成合议庭进行案件审理。观审员人数多于法官是为了避免极端偏执或者具有主观偏见的人发挥决定性影响，对这类人进行“稀释”，以“反映公民健全社会常识”。①

（二）观审制的适用范围

我国台湾地区的观审制原则上仅适用于重罪案件。法定的适用情形包括：其一，可能判处 7 年以上徒刑刑期的犯罪案件；其二，基于故意的犯罪行为而致人死亡的犯罪案件。观审制仅适用于重罪案件主要是考虑到观审制尚处于试点阶段，范围不宜过于宽泛，另外，重罪案件通常社会影响大，居民关注度高，容易增进居民

① 参见孙志伟：《司法专业化与社会化的适度平衡：台湾观审制改革及其启示》，载《台湾研究集刊》2015 年第 1 期。

对司法的信赖。根据我国台湾地区的规定，适用观审员制度进行审判的刑事案件，被告人因为客观情况无法聘请律师的，可以为其提供公设辩护人。值得注意的是，我国台湾地区的观审制并未赋予被告人是否适用该制度的选择权，而是由法官依法依职权启动。

（三）观审制的庭审程序

根据我国台湾地区的规定，观审员不会参加庭前准备程序，其直接参加庭审程序的案件审理，因为考虑到观审员一般欠缺专业训练，事先接触案卷，可能先入为主，不利于案件的公正审理，因此观审员不能参加审判准备程序。一般而言，在庭审之前，观审员应该进行宣誓。宣誓之后，审判长应向观审员说明审判过程中的注意事项。

接下来，由主审法官指示或者到庭的全体观审员推荐一名观审员为其代表，负责全体观审员参与审判的相关事宜。庭审过程中，观审员对于证据或者案件事实存有疑惑的，可以以书面的形式向主审法官提问，主审法官认为有必要的，允许观审员向被告人、证人等进行询问。在法庭讨论阶段结束后，观审员应该在观审员代表的主持下进行评议、评决，评议、评决的内容包括被告人有罪或者无罪、事实认定以及量刑。评议、评决之后，全体观审员对于案件形成观审团意见书并签字，该意见书对于少数的观审员意见必须载明，并最终提交给主审法官。法官会将其作为定罪、量刑时的参考，法官最终无论是否采纳观审员的意见，必须在合议庭笔录中明确予以记载。

（四）观审员的权利、义务及责任

我国台湾地区的观审员参与审判对于其来说是一种义务，兼具部分权利属性。为了增强居民对司法的信赖，我国台湾地区规定了一系列的保障措施：其一，禁止任何人以不法目的干扰参与审判的观审员；其二，参与审判的观审员具有免于辞职或者损失的豁免权；其三，参与审判的观审员负有严格的守密义务，任何人和团体禁止为了非法目的进行获取；其四，禁止泄露参与审判居民的个人信息，尤其是隐私信息；其五，法院可以依职权或者当事人、辩护人、辅佐人、观审员的申请，对观审员给予必要的保护措施。①

另外，为了保障观审员参与审判的公正性，我国台湾地区对于危害观审制的行为规定了相应的处罚措施：其一，观审员要求、期约或者收受贿赂，并承诺不履行其职务（如无正当理由故意缺席审判）或者故意实施特定的行为（如故意发表被告人无罪的意见等），可以处以5年以下有期徒刑，并处以100万新台币的罚金；其二，现任或者曾任观审员泄露因执行职务知悉的秘密、个人隐私以及其他应该保密的事项，可以处以1年以下有期徒刑、拘役或者处以10万元新台币的罚金。

结合上文分析，我国台湾地区观审制的特点可以归纳为以下四个方面：其一，观审员对于事实认定、量刑的评议、评决独立于法官进行，法官不得干扰。其二，观审员形成的最终意见对法官仅有参考价值，法官最终无论是否采纳观审员的意见，必须在合议庭笔录中明确记载。对于这样的规定，就我国台湾地区台北市居民的调查情况显示，超过50%的居民赞成仅赋予居民表达意见的权利，但仍有接近一半的居民对于观审制“表意而不表决”的制度设计存在

① 参见胡夏冰：《台湾人民参审制：民众参与司法的新模式》，载《民事程序法研究》2015年第1期。

质疑。[①] 其三，引入品格证据的相关规定，观审制的适用是评价法官的判决是否受到品格证据影响的一个标准。其四，为了观审制的有效实施，主张贯彻直接原则、言词原则，构建庭前准备程序，旨在实现公判中心主义。

二、观审制评析

我国台湾地区的观审制在社会舆论上的反应普遍不佳，笔者认为主要原因在于：其一，观审员只能表达意见，无法参与实质性表决，根本无法监督法官。观审制沦为了参观审判的制度，居民终究会发现其只是装点司法民主的“橡皮图章”。其二，观审制仅仅是让以往到庭旁听的居民换了个位子坐到法官旁边而已，实际作用一点也没有改变。其三，如果是形同参观、观光审判的观审制，通过网络直播的形式即可实现，何必发给观审员报酬、让企业给观审员提供有薪假，让观审员放弃工作、家庭与时间耗费大量成本后，却得到仅供参考的观审员意见。

总而言之，台湾观审制饱受质疑的根本原因在于观审员的地位与职业法官有所差异，从而不受法定法官原则的拘束。如果承认观审制建构的初衷就是让观审员对职业法官作成判决发挥实质性影响力，且赋予观审员在审判期间阅览案卷以及证物，直接询问证人、鉴定人或者讯问被告人并参与评议、评决的权利，那么观审员的选任方式是否会影响审判法院的组成，是否符合法定法官原则的要求，就不可避免地成为应当予以谨慎思考的问题。随案抽选观审员在外国已有可供遵循的立法例，因而也可以成为观审制度设计上一个可

---

① 参见季烨、高斌等：《如何拉近民众与司法的距离——基于台湾地区人民参审制的实证分析》，载《司法改革论评》2015 年第 1 期。

能的选项，但选任观审员的相关程式能否避免个案司法受到操控，同时无碍法定法官原则的实现，则确实是在推动观审制时应更进一步思考的问题。[①]

第七节　公民参与审判模式对比

通过上文所述可知，陪审制、参审制、糅合模式、陪审制与参审制并行模式以及观审制皆是公民参与审判的有效方式，有着司法民主的显著共性，而且随着时间的推移，上述公民参与审判模式之间的共性逐渐在增多，如直接言词原则的普遍适用、庭前准备程序的普遍构建以及审判中心主义理念的普遍深入等。但是，各个国家和地区的公民参与审判制度都是在结合其实际国情和继受法律文化传统下，反复论证、试验后构建起来的，具有自身特色自不必言。

运用比较研究的方法，可以发现上述五种类型化公民参与审判模式之间的明显差异：其一，就适用范围而言，适用公民参与审判制度的大部分国家和地区仅将其适用于刑事案件，对于民事案件并不适用或者已经废止，而且刑事案件多适用于重罪案件，总体而言，各国公民参与审判制度的适用范围逐渐限缩，特定犯罪的逐一列举是明确其适用范围的最佳方式。其二，就参与审判公民的人数而言，陪审制参与审判的公民人数要远远高于其他模式。值得注意的是，陪审制与糅合模式的大部分国家确定正式参与审判人员的同时，还会确定一定数额的预备人员，以备不时之需。其三，就参与审判的

① 参见苏绍龙：《审判独立与权利保障：两岸语境、差异与共识——第六届海峡两岸公法学论坛综述》，载《法学评论》2015年第5期。

公民年龄而言，绝大多数国家和地区采用的是本国和地区法定的公民选举年龄，少部分国家或地区为了突出参与审判公民的社会阅历和生活经验，对于年龄要求更高。其四，就选任方式而言，绝大部分国家或地区都是从选民名单或者公民登记簿中随机抽选，只有少数国家或地区采用政党推荐的方式或者公民自愿申请的方式。其五，就参与审判的公民任期而言，适用陪审制或者糅合模式的绝大多数国家或地区采用随案随选的方式进行抽取，适用参审制的绝大部分国家和职权主义色彩浓郁的部分糅合模式国家采用任期制。其六，就公民参与审判具体权限而言，适用陪审制的国家基本上仅进行事实认定，并不涉及量刑，而适用参审制的国家基本上不仅进行事实认定，还需参与量刑，是否参与量刑对于适用糅合模式的国家而言呈现出“平分秋色”的趋势。其七，就事实认定或者量刑的评决而言，适用陪审制的事实认定多数要求全员意见一致，无法达成的情况下，才采用附条件的多数决的原则。适用参审制、糅合模式的多数国家对于事实认定或者量刑的评决都采用单纯多数决的原则进行，少数国家采用附条件的多数决。适用观审制的我国台湾地区，对于事实认定和量刑仅能提出意见。其八，就二审程序是否要求公民参与审判而言，上述五种模式中仅有适用参审制的少数国家或地区同意公民参与二审案件的审理。其九，就是否赋予被告人选择适用公民参与审判制度的权利而言，适用陪审制的绝大多数国家和适用糅合模式的少数国家或地区赋予了被告人适用公民参与审判制度的选择权，适用参审制和糅合模式的国家或地区大多禁止被告人选择权的适用，由法官依职权启动。其十，就公民参与审判的案件是否对新闻媒体的报道进行规制而言，绝大部分国家无现行法律予以规制，仅有英国、美国、意大利以及日本对公民参与审判的新闻报道进行了依法规制。其十一，就公民参与审判制度在各国或地区的法律地位而言，绝大多数国家的公民参与审判制度由单行法予以单独规定，仅有德国将参审制规定在法院组织法中，法国将参审制规定在刑事诉讼法中。其十二，就参与审判公民的守密义务而言，绝大多数国家或地区奉行严格或者一般的守密义务，违反该义务而泄露秘密的将予以追责，仅有美国没有规定参与审判公民应负守密义务。其十三，就法官对参与审判公民的指示方式而言，适用陪审制的绝大多数国家采取直接指示的方式，但是不得干扰陪审员的事实认定，适用参审制和糅合模式的绝大多数国家或地区采取由法官问题清单的方式进行指示。其十四，就参与审判公民作出的裁决或者判决是否可以上诉而言，仅有适用参审制的国家可以进行上诉，上诉的理由包含认定事实错误、法律适用错误及量刑不当等，而对于适用陪审制和糅合模式的参与审判公民，其事实认定的裁定，是禁止检察机关上诉的，上诉只能以法律适用及量刑的问题进行。

通过对陪审制、参审制、糅合模式、陪审制与参审制的并行模式以及观审制五种公民参与审判基本模式从选任程序、适用范围、庭审程序、权利、义务以及责任等诸方面的具体比较分析可以看出，公民参与审判制度都是基于司法民主的理念，主张公民对于刑事审判的实质参与，只是基于各国不同的法律文化和法律实践，各国公民参与审判的范围、程度等都存在些许差异。通过比较分析，各种模式都存在彰显本国（地区）特色的优点和他国（地区）无法认同的缺点，如何根据我国的法律文化和法律实践“取其精华，去其糟粕”是值得深入讨论的问题。

笔者认为，英美陪审制不适合中国的法律文化和法律传统，主要原因有：其一，受我国“息讼”“厌讼”传统司法文化和传统的影响，公民难以适应裁判者的身份，更多是以旁听者的身份监督审判。其二，过重的陪审义务和公民负担。其三，我国现行诉讼制度的程序设计无法有效防止陪审员的预断。其四，我国的司法实践满足不了对抗式审判。我国目前没有完全贯彻法律援助制度、直接言词原则，证人出庭作证率低等都无法保障庭审充分对抗。其五，陪审制需要对案件的事实认定是一次终结而且无须说理，而我国上级法院可以就事实问题改变下级法院的裁判，下级法院裁判时要顾及上级可能出现的改判，上级也要顾及下级法院判决时的理由。可以说，我国更容易接受通过协商和各种力量的制衡达到的公正。其六，我国缺少宁纵不枉的程序公正理念，陪审团作出的无罪判决，公民会反复上诉、申诉。其七，我国的传统司法文化更能接受“青天大老爷”或者“有权威的人或者机构”来主持正义，这与陪审制所要求的同侪审判的理念相悖。

参审制、糅合模式、陪审制与参审制并行模式以及观审制，都是在其本国或地区法律文化以及法律传统基础上，反复论证和实验基础上构建的公民参与审判制度，其本身就具有一定的特殊性，更何况上述公民参与审判制度实施以来争议声从未中断，实施过程中出现诸多的问题。所以说，对于公民参与审判模式的梳理，并非要选择何种模式为中国所用。各国或地区存在不同的法律文化和法律传统，整体移植肯定不切实际，更何况，我国目前依法独立行使审判权与司法公正等基本问题尚未解决，单纯的模式引进反而会影响司法的效率性及专业性。但是各种模式的有益经验可以为我国的人民陪审员制度的改革和完善提供借鉴。我国人民陪审员制度的完善应该结合自己的法律文化、法律传统以及国民性进行构建。我国“实事求是，有错必纠”“和谐”的法律文化传统以及“信官不信民”的国民性导致照搬陪审制缺乏文化土壤，但是参审制的惨痛教训也提醒我们不能重蹈覆辙。因此，现阶段适合我国国情的人民陪审员制度应该是立足本国司法文化和司法传统，对于上述各种公民参与审判模式积极因素的借鉴。

第二章
公民参与审判类型化的生成机理

第一节 公民参与审判的渊源流变

知史以明鉴，查古以知今。事物不可凭空臆造而产生，公民参与审判制度从何处而来，源何处而生，对公民参与审判的历史流变进行追溯和论证是研究并审视其现状的必要前提。对某种具体法律制度进行历史流变的梳理和分析，其目的并不是宣扬任何一种法律制度及其固有体系的辉煌，而是追溯既定制度的源流，发现其延续至今仍生机勃勃的奥秘，并将其与已经时过境迁、不合时宜的法律规范进行区分。本章主要对公民参与审判的古代起源、现代起源进行归纳和分析，并在此基础上，沿着英国陪审制向世界“扩张”的历史轨迹，梳理和分析陪审制在各国传承、嬗变、糅合以及湮灭的流变历程，并简明扼要地说明陪审制演变的现实成因，使读者更好地理解各国和地区现行公民参与审判制度的共性和差异，并为读者提供历史上的依据支撑。

一、公民参与审判的起源纷争

（一）上古[①]公民参与审判的起源纷争

1. 古希腊起源说

一般而言，现行研究虽然对于陪审制的起源未有定论，但其历史可追溯至古希腊的雅典，这是继受罗马法的欧洲大陆诸国的共识。国内主流观点也认为陪审制起源于古希腊的雅典城邦实行的民众参与审判制度。[②] 关于陪审制的古代起源，支持古希腊起源说的学者们主要是基于：其一，蜚声中外的古希腊改革者梭伦进行的诸多有效改革举措中，有一项便是创设“赫里埃”的市民参与审判制度。该制度规定，凡是30周岁以上的雅典城邦“市民”，都有机会通过选举成为审判者进行案件审理，案件的评议、评决都是以投放“小石子”的投票方式进行。“陪审团”的人和投票都应当具有最高权力，“陪审团”的判决便是最后决定。[③] 其二，虽然这一“市民”参与审判制度并非基于现代法治国家而产生，但是其作为古希腊民主政治制度的重要组成部分，直接体现的直接民主的理念，也是后来代议民主、协商民主等现代民主形式的源头，形成了欧洲法律文化传统中公民先参与政治，再参与立法，进而参与司法的演变历程。

---

① 上古是一历史概念，在欧洲历史上指的是原始社会和奴隶社会时期，大概为公元476年之前的历史，古希腊（公元前800～前146年）及古罗马（公元前510～476年）都存续于上古时代。参见白寿彝主编：《中国通史》，上海人民出版社1999年版，第55页。

② 我国学者王利明认为陪审制度渊源最早可追溯至公元前5或公元前6世纪的希腊雅典城邦；我国学者李昌道、董茂云认为陪审制的称谓和制度在古典意义上的源头是古希腊和古罗马等。

③ 参见何勤华主编：《外国法与比较法研究》，商务印书馆2007年版，第368页。

学者们反对古希腊起源说的主要理由是：其一，古希腊“市民”参与审判在当时司法权隶属于行政权力的现实境况下，主要反映的是赋予“市民”解决政治、社会等冲突的权力，并非在司法途径中将其作为一种证据制度或者发现真相的有效手段。其二，古希腊的“市民”参与审判与现代的陪审制是在完全不同的哲学理念、政治体制和社会需求的影响下的，每种制度都有各自的独有发展历程，诸多地方都存在不同，而非仅时间上先后的差异。可以说，虽然雅典的“陪审团”由于规模庞大终无法辨识司法与立法的区别，也无法对法律与事实进行区分；然而，这一机制仍对后世陪审制的发展影响深远。① 其三，当时职业法官并未产生，被遴选的“陪审员”充当的是单一法官的角色，并非当今法官主持下的“分工者”或“协力者”的角色。

2. 古罗马起源说

罗马共和国晚期（公元前45年左右），罗马也设置了类似于古希腊的大规模公民参与审判制度。此时，公民参与审判的目的在于限制公民议会的刑事司法审判权。该制度专门适用于受贿、行贿以及渎职等重大刑事犯罪案件。罗马共和国晚期的公民参与审判制度与古希腊时期的市民参与审判制度相比，已经有了长足的进步，公民参与司法已经基本上从政治中剥离了出来。

罗马共和国陪审制鼎盛时期，公民参与审判的法庭至少有7座，它们分别处理不同类型的刑事案件。② 公民参与审判制度的适用通常由共和国的最高裁判官主持，由其选任300～450名罗马公民组

---

① 参见王涛：《陪审制兴衰考》，载《中国刑事法杂志》2016年第1期。

② ［英］迈克尔·格兰特：《罗马史》，王乃新、郝际陶译，上海人民出版社2008年版，第156页。

成，这些罗马公民基本上是元老院的贵族、骑士以及富裕的奴隶主。参与审判的名单由各地区负责的裁判官负责制定，大概审理每个具体案件所需公民是 30 ~ 40 名，由共和国裁判官从名单中抽签决定。随着罗马共和国逐渐演变成罗马帝国，罗马皇帝觉得陪审团权力过大，是对专制统治的一种切实威胁，遂于公元 352 年废除了公民参与审判制度。①

（二）中古②公民参与审判的起源纷争

1. 中国起源说

关于我国的公民参与审判制度，我国学界的通识是其移植于清末变法图存之时，是东学西渐背景下的“舶来品”。我国古代法中并无陪审之痕迹可寻。但是，有观点认为中国古代的“三刺制度”即“一曰讯群臣，二曰讯群吏，三曰讯万民”彰显着与陪审制共同的法治理念。③ 笔者认为，这种观点是不具有说服力的。“三刺制度”是中华法系体制下统治者基于“牧民”“治民”之目的考量，采取的“明德慎刑”的听讼断狱的方法，与陪审制所要求的同侪审判、民主主权、司法民主等现代法治理念截然不同。

2. 法国起源说

有观点认为英国陪审制虽与古希腊、古罗马的某些制度存在千

① 参见杨安军：《陪审制度研究》，西南政法大学 2006 年博士学位论文，第 16 页。

② 中古是一历史概念，在欧洲指的是公元 500 ~ 1500 年的欧洲时期，在中国指的是公元前 221 ~ 1840 年的封建时期。参见白寿彝主编：《中国通史》，上海人民出版社 1999 年版，第 55 页。

③ 例如，沈家本认为三刺制度实为陪审员之权舆，陈顾远认为陪审又有似陪审制度也，徐朝阳认为所谓三刺实则周代陪审制度之名称也。参见陈光中：《陈光中法学文集》，中国法制出版社 2000 年版，第 169 页。

丝万缕的联系，但其起源于法兰克贵族的情报刺探制度。① 情报刺探制度源自罗马帝国时期的国库制度，其旨在刺探国境内的各种有效信息尤其是财政信息，其本质上是维护专制王权的工具。诺曼公爵登陆英格兰以后，情报刺探制度传入英国，并将该制度中的事实认定技术在某些特定案件中适用于当地普通民众。该观点在当时得到了诸多学者的普遍认同，有俨然成为权威论断的态势。随着历史发展，关于陪审制源于法兰克情报刺探制度的质疑此起彼伏。质疑者们主张，在法兰克王朝历史的相关文献中基本上难觅情报刺探制度的记载与论述，这一制度是否切实存在也未可知，更不用说该制度在英国生根发芽。

3. 德国起源说

有观点认为日耳曼部落最早适用的民众集会制度是现代英国陪审制的直接起源。随着诺曼登陆，日耳曼人将这一习惯法制度引入英国，成为英国陪审制诞生的直接诱因。② 民众集会制度，是指日耳曼人早期解决纠纷的一种主要方式，该制度兼具行政和司法的双重特性。适用民众集会制度必须经过当事人的许可，不得强制适用。适用民众集会的刑事案件大多是涉及背叛、杀人等的严重刑事犯罪；民众集会制度以直接民主的方式全面审理案件，既负责查证是否有罪也决定最终的定罪量刑。

4. 英国起源说

有观点认为在诺曼登陆之前，英国就存在土生土长的类似于控

---

① 文治沢登『正義の守護神—陪審裁判の起源』（現代人文社，2001 年）5 頁参照。

② 文治沢登『正義の守護神—陪審裁判の起源』（現代人文社，2001 年）7 頁参照。

诉陪审团制度的“十二领主制度”。“十二领主制度”主要是指从其管辖地区选出12名信誉良好且有威信的领主，其宣誓之后，对所管辖区域的所有犯罪享有是否起诉的权力。有观点认为“十二领主制度”可能是陪审制的渊薮，至少是英国大陪审团的直接源头，并在诺曼登陆以后得以存续。但也有观点认为“十二领主制度”虽然是适用于英国本土的首个类似的控诉陪审制度，但与现代英国陪审制不存在任何的传承关系，该制度只适用于当时英国统治的丹麦地区，而非整个英格兰王国。①

总之，关于公民参与审判的古代起源并未达成共识，各种观点众说纷纭，但是，未有定论也不失为一种严谨的结论；与其草率作出定论，不如容许诸多争议并存。通过上述陪审制起源的梳理和分析可以得知：其一，大陆法系与英美法系源于同根。两大法系日益融合的如今，比较研究不能追求差异而忽视制度存在的共性。其二，公民参与审判的多源性。陪审制并非天然是英美法文化的产物，其起源具有多元性的特征，这是对陪审制源自原有英美法文化传统的有力挑战。其三，公民参与审判制度存在一定的功能性及传承性。具有上述特性的公民参与审判制度自诞生之日起就自然而然地主动地或者被动地向需求地传播；其不会故步自封，自生自灭。

二、陪审制的形成

陪审制的起源虽然扑朔迷离，但是当代陪审制于12世纪形成于英国是学界的共识。12世纪之前，英国各类纠纷通常是通过共誓涤

① 早野暁「陪審機能の変遷と刑事法の作用領域」愛知大学法学部法経論集第196号（2013年）17頁参照。

罪、决斗以及神明裁判等方式予以解决。神明裁判背后的逻辑在于，上帝可以通过一些征兆（如当事人被抛入水中后沉下的事实）而非通过还原现场显示出谁是谁非，这对于人的理性来说是无法企及的。[①] 于是，普通公民逐渐认识到上述非理性的审判方式不能真正实现公平正义，最终陪审制因其理性的审判方式而非神意、蛮力得到了英国公民的普遍认同。[②] 整个12世纪是英国普通法形成的关键时期：这时期不但奠定了英国习惯法的基础，而且促使了陪审制在英国的确立。这时期的陪审制表现为：其一，英国各地区官员召集当地公民参与审判，由其组成同侪宣誓调查团，列席针对自由持有地争议而引起的民事纠纷；其二，所有关于土地所有权案件，被告人有权选择司法决斗或者适用陪审制进行审判；其三，关于土地的民事纠纷，当事人双方可以向法院起诉以获取令状，按照令状要求司法行政官员从当事人双方的邻居中任意选择12名自由公民，出庭回答法官的询问，帮助法官作出裁决。值得注意的是，这12名公民承担的多是证人功能即仅就所知道的事实回复法官的提问，并不参与案件事实的认定。

可以看出，陪审制最初只适用于民事纠纷，但随着时代的发展，陪审制逐渐引入刑事领域并进一步扩大适用。具体表现为：其一，控诉陪审团即“大陪审团”的建立。“大陪审团”由当时英国每个百户区域选任12名人员，每个城镇选任4名人员，宣誓后集体向法官检举犯罪，但并不参与审判。其二，创设“小陪审团”制度。“小陪审团”不仅要进行事实认定，还需参与对被告人是否有罪的

① 参见李洪海：《英国陪审制转型的历史考察》，载《法学评论》2015年第4期。

② 早野暁「陪審機能の変遷と刑事法の作用領域」愛知大学法学部法経論集第196号（2013年）20頁参照。

认定。自此伊始，英国的刑事诉讼程序中，“大陪审团”负责审查起诉、“小陪审团”负责事实认定的传统一直延续到现在。需要指出的是，“小陪审团”的裁决需要“全员意见一致”的形式作出的规则直至14世纪下半叶才得以最终确立。

陪审制从最初的行政领域，扩展适用到民事领域，进而最终适用刑事领域，这也许是决策者一时兴起偶然决策导致的结果。但是研究普通法兴起的特定情形时，不能忽视某些特定的偶然因素；因为这些偶然因素所导致的结果往往会超越其自身而独立存在并影响深远。陪审制是英国法律实用主义缓慢演变过程中的结晶，其间，不可避免地受到偶然历史事件以及历史人物的影响；但正因如此，脱胎于自然正义理念，受益于经验主义哲学的陪审制能成为普通法的精华之所在。

进入18世纪，英国陪审制不仅适用于严重的刑事犯罪案件，还适用于大多数的情节较轻的刑事案件。英国刑事法院体系中的巡回法院和季审法院都适用陪审制进行审判。只有简易法院因案件轻微而适用职业法官独任审判。另外，因为伦敦以及米德尔塞克斯郡属于商业贸易中心且犯罪率高，英国在这些地区设立了专门审判重罪的老贝利法院。毋庸置疑，老贝利法院也适用陪审制进行审判。法庭审理过程中，陪审团负责进行事实认定，职业法官负责法律适用和量刑。换言之，如若陪审团达成一致认定事实后作出无罪裁决，法官还必须依据无罪裁决判决被告人无罪；如若陪审团认定事实后作出有罪裁决，法官还必须依据有罪裁决进行定罪量刑。① 时至今日，陪审制已在英国存续了900多年，成为英国司法制度乃至整个

① 参见施鹏鹏：《陪审制研究》，中国人民大学出版社2008年版，第16页。

普通法系中不可或缺的组成部分。①

三、陪审制的传播及继受

英国陪审制在其本国范围内不乏赞美之词，称为“英国法的荣光”“自由之堡垒”“公民自由与王权专断的制衡”等；但英国陪审制向其殖民地的传播并不光彩，陪审制是随着殖民运动强加于殖民地国家或者地区的。从某种意义上来说，陪审制可以说是英国进行殖民统治的有效工具之一；不过最终随着殖民地国家或者地区的陆续独立，陪审制因为其自身所具有的先进性和合理性被各国和地区相继继受且传承下来。

（一）美国的传播及继受

英国在北美殖民地推行陪审制最早可追溯至17世纪初期。当时北美殖民地的陪审制的运行呈现出两极分化的特征：一方面，对外来白人移民而言，陪审员由公民选举产生，禁止政府任命，具有强烈的民主化色彩；另一方面，对本地土著居民、罪犯以及黑人农奴而言，一律排除在陪审员的选举之外，公民参与审判具有强烈的种族歧视色彩。

然而，随着美国独立战争的爆发，陪审制对北美殖民地的政治敏感案件以及政治异端人士逐渐改变为放任容忍态度。② 究其原因，因为陪审员来自北美殖民地的各个阶层，相比于英国的殖民统治，他们更愿意保护本民族的同胞，更代表北美殖民地普通公民的心声。

① 参见唐益亮：《英国陪审制的历史和发展趋势》，载《人民法院报》2017年12月22日，第8版。

② 参见王禄生：《论美国大陪审团制度的历史发展与现实意义——由弗格森枪击案谈起》，载《东南法学》2013年第1期。

就当时的特殊环境而言，陪审制已经成为美国独立革命的有效武器。基于此，美国独立以后，美国宪法以及各州宪法都对陪审制予以明文规定，并赞美其为美国建国理念的一部分以及“自由的守护女神”。

值得注意的是，即使在美国独立以后，很长一段时间内陪审员的选任也是区别对待的，黑人、妇女、土著居民依然被排斥在陪审员的准入门槛之外。直至1879年，美国联邦最高法院才承认了黑人拥有担任陪审员的权利；直至20世纪初，妇女担任陪审员的权利才得到普及。[①] 由此可见，美国刑事陪审制诞生之初的任务可能是推行殖民政策以及摆脱殖民统治的强力武器；但是独立之后，随着民主法治理念的深入人心，对权力的有效制约和对公民个人人权的有效保障成为陪审制完善的价值之所在。到目前为止，美国不断地结合本国司法实践和法律文化传统，推进陪审制的改革完善，使美国陪审制超越英国成为当代英美法系公民参与审判的制度典范。

（二）加拿大的传播及继受

加拿大原本受英国殖民统治，因此，加拿大也被动继受了英国的陪审制：除了魁北克省因为属于法国的殖民地沿袭了大陆法系的传统从而适用参审制以外，其他省和地区均适用英国的陪审制。从整体上来说，陪审制在加拿大的适用初期效果并不尽如人意，当地民众对其认可度极低。这主要是因为：其一，刑事案件、民事案件适用陪审制并不同步，这也是加拿大1791年上省与下省分离的主要直接诱因之一；其二，加拿大独立很长一段时期内，恣意提高了陪审员的准入门槛，不仅规定黑人、妇女、土著居民、罪犯等

① 参见施鹏鹏：《陪审制研究》，中国人民大学出版社2008年版，第32－33页。

禁止担任陪审员，还对公民担任陪审员设定了高额的财产标准；其三，陪审员并非由公民选举产生，而是由地方行政长官进行任命。

概括而言，早期的加拿大陪审制不具有独立性、普适性、广泛性，成为地方行政长官进行社会治理的工具，鲜有作为。但随着加拿大的独立，1982 年《加拿大宪法》规定了陪审权利：除了依据军事法律应由军事法庭审判的案件以外，任何犯有应处 5 年监禁或更严重刑罚的罪行的人，有权得到陪审审判。[①] 时至今日，陪审制仍然在加拿大的刑事审判活动中占据非常重要的地位。

（三）俄罗斯的传播及继受

在 1861 年《解放法令》颁布以前，俄国是一个以农奴制为基础的沙皇专制国家。当时法律赋予农场主可以不经司法程序使农奴流放、做苦役、服兵役的决定权，农奴主甚至也可以私自干涉农奴的个人生活并占有其私人财产。1861 年颁布《解放法令》后，农奴得以解放；但旧的司法体制依然如故，直至 1864 年司法改革前夕俄国法院共积压了多达 16.7 万份案件。[②] 为了解决这些问题，1864 年，俄国通过司法改革以英国陪审制为样本引入了陪审制。陪审制适用于俄国各区法院所受理的刑事、民事案件。陪审团作出的裁定是具有拘束效力的最终裁决，检察机关不能提出上诉。[③] 陪审制实施以后，过去的农奴现在可以和以前的主人一起坐在陪审席上，享有同等权利，拥有平等地位。这有助于克服农奴制废除后农民的自

---

① 参见王一怀：《加拿大陪审法对“审前偏见”的救济制度》，载《政治与法律》2003 年第 5 期。

② 小森田秋夫『ロシアの陪審裁判』（東洋書店，2003 年）15 頁参照。

③ 参见刘锡秋：《陪审制度的历史研究》，法律出版社 2011 年版，第 255－256 页。

卑心理，对晚期帝俄社会转型有积极意义。①

十月革命之后，苏联废弃了陪审制，构建了人民参审员制度。其主导理念是在审理所有案件时，参审员与法官具有同等权限。各级法院的第一审刑事案件，通常由1名法官和2名参审员组成合议庭共同进行审理；无论是参审员还是职业法官，不同意审判结果的，都有权以书面的形式陈述自己的意见。这一时期的人民参审员制度体现着公民参与和管理国家事务的政治思想。但是，由于参审员人数过少，无法有效制约法官，戈尔巴乔夫执政时期试图进行司法改革，增加参审员的人数，但随着苏联解体而不了了之。

苏联解体之后，俄罗斯进行了大刀阔斧的司法改革，试图重新构建“随案随选”的陪审制，以打破过去司法体制的桎梏。以此为契机，俄罗斯提出了以西方现代法治国家为蓝本的《俄罗斯联邦司法改革构想》。该构想明确了司法改革的任务在于提高审判质量，保障审判的公开和透明，保障法官的独立性及提高司法公信力等。1993年，陪审制被纳入《俄罗斯联邦宪法》，俄罗斯陪审制得以重获新生。可以说，俄罗斯陪审制适用至今，对于推动司法改革、扩大司法民主具有重要影响，同时也克服了苏联人民参审员制度遗留的一些痼疾。

（四）澳大利亚的传播及继受

在1788年之前，澳大利亚属于尚未探知的无人居住区。1788年之后，英国逐渐在澳大利亚设置刑事处罚区，澳大利亚逐渐成为英国罪犯的“流放地”。由于居民多是流放的罪犯，澳大利亚各地最初设置的都是军事法庭，适用的是军事法律。军事法庭通常由1名法官和6名海军官兵组成，适用军事法律以及军事纪律行使审判

---

① 参见郭响宏：《俄国1864年司法改革与帝俄晚期法治国家建设》，载《陕西师范大学学报（哲学社会科学版）》2014年第1期。

权力。因为刑事庭审的军事化，这一时期澳大利亚法庭的恣意妄为蔚然成风。随着英国人不断定居澳大利亚，英国政府希望通过移植陪审制以限制军队的权力，恢复司法的权威。[①]

1829 年，在澳大利亚居住的绅士、牧师、商人、地主以及自由公民共计约 1250 人联名向英国政府建议移植陪审制，然而此举遭到了殖民地军队官兵以及保守人士的强烈反对。他们一致认为移植陪审制为时尚早，移植的条件也尚不成熟：其一，没有足够数量的适格陪审员。殖民地的人绝大多数是罪犯，绅士、牧师、商人、地主以及自由公民总数太少。其二，有担心陪审团被罪犯控制之虞。陪审团都是犯罪分子的话，会导致法庭充斥着邪恶与偏见。因此，改革派与保守派的相持不下，使英国政府犹豫不决。[②]

直至 1839 年，英国政府才改变态度，认为其殖民地不单纯是罪犯的“流放地”、刑罚的执行地，应该保障当地民众的人权，因此决定废止军事法院，移植英国陪审制。之后，颁布的《澳大利亚陪审团法令》，正式确立了陪审制，但该法律对陪审员的准入条件设置极高，要求年收入 30 英镑以及拥有价值 300 英镑的不动产。1901 年，颁布的《澳大利亚联邦宪法》明文规定任何违反联邦法律的指控，都需适用陪审制进行审判。1947 年，澳大利亚的陪审团法才明文规定妇女拥有担任陪审员的权利，但却是非强制性的。直至 20 世纪 70 年代《澳大利亚平等机遇法》颁布后，妇女才和其他人一样拥有同等的陪审员的权利和义务。[③] 1998 年，通过的《澳大利亚陪

① 参见王一怀：《论澳大利亚的刑事陪审制度》，载《南都学坛》2004 年第 4 期。

② リチャードグランディング「オーストラリアの陪審制度」島大法学第 46 巻 3 号（2002 年）5 頁参照。

③ 参见施鹏鹏：《英国陪审制在殖民地的传播及其不同发展趋势的原因解析》，载《山东社会科学》2008 年第 3 期。

审团法》，规定了陪审员应承担的义务以及责任；禁止陪审员以获取信息为目的，在行使陪审权利之外进行询问被告人、了解案情等活动。

（五）西班牙的传播及继受

西班牙是欧洲大陆的历史文化大国之一，曾经有过无比辉煌的法律文化，其本身也是兼具罗马法系和伊斯兰宗教法特色的欧陆国家代表。1807年，随着拿破仑占领西班牙，法国的法律文化与法律制度被引入西班牙。最早涉及的公民参与审判的法律规定可以追溯到1812年《西班牙宪法》，随后1837年、1869年《西班牙宪法》以及1872年《西班牙刑事诉讼法》都对参审制的相关内容有所涉及。1888年颁布的《西班牙陪审团法》，摒弃了法国的参审制，以英国的陪审制为借镜进行公民参与审判改革，但是随着政局的动荡和独裁统治的建立，西班牙的陪审制逐渐退出历史舞台。① 1978年制定的《西班牙宪法》规定了适用陪审制的原则。1999年，多年关于陪审制模式还是参审制模式适合本国的争论最终以《西班牙陪审团法》的再次颁布而尘埃落定。到现在，西班牙一直实行的是陪审制。② 西班牙属于适用陪审制的新兴大陆法系国家，其法律制度具有显著的职权主义色彩，如奉法典为圭臬的成文法习惯、纠问式的诉讼制度等。这些特征在陪审制的适用过程中都有体现，这也是西班牙陪审制自成一格的关键所在。

综上所述，英国陪审制在美国、加拿大以及澳大利亚等英美法系国家得到了基本完整的传播与继受，在俄罗斯、西班牙等大陆法

① 参见刘锡秋：《陪审制的历史研究》，法律出版社2011年版，第254页。

② 大河原眞美「ヨーロッハ　の参審制度、陪審制度についての一考察：审判員制度を視座に」地域政策研究17卷4号（2015年）9頁参照。

系国家得到了修正的继受与传承。时至今日，上述国家依然对陪审制青睐有加，陪审制的基本构成也沿袭至今；关于陪审制存废的争论也从未实质地影响该制度的正常运行，反而促使各国进行了相应的配套措施改革。美国和澳大利亚的民族来源表明，英国法律文化对其法律制度的形成与继受至关重要，正如法国历史学家、政治学家托克维尔所言，“知道民族的来源，有助于知悉其社会和法律状况”。俄罗斯和西班牙是在本国参审制度已经无路可走的情况下，无奈选择转向公民参与审判制度。

四、陪审制的传播及嬗变

中世纪之后，大陆法系的诸国一直沿袭着纠问式的刑事审判方式，其显著特征表现为职业法官垄断审判、法定证据种类、审判程序不公开以及严刑峻法等。这种刑事审判程序的权力专横以及对人权、自由的践踏致使欧洲大陆的思想家们怨声载道。与之相对应，英国陪审制迅速发展，其所要求的制约王权、保障人权与自由的理念备受欧陆法学家们的推崇与青睐。如意大利法学家贝卡利亚毫不讳言地提及每个人都只需接受与其地位平等的人的审判；关系公民自身人权与自由的审判，不应该放任不公平的情感作祟。与英国向其殖民地强制推行陪审制不同，欧洲大陆各国是因为青睐英国的精美杰作而主动移植引进的；但是由于欧洲大陆各国历史悠久的法律文化传统的影响，陪审制在欧洲大陆各国的传播一波三折，充满变数。

（一）法国的传播及嬗变

法国是最先移植英国陪审制的欧洲大陆国家；此后，欧洲大陆的其他国家引进的陪审制，并非直接移植英国陪审制，而是以法国陪审制作为参考样本再次移植。另外，法国启蒙运动以来政权更替频繁，政治斗争此起彼伏，整个社会难以维持相对稳定，导致陪审制在法国的传播过程曲折异常，不过这也正好体现了法国陪审制演变在理论研究和实践探索方面的自身特色。

1789 年随着法国革命的持续推进，关于法国司法改革的讨论也益发热烈。[①] 1791 年，国民大会颁布了《法国刑法》和《法国刑事诉讼法》。新的《法国刑事诉讼法》几乎原封不动地移植了英国的陪审制，包括“大陪审团”和“小陪审团”；唯一的差异就是法国的“大陪审团”的裁定并非像英国那样需要一致通过，法国不需要全员达成一致，只需达到单纯的少数服从多数就可以。[②] 引进陪审制以后，又针对陪审员的技术问题颁布了《法国犯罪与刑罚法典》。该法典针对陪审员规定：其一，提高陪审员的准入门槛。陪审员必须为年满 30 周岁且具备选民资格的公民。事实上，符合这一条件的法国公民少之又少。其二，创设问题清单制度。职业法官针对案件情况会向陪审团提出三个问题：犯罪行为是否已被证实、被告人是否实施犯罪以及被告人是否存在犯罪故意。其三，控辩双方不能对陪审团的事实裁定提出上诉，只能提出复核之诉。被告人经陪审团裁定无罪的，控诉方不能基于同一犯罪事实而另行提起诉讼。然而司法实践中，陪审制不但未达到法国公民的期望，反而被贴以“罪犯的避难所”和“刑事错案的根源”的标签，陪审制的存废也成为《法国刑事诉讼法》修改的首要诱因。值得注意的是，这一时期陪

---

① 大河原眞美「ヨーロッパの参審制度、陪審制度についての一考察：审判員制度を視座に」地域政策研究 17 巻 4 号（2015 年）6 頁参照。

② 石井三記「フランス啓蒙期の陪審制論」經濟論叢 156 号（1995 年）28 – 29 頁参照。

审制虽然实施状况不尽如人意，但公民参与司法的理念依然根植于法国民众内心深处。

因此，在1808年的《法国刑事审判法典》中虽然废止了“大陪审团”，并禁止新闻与政治案件适用“小陪审团”审判，但是最终还是保留了“小陪审团”。通过比较可知，拿破仑执政期间（1769—1821年），法国陪审制相比之前的陪审制退步了不少：其一，废止“大陪审团”，创设专门的重罪起诉庭；其二，对陪审团的裁决权进行限制，陪审团不再是被告人罪责的唯一裁定者；其三，陪审团裁定错误的案件可以另择法庭再审，控诉方可以基于同一犯罪事实以不同罪名重复起诉。

随着法国政权的更替，陪审制也随之“改头换面”，相继经历了陪审制度的乌托邦（1848—1852年）陪审制成为强化中央集权的附庸（1853—1870年）陪审制的敌视与艰难维持（1870—1941年）。[①] 1941年法国政府颁布新法，规定以参审制代替实施了长达百年的陪审制。参审制是指破除以往陪审团与法官相互独立且对立的传统，由参审员和法官组成共同体共同进行事实认定、法律适用以及量刑。参审制得到了绝大多数法国公民以及法学家的拥护，直至今日还在持续运用。

（二）德国的传播及嬗变

德国是公元9世纪之后在东法兰克福王国基础上形成的，其公民参与审判的渊源可以追溯至日耳曼法时期。日耳曼的地方裁判所具有浓郁的部落氏族特色，可以说是民众集体审判的延续，通常由具有丰富经验的权威长者主持，但是必须通过到庭的全体公民同意。

---

① 参见施鹏鹏：《法国的陪审制移植失败了吗？——以法国陪审制发展史为中心展开》，载《司法》2009年第4期。

日耳曼法中民众参与审判的特色制度还有推问程序和告发程序。推问程序是指世俗国家裁判所的官员面对疑难复杂且充满争议的案件难以抉择时，可以依法指定当事人居住地附近的12名正直且信誉良好的公民，作为参与裁判的人员直接进行事实认定。推问程序主要适用于涉及土地纠纷的民事案件。告发程序是指裁判者将所受理的刑事案件，依法指定当事人居住地附近的12名正直且信誉良好的公民，作为参与裁判人员直接进行事实认定，并作出被告人是否有罪的判决。

截至19世纪之前，德国移植沿袭中世纪的职业法官的审判传统。但随着法国革命的影响以及职业法官信赖危机，德国公民以及学者共识性认为引入陪审制已经迫在眉睫。1848年，德国国民会议决定在全国推行法国式的陪审制。德国陪审制不仅适用于刑事重罪案件，还适用于政治敏感案件，但叛国罪的案件除外。根据德国法的规定，陪审法院是季审法院，陪审团由3名职业法官和12名公民组成。陪审团裁决不需要一致同意，只需2/3以上的单纯多数决即可。1887年政府颁布的《德国法院组织法》规定，轻微案件由职业法官独任审判；违警罪和较轻的刑事犯罪由1名职业法官和2名参审员协作审理；最严重的犯罪由3名职业法官和12名公民组成陪审团进行审理。可以看出，德国当时的审判模式中存在陪审制与参审制并存的情形。随着陪审制的实施，实践中的其他问题也被暴露出来，如人们开始质疑陪审员选任资格上设置的教育和财产筛选机制的合理性，以及政府对陪审员候选名单的影响和控制。① 加之职权主义的纠问式的诉讼模式、旧司法官僚体制的保留以及国内频繁的

① 参见黄河：《陪审向参审的嬗变——德国刑事司法制度史的考察》，载《清华法学》2019年第2期。

政治斗争致使陪审制的存废边缘化等原因，1924 年，德国魏玛政府颁布的《艾明格法》废止了陪审制。

之后，德国实行的是由职业法官与参审员共同进行事实认定、适用法律以及量刑的参审制。德国的参审制根据案件轻重又可细化为两种模式：针对较严重的刑事案件，由 3 名职业法官和 2 名参审员组成合议庭进行审理；针对较轻刑事案件，由 1 名职业法官和 2 名参审员组成合议庭进行审理。德国的参审制一直延续至今，并成为大陆法系公民参与审判制度的典型代表。

（三）意大利的传播及嬗变

意大利是罗马法的起源之地，曾经无比辉煌的罗马法为大陆法系的形成发挥了至关重要的作用。意大利作为罗马法的故乡，一直保留着大陆法系的传统，其显著特征主要为职业法官垄断审判、证据种类法定、审判程序不公开以及严刑峻法等。但随着司法公信力的日益低下和公民对于司法密不透风的环境的极度厌烦，公民开始憧憬参与审判。

1848 年，随着司法民主思潮的涌入，意大利全盘移植了英美法系的陪审制，并在相当长的时期内得到了有效践行。但是，1931 年弗朗哥建立独裁政府，他认为陪审团的权力过大会威胁到其专制统治，随即通过立法废止了陪审制。陪审制虽然废止，但是实施陪审制所带来的民主司法的理念已然深入人心。[①] 第二次世界大战结束之后，反对专制独裁的民主思潮在意大利境内风起云涌。1946 年，陪审制“复活”，但是由于公民事实认定能力的普遍不足，陪审制最终被束之高阁。1951 年，为了实现司法民主，意大利效仿德国、

① 大河原眞美「ヨーロッハ　の参審制度、陪審制度についての一考察：审判員制度を視座に」地域政策研究 17 巻 4 号（2015 年）7 頁参照。

法国的参审制，构建了契合本国司法文化和司法传统的参审制，重罪法院适用参审制审判刑事案件的传统一直沿用至今。1988 年意大利议会通过新的《刑事诉讼法典》。该法典试图迈向对抗模式的刑事诉讼，加强刑事司法管理的效用和效率，[①] 这给意大利公民参与审判带来了新的内容。另据笔者考察，当今意大利公民参与审判对政治、社会以及经济等各方面的影响逐渐升级且具有激进主义倾向。

（四）波兰的传播及嬗变

波兰地处欧洲大陆中东部，属于半总统半议会制的民主共和国家。通过对波兰法律史的考察发现，波兰一直奉行大陆法系的法律传统；但由于其地理位置带来的历史动荡，波兰的法律传统被动接受了很多外来事物。历史上，波兰的国土曾经三度被俄国、普鲁士以及奥地利瓜分并占领（1772 年、1793 年、1795 年），数次的沦陷使波兰实际上名存实亡，自 1795 年至 1918 年的 123 年间波兰在世界地图上是找不到的。正因如此，波兰近代法自身的法律传统被破坏殆尽，成为受占领的三国司法制度影响并糅合的产物。也因为上述历史，波兰很难形成适用于全国的统一的司法制度。

1928 年，和平后社会逐渐稳定的波兰制定了《通常法院构成法》，但随着 1939 年德国和苏联的再次瓜分而土崩瓦解。第二次世界大战之后，受苏联的影响，以苏联的参审制为模板，波兰构建了本国的参审制。1952 年颁布的《波兰宪法》规定，所有的民事和刑

---

① ［意］马可·法布里、叶宁：《意大利刑事诉讼程序与公诉改革之回顾》，载《比较法研究》2010 年第 5 期。

事案件都可以适用参审制。① 在苏联以英国的陪审制为借鉴进行司法改革之时，波兰也有呼吁进行陪审制改革的浪潮；但是波兰当局出于对俄罗斯当局“颐指气使”态度的不满，坚持了不跟风俄罗斯司法改革的审慎态度，这也使波兰适用参审制的传统延续至今。

（五）芬兰的传播及嬗变

芬兰公民参与审判的历史悠久。早在15世纪的克里斯托弗国王统治时期，就有由12名成年男子参与审判的法律规定。当时芬兰司法权的行使通常是以司法集会的方式进行，12名参与审判的成年男人可以就被告人是否有罪进行事实认定，认定有罪后可以采用单纯少数服从多数的方式对被告人进行定罪量刑。

自1155年开始，芬兰被瑞典占领且长时间统治。在这期间，芬兰被动接受了瑞典的职业法官传统。自1809年起，芬兰又被俄国统治了将近100年。在这期间，芬兰被强制推行了俄国的参审制。1917年芬兰独立后，仍然延续参审制至今。因为芬兰的国土狭长且多高海拔山地，参审制最初只适用于北部以及中部的偏远且法官数量极少的地区。芬兰首都赫尔辛基以及南部，因为职业法官数量充足，长期由职业法官审判案件，直至1993年才逐渐引入参审制。

综上所述，英国陪审制的诞生打破了司法审判是法律职业者专属的技术操作和“精英化”的神圣壁垒。换言之，陪审制制约王权、限制法官恣意、保障人权以及自由的理念，使其从诞生之时起便具有无可比拟的优越性。从英国陪审制向法国、德国、意大利、波兰以及芬兰传播及嬗变的历程可以看出，英国陪审制是当代大陆

---

① 西尾浩二「フ　ラトンにおける裁判制度と裁判官：裁判員制度の導入に寄せて」古代哲学研究室紀要14号（2006年）41頁参照。

法系主要国家公民参与审判制度的源流。虽然在其主动或者被动的传播过程中，基于各种人为或者客观因素的影响，最终嬗变为参审制，对公民参与审判的方式进行了修正和调和；但是，公民参与审判的核心理念却融入到现代刑事司法制度的深处，影响着大陆法系诸国现代刑事司法改革的方方面面。

五、陪审制的传播及糅合

20 世纪初，随着近代西学东渐的潮流，落后的新兴法治国家对于西方先进文明顶礼膜拜，纷纷仿照、移植西方司法制度；但是因为实际国情和传统法律文化的差异，照搬的许多制度水土不服，大都以失败而告终。20 世纪末期以来，随着两大法系呈现出相互借鉴糅合的趋势，随着法律多元价值观的兴起以及各国间的法律制度水平差异逐渐缩小，新兴法治国家尝试另辟蹊径，借鉴陪审制和参审制的优点，摒弃其缺点，再结合本国的实际国情和传统法律文化，构建了符合各国司法文化和司法传统的公民参与审判制度。

（一）韩国的传播及糅合

韩国古代属于中华法系，深受中国传统法律文化的影响，同中国一样，其本国的司法权和行政权是浑然一体的，并不具有公民参与审判的孕育土壤。韩国近代司法制度的引入最早可追溯至 1985 年。韩国移植了大陆法系法国的司法制度，基于此，韩国司法长期具有职权主义色彩。韩国独立以后，本国司法制度进入急速发展时期。1949 年颁布的《韩国法院组织法》规定由职业法官进行案件审理，公民禁止参与刑事案件的审理。①

---

① 韓国法研究委員会「韓国の司法制度」法學研究：法律・政治・社会 52 号（1979 年）56 頁参照。

可以看出，这一时期韩国基于职权主义的历史传统，对于公民参与审判秉持否定态度。然而，随着司法民主理论的传播，加之司法公信力低下以及公民对于司法的极度不信赖，韩国公民参与司法的呼声日益高涨。1999 年，韩国就开始讨论公民参与审判制度的构建问题，对于是采用英美法系的陪审制还是采用大陆法系的参审制，韩国学界和实务界充满争议。对于拥有职业法官传统的韩国而言，为了不与宪法规定的公民有接受公平、公正之法官审判的权利以及法官依法独立审判的原则相抵触，这一时期韩国仍有观点认为不需要采用影响法官依法独立定罪量刑的公民参与审判制度。

韩国理论界和实务界认为具体实行英美模式的陪审制还是法德模式的参审制，应经过认真研究确定最终方案。① 2003 年，韩国在最高法院之下设立司法改革委员会，由最高法院以及总统官邸实务协商会主持，从法律职业群体和社会各界选任 21 名权威人士作为委员。在会议讨论过程中，司法行政机关希望通过公民参与审判制度的构建来强化审判的民主正当性，提供司法透明度，进而确立公民信赖的司法制度，解决公民对职业法官审判的信赖危机。同时，韩国公民团体以及学界也主张从司法为民到司法源自于民的司法民主理论，认为构建本国的公民参与审判制度势在必行。2004 年公布的《韩国司法改革建议报告》中明确了将在韩国构建糅合陪审制与参审制要素的国民参与裁判制度，并前期将进行国民参与裁判制度的试点实验（每年适用 100 ~ 200 件），为期 5 年。

试点实验结束后，2008 年，韩国国民参与裁判制度得以实施。2012 年，韩国司法国民参与委员会决定正式采用国民参与裁判制

① 参见陶建国：《浅论韩国陪审制度》，载《当代韩国》2010 年第 1 期。

度。与日本战前即有适用陪审制的经验不同，韩国近代化以来尚无公民参与审判之先例，竟然能在短短4年间完成公民参与审判的立法工作。比起《日本裁判员法》立法后5年才正式实施，韩国于立法颁布之后就立即付诸实施。因此，韩国国民参与裁判制度的创设以及实施的迅速程度与日本的慎重形成强烈对比。

（二）日本的传播及糅合

在1923—1943年，日本实行了“旧陪审制”，又称为明治陪审制。该制度效仿欧美的陪审制，适用于重罪且否认罪行的案件。①“旧陪审制”对陪审员准入资格有苛刻限制，承认被告人拥有放弃适用陪审制的权利，而且陪审员的庭审言论对法官毫无约束力。在实施该制度的15年间，仅仅适用并判决了459件案件。② 根据笔者考察，法官、检察官以及律师对于“旧陪审制”均持消极态度以及对于被告人诉讼权利保障的欠缺是该制度被束之高阁的主要原因。

第二次世界大战后，日本对于刑事司法改革采取了保守的态度，在麦克阿瑟草案中删除了刑事审判中适用陪审制的相关条款，但在除刑事以外的其他部门法中可以适用陪审制。因此，在将近半个世纪的时间里，日本在刑事审判中一直适用的是职业法官审判。但是，日本公民对司法的信任每况愈下，以20世纪80年代的4件死刑再审改判无罪的案件为契机，引入陪审制或者参审制以对抗职业法官“官僚司法”的呼声越来越高。然而，无论是引入陪审制还是引入参审制，将不可避免地牵动日本刑事审判制度的大幅度改革，因此

① 藤田政博「日本における陪審制度の歴史からみた裁判員制度」裁判員制度と法心理学50号（2009年）21頁参照。

② 中原精一「明治憲法下の陪審制と憲法論」法律論叢61号（1989年）369頁参照。

被搁置了。

到1999年，日本公布司法制度改革审议会设置法并专门设立司法制度改革委员会，旨在调查并审议公民参与审判的基本对策。审议会运行将近两年期间，先后提出了“争点整理”“中间报告”“意见书”等公民参与审判的相关报告，旨在改变以往的对于司法的不信任，增进公民对司法的理解和信赖，将法律所要求的公平、正义的理念根植于公民的内心深处。事实上，当时日本司法遭遇的最大危机之一，即是对裁判官缺乏常识的普遍诟病。[①] 进而要求普通公民参与刑事案件审理，在审判的过程中切实反映公民的社会常识和生活经验，进而加强公民对司法的理解和信赖，最终达到夯实司法的民意基础之目的。[②]

2001年，司法制度改革审议会提议创设区别于陪审制和参审制的日本本国的公民参与审判制度，并命名为裁判员制度。2001年，日本通过《司法制度改革促进法》，并设立司法改革促进部。2004年，日本政府将裁判员法草案和《刑事诉讼法修正案》一并向国会提交；同年5月，该法草案全文84条全部经参议院通过，并予以公布。随后对《日本裁判员法》进行了11次修正，条文增加至113条。2008年，《日本裁判员法》的少部分条文正式实施。2009年，《日本裁判员法》的主要条文在经过5年的筹备期后正式实施。

（三）挪威的传播及糅合

挪威是现代法治国家，但是挪威的法治化进程并非一帆风顺。

---

① 参见李立丰：《司法民主与刑罚适用——以日本裁判员制度为研究视角》，中国政法大学出版社2015年版，第122页。

② 木幡洋子「陪審法と裁判員制度：民主主義国家と主権者教育保障への架橋としての裁判員制度」社会福祉研究10号（2008年）19頁参照。

1397年，在丹麦的主导下，丹麦、瑞典以及挪威组成了联合王国。但是，里昂战争中，丹麦以法国同盟国的身份参战，并最终战败，根据同战胜国瑞典签署的停战条约，挪威被割让给瑞典。此时，挪威国内民众呼吁独立的呼声日益高涨；到了1905年，挪威宣布独立，并被瑞典承认。

挪威动荡的历史和复杂的地理环境，使挪威的司法制度受到了以英国为代表的英美法系的影响，也受到了以德国为代表的大陆法系的影响。因此，从1887年开始，挪威就开始适用陪审制与参审制并用制度，这比丹麦要早很多年。1995年，挪威进行了刑事司法改革，对陪审制与参审制并用制度的适用范围、适用主体等进行了明确界分。近些年，虽然挪威社会舆论认为应该用陪审制代替参审制，但是对于刑事审判公民的参与，挪威公民始终持积极支持态度。①

（四）我国的传播及糅合

1. 我国大陆的传播及糅合

“陪审”“陪审员”并非我国传统司法文化中固有或者衍生的词汇，其是在清末西学东渐的大背景下的“舶来品”。在英美法系中，“jury”指的是陪审或者陪审团，“juror”指的是陪审员。我国首次出现陪审字眼是在我国香港特别行政区出版的英汉双语教材《智环启蒙》中，该书首次提及“陪审听讼”“陪做听审”。② 可以说，陪审制是西方国家古代民主政治的结晶，而古代东方实施的是专制制度，不具备陪审制产生的土壤与环境。基于此，中国陪审制最初源

---

① 大河原眞美「ヨーロッハ　の参審制度、陪審制度についての一考察：審判員制度を視座に」地域政策研究17巻4号（2015年）10－11頁参照。

② 参见段晓彦、俞荣根：《“陪审”一词的西来与中译》，载《法学家》2010年第1期。

自西方陪审制是毋庸置疑的。那么，陪审制这一外来制度在我国经历了怎样的发展历程，呈现出了哪些自身的特色，这对我国现如今公民参与审判来说意义非凡。

我国法学家沈家本、伍廷芳草拟的《大清刑事民事律草案》中对陪审制进行了初步规定。内容主要涉及以下三个方面：其一，创设陪审制的目的。该草案中规定“凡陪审员有助公堂秉公行法，于刑事使无屈拟，于民事使审判公直之责任”，可以看出陪审制旨在维护司法公正。其二，明确陪审制适用的案件范围。刑事案件必须是处以监禁6个月以上或罚金500元以上的案件。值得注意的是，庭审前当事人双方都有权申请适用该制度。其三，明确陪审员的选任以及组成。

中华民国成立之后，内阁颁布了《中央裁判所官职令》，规定中国司法实行陪审制。这一时期该制度的具体内容难以考证，只有法学家伍廷芳和沪军都督陈其美的争论史料。伍廷芳一如既往地坚持借鉴西方的司法制度，尤其是审判制度以及陪审制，并以此回应保守派的质疑。基于此，可以得知此时我国对于西方审判制度尤其是陪审制的引入困难重重，只是处于尝试阶段。

1927年，武汉国民政府颁布了《参审陪审条例》；该条例规定我国既实行陪审制，又实行参审制。参审员全程参与所有法律和事实问题的审判，而陪审员只参与事实问题的审判。① 不过该规定实际上也仅仅是看上去很美，并未得到彻底地贯彻实施。需要指出的是，武汉国民政府虽然既规定了陪审制，又规定了参审制；但是针对陪审员或者参审员的选任却运用统一标准，且该标准较为苛刻。

① 参见唐东楚：《我国陪审制度的历史及其改革：兼论中外“陪审”之“陪”的语义差别》，载《中南大学学报（社会科学版）》2012年第2期。

1929 年，南京国民政府颁布《反革命案件陪审暂行法》，规定凡是涉及反革命案件，必须适用由国民党党员组成的陪审团进行事实认定，并作出“有罪”“无罪”“无法证明”的评议结论，法官需依据评议结论作出判决。1935 年，国民政府颁布了刑事诉讼法和民事诉讼法，但都没有涉及陪审的相关制度。①

1931 年，中华苏维埃共和国临时中央政府在江西瑞金成立，颁布了宪法大纲、劳动法、土地法等一系列法律，并设置了从最高人民法院到地方法庭的审判组织体系。1932 年，苏维埃政府颁布了《裁判部暂行组织及裁判条例》。值得注意的是，根据上述条例，陪审制只适用于初级裁判所，高级裁判所以及终审裁判所陪审员禁止参加。这一时期法律草案的制定者是司法部部长梁柏台，他曾有莫斯科东方大学的留学经历，因此该草案带有强烈的苏联民主性、革命性色彩。

抗日根据地时期，各根据地颁布了陪审员发展的单行条例，如《晋察冀边区陪审制暂行办法》《淮海区人民代表陪审条例（草案）》等。这一时期人民陪审员制度的发展呈现出片段化、零乱化的特征。例如，就该制度的适用案件范围而言，《晋察冀边区陪审制暂行办法》《晋西北陪审制暂行办法》规定的是普通的刑事和民事案件，而《山东省陪审制暂行办法》规定的是严重的民事、刑事案件，《淮海区人民代表陪审条例（草案）》规定的是所有刑事、民事案件。各个单行条例对该制度的规定，从适用范围、选任手续、准入资格、回避理由、守密义务到陪审权限参差不齐。可以认为，这一时期的人民陪审员制度随着革命任务的转变而转变，革命根据

---

① 参见张晋藩主编：《中华法学大辞典（法律史学卷）》，中国检察出版社 1999 年版，第 97 页。

地时期排除在陪审员之外的地主、豪绅纳入陪审员之内就是最好的例证。另外，这一时期陪审员的范围与抗日统一战线的范围基本相同，也体现了人民陪审员制度空前的群众基础。

解放战争前期，在各革命根据地的基础上成立解放区，解放区的人民陪审员制度基本上没有变化。解放战争后期，一种新的临时裁判所在各解放区应运而生即人民法庭。人民法庭由抽选的普通民众和政府派遣代表共 9 人组成，其中贫农必须占到人数的 2/3，一般农民必须占到人数的 1/3。人民法庭主要受理各解放区的土地改革中的纠纷案件，人民法庭审判案件由人民法庭审判委员会实行多数决进行裁决。人民法庭其实是人民陪审员制度在特殊时期的一种特殊演变，旨在保障土地革命的顺利进行，维护绝大多数农民的利益，维护自身的统治基础。

1951 年，根据《人民法院暂行组织条例》的规定，法院可以根据案件性质适用人民陪审员制度，陪审员享有协助法官调查证据、提供个人参考意见之权利。许德珩曾在《关于〈中华人民共和国人民法院暂行组织条例〉的说明》一书中提及“人民陪审员制度是一种崭新的制度，它吸收群众参加陪审，使司法审判与群众相结合，这种优良的制度，与资产阶级那种虚伪的形式主义的陪审存在天壤之别，而与苏联的人民参审员制度，在本质上是殊途同归的，但基于目前各个地方法院案件繁多，还不具备广泛推行这一制度的现实基础，因此在该条例中做了一个概括性规定，即法院应根据案件性质适用人民陪审员制度，这是符合当前的实际情况的”①。1951 年，我国法院组织法明确规定，原则上皆需适用人民陪审员制度，但简

① 武延平、刘根菊等编：《刑事诉讼法学参考资料汇编》，北京大学出版社 2005 年版，第 719 页。

易的民事案件以及轻微的刑事案件由职业法官独任审判。1954 年，我国《宪法》规定法院进行案件审理必须适用人民陪审员制度；在人民陪审员的选任上只在年龄和政治权利方面作出限制，除此之外并没有附加任何条件。[①] 这是中国宪法首次明文规定陪审员之权利，使之成为国家的根本政治制度和法律制度。法学家彭真曾言“在一审案件中，由公民选举公正的陪审员参加审判，不仅能使短时间内弄清案情，而且可以使案件得以正确处理，并且可以密切联系公民与法院之间的关系，使公民意识到自己是国家的主人，增强其对国家的责任感”[②]。1978 年，当时的政治局面使人民陪审员制度异化为“群众审判”的阶级斗争工具，“砸烂公检法”的做法更是让真正的人民陪审制度不复存在；[③] 之后，法院组织法与刑事诉讼法重建，虽然都规定了公民参与审判的原则，但是都对人民陪审员制度持有审慎态度。2004 年，全国人大常委会以绝对多数通过了完善中国人民陪审员制度的相关法律文件。2013 年，党的十八届三中全会通过并颁布了全面进一步深化司法改革的相关法律文件，要求推进“法治中国”深度构建和完善；其中一项重要内容即“健全司法权力运行机制”，而此改革领域的重大举措就是拓宽公民有序、实质参与司法渠道，构建和完善新的人民陪审员制度。2015 年，中央通过并颁布了中国人民陪审员制度的试点方案；同年，全国人大常委会通过并颁布了授权中国部分法院对人民陪审员制度进行先行试点的相关法律文件，最高人民法院、司法部联合署名并发布该“试点办法”。

---

① 参见李红刚：《人民陪审员制度中所蕴含的人民性》，载《延安大学学报（社会科学版）》2019 年第 4 期。

② 《彭真文选（1941 年—1990 年）》，人民出版社 1991 年版，第 238－239 页。

③ 参见蒋凤鸣：《建党以来人民陪审制的历史变迁——以人民陪审员职权变迁为主线》，载《南华大学学报（社会科学版）》2021 年第 3 期。

2018 年，试点结束后，我国颁布《人民陪审员法》，旨在保障公民依法参加审判活动，促进司法公正，提升司法公信。

综上所述，近年来，在后起之秀的新兴法治国家掀起的司法改革浪潮中，都将公民参与审判作为司法改革的核心内容之一，期待其能成为传统司法理念的突破口。无论是日本还是韩国，都已经不是单纯地选择“站队”，除了英美为代表的陪审制和以德法为代表的参审制，新兴法治国家已经在基于本国国民的现实需要和遵循本国法律文化背景的条件下，另辟蹊径，糅合陪审制和参审制的优点，再结合本国国情逐渐构建起了彰显自身特色的公民参与审判制度。

2. 我国台湾地区的传播及糅合

我国台湾地区在 20 世纪初西学东渐的大背景之下，引入了所谓的司法民主理论，但是当时的普通居民根本毫无参政权可言，更别说参与司法了。根据官方数据统计，2011 年，我国台湾居民不了解当地司法制度的占到了 74.9%，普通居民不信任司法乃至于法官的占到了 53.5%。2010 年，发生的 3 名我国台湾地区“高等法院”法官收受贿赂案以及性侵案件的不公判决，使居民对法官乃至于司法的信赖降至冰点。司法在逐渐偏向专业化、独立化的同时，也产生了官僚化、迟钝化，与社会生活越发疏远的问题，司法一直处于压抑自身、完善自身与居民无关的“压抑司法”状态。

随着司法民主理念的不断深入，社会需要回应居民的“回应型司法”，希望司法以积极性、自主性以及亲民性的姿态向社会开放。我国台湾地区法治经过长期的发展，法律职业化及职业法官的专业知识与案件的审判质量都有了长足的进步，但是，居民对法治的不信赖的态度，一直并未有些许改变。我国台湾地区理论界和实务界的共识是，诉讼程序乃司法关键核心，诉讼程序若能导入一般居民参加之机制，于司法民意基础确立之策略改革上，具有特别重要的意义。也就是说，裁判的过程因一般居民的参与，裁判内容容易反映居民健全的社会常识，进而居民对于司法的理解、支持亦趋深化，同时司法亦得获坚实的民意基础。① 基于此，我国台湾地区决定跳出参审制与陪审制的迷思，构建契合台湾地区司法文化和司法传统的观审制。

六、陪审制的传播及湮灭

（一）印度的传播及湮灭

17 世纪之前，印度本地的传统司法审判制度依然根深蒂固且极具权威，英国殖民者想要在印度殖民地全面推行其陪审制显然不切实际。正因如此，1661 年，英国殖民者颁布《东印度公司特权状》，规定在印度实施截然不同的二元司法审判制度。具体来说就是，针对英国殖民者，适用陪审制；针对印度本地居民，适用其传统司法审判制度，并邀请当地宗教领袖提供法律意见。②

为进一步加强对印度殖民地的统治尤其是司法控制，英国殖民者尝试在印度各地逐步推行陪审制。在 1832 年，英国殖民者颁布了《第四号孟加拉规章》，旨在将陪审制适用范围扩大到印度各个地方。鉴于印度本地传统法律文化的“顽固”地位，英国殖民者在上述规章中对陪审团作出了三种变通规定：其一，任命 5 名有威望的顾问组成“5 人长老会”参与审判；其二，邀请 2 名当地有声望的

① 参见林裕顺：《基本人权与司法改革》，台北，新学林出版股份有限公司 2010 年版，第 417 页。

② 長尾明日香「植民地期インドにおける都市参政権のはじまりとイギリス議会改革（1832 年）」都市文化研究 20 号（2018 年）3－4 頁参照。

政治人物或者宗教人士参与审判；其三，随机任命各阶层人物组成陪审团参与审判。需要指出的是，该规章虽然对陪审团作出了各种变通规定，但却赋予了法官可以忽略陪审团裁决的绝对权力，这样的规定致使陪审团鲜有作为。①

之后，英国殖民者还数次尝试了司法改革，企图在印度殖民地构建更为规范且完备的陪审制。例如，1861 年立法委员会在整个孟加拉地区构建了一套相对完整的陪审制，明确规定季审法院适用陪审团进行审判，并逐一列举了适用陪审制审判的犯罪罪名；1923 年印度第 12 号令修改，任何人如果被指控实施了重罪犯罪，有权利要求适用陪审制进行审判，但陪审团的组成人员中至少一半是被告人同种族或者肤色的人；1943 年陪审团中的种族分配比例的要求被废除。② 然而，印度数次的司法改革都以失败告终，印度公民无法接受自身无权参加的陪审制，印度最终废止了形同虚设的陪审制。

（二）非洲诸国的传播及湮灭

与英国的其他殖民地相比较，非洲殖民地在空间和时间上呈现出片段化特征；具体表现为空间上分布凌乱，时间上前后不统一。因此，非洲陪审制度的移植相应地呈现出凌乱无章、缺乏规划完整性的特点。非洲的首批英国殖民地如塞拉利昂、冈比亚均适用陪审制；非洲的第二批英国殖民地如尼日利亚、肯尼亚等都适用的是以 1882 年《印度刑事诉讼法典》为蓝本的、将本地居民与外来殖民者差别对待的种族色彩鲜明的陪审制；非洲的第三批英国殖民地如乌干达等则从未适用过英国的陪审制。上述英国殖民地的陪审制殖民色彩及种族色彩严重，通常非洲人禁止接受陪审团的裁判，英国殖

① 参见施鹏鹏：《陪审制研究》，中国人民大学出版社 2008 年版，第 34 页。
② 参见刘锡秋：《陪审制度的历史研究》，法律出版社 2011 年版，第 260 页。

民者几乎没有适用陪审团而被判决有罪的，陪审团的裁决完全取决于被告的种族等。

英国殖民者在南非殖民地推行了独立的陪审制，相比较其他非洲殖民地具有代表性；然而从英国殖民者 1828 年在南非殖民地推行陪审制开始，直至 1969 年南非政府最终明文废止英国的陪审制，陪审制终究没有在该地区生根发芽，而是被当地逐步抵制，最终走向湮灭。1827 年，南非总督颁布了第一部宪法，明文规定引入英国陪审制。1831 年，颁布第 84 号令明文规定，南非所有刑事案件皆适用陪审制审判。① 值得注意的是，南非本地居民尤其是黑人是禁止担任陪审员的，南非陪审制的发展极具种族主义色彩。这也使关于该制度的评价两极分化：一方面，南非的白人殖民者对该制度极度热忱，认为该制度是对南非社会进行司法控制的绝佳举措；另一方面，本地黑人居民对该制度嫉妒憎恨，因为他们不但被排斥在陪审制之外，而且适用陪审制的案件基本上以白人胜诉为常态，这一制度对他们来说完全是毒瘤。

因此，英国陪审制在南非走向湮灭是不可逆转的：一旦南非摆脱殖民控制，寻求独立，陪审制势必会被废止。在此起彼伏的运动推动下，陪审制终究于 1969 年被废止。取而代之的是职业法官独任审判或者混合法庭的审判模式。可以看出，虽然种族主义的政权和法律已不复存在，但种族主义仍将在一定时期内存在，这将对司法制度民主原则的贯彻产生消极影响和较大干扰。②

综上所述，英国陪审制在印度以及非洲地区的移植失败的教训

① 参见施鹏鹏：《陪审制研究》，中国人民大学出版社 2008 年版，第 40 页。

② 参见夏新华、王晓梅：《论南非法制变革趋势》，载《西亚非洲》2000 年第 1 期。

表明：其一，带有殖民主义和种族主义色彩的陪审制的推行，与该制度本身追求的自由与平等、限制王权的初衷相背离；其二，陪审制的移植需与本地的传统法律文化相融合，否则陪审制会在传统法律文化的汪洋中迷失方向，最终走向湮灭；其三，陪审制是英国本土法律文化沉淀的产物，法律传统文化与法律实践截然不同的国家，如果不是主动借鉴，而是被动推行该制度，往往使制度片面化，并逐渐丧失其存在的价值。

七、小结

通过对陪审制渊源流变的历史的梳理和分析，我们可知即使没有明确的答案，也是一种可以接受的研究；起码通过古代各种起源学说的梳理，我们发现了至少上述诸国都有公民参与审判的历史记录和类型化构建。这也说明了现代公民参与审判制度的构建并非哪一个国家哪一种文化的特例，各国或多或少都具有司法民主化实现的传统文化和实践土壤；只不过有些国家的民主“种子”在天时地利人和的有利环境下茁壮成长并交织成茂密的森林，而有些国家的民主“种子”在夹缝中艰难求生，最终适应不了恶劣的环境而夭折。

从当代英国陪审制的创设，英国陪审制向美国、加拿大、澳大利亚、俄罗斯、西班牙等国的传播及其继受，英国陪审制向法国、德国、意大利、波兰、芬兰等国的传播及嬗变，英国陪审制向日本、韩国、挪威、中国的传播及糅合，英国陪审制向非洲诸国、印度的传播及湮灭等方面对英国陪审制向全球扩张的历史流变进行梳理和分析，可以归纳总结得出：其一，现代英国陪审制所体现的司法民主理念虽然具有诸多弊端，但这些与其具有的先进性不可同日而语，这也是英国现代陪审制度风靡全球的直接原因之一；其二，法律制度的移植离不开对其法律文化、法律传统及国民性的深入研究，对于法律制度的单纯照搬，只会成为脱离现实的“空中楼阁”，仅仅是看起来很美；其三，要对法律制度进行借鉴或者移植，必须存在一个稳定的法治大环境，如果是通过强权并带着“不为人知”的非法目的强行推销自己的先进制度，只会背离该制度的创设初衷，最终也会被摒弃；其四，从上述英国陪审制的历史流变可以看出，陪审制的移植除了考虑本国的司法实践、法律文化及法律传统之外，还必须考虑该制度与现行国内制度的相容性，只有如此，才能避免不必要的冲突；其五，从上述英国陪审制世界范围内的扩张历程可以看出，制度移植的完整性、同一性与各国的国民性、民族性是否相近具有莫大关联，国民性或者民族性相近的国家基本上能完整地传承陪审制度，国民性或者民族性差异较大的国家只能有选择地借鉴或者全盘放弃；其六，即使英国陪审制风靡全球，该制度也并非十全十美的公民参与审判模式，这也是参审制、糅合模式诞生的现实原因之一。随着大陆法系和英美法系的日益融合，单纯适用于某一法系的审判模式已经日渐式微，更多是诸多审判模式的有效糅合，“取其精华，去其糟粕”达到与本国法律文化、法律传统以及国民性等相容的相对合理主义。

第二节　公民参与审判的理论渊薮

一、司法民主理论

（一）何为民主

通过上文对于世界主要公民参与审判模式类型的分析可知，公民参与审判的首要功能在于彰显司法民主。那么，到底什么是司法民主？笔者认为，司法民主的准确界定取决于对它的上位概念“民主”的全面理解，因此，有必要对民主的内涵和外延进行前提性的梳理和分析。英国学者戴维·赫尔德在《民主的模式》一书中列举了各种各样的民主。凡是涉及民主，无不冠以名头，如古典民主、自由的民主、直接民主、保护型民主、合法型民主、竞争的精英民主、多元主义民主等，不一而足。① 诚如美国政治理论家罗伯特·达尔指出的那样，研究民主，我们遇到的首要困难是，“没有一种真正的民主理论，而只有各色各样的民主理论”②。可以说，民主产生于革命；民主是革命的动力，也是革命的遗产。民主要求权力归属于公民，是一种内容丰富又极其复杂的现象。民主制度发展壮大至今，民主理论也呈现出类型化、多极化的发展趋势。根据笔者梳理，民主理论主要存在以下几种类型。

1. 主体民主理论

主体民主理论主张将民主理念寄托于权力者的身份之上，其特征就在于权力主体是民主理论的基石，也就是说，公民掌权就是民主。主体民主理论以古典时期的直接民主理论为渊薮，受启蒙运动的影响而发展壮大起来。具体而言，主体民主理论以古希腊城邦盛行的市民集体审判理论为根源，主张多数人共同统治的民主制政体。主体民主理论是反对君主专制统治的有力武器，贯彻主体民主理论就是从专制君主手中夺取政权；但对于夺权后如何实现民主，该理

① 参见［英］戴维·赫尔德：《民主的模式》，燕继荣等译，中央编译出版社1998年版，第4页。

② ［美］达尔：《民主理论的前言》，顾昕、朱丹译，三联书店、牛津大学出版社1999年版，第2页。

论并没有涉及。

到了启蒙运动时期，以卢梭为代表的学者对主体民主理论进行了传承和发扬。其主张整体民主的理念，即作为主权者的整体民主具有绝对的权威性，不允许异见存在，或者说异见必须被排斥在整体民主之外。一般来说，整体民主理论缺乏建设性，尤其对整体中的公民个体的权利和自由关注很少，仅关注整体权力的转移。①

2. 实体民主理论

实体民主理论主张的是民主应当保障实体价值。这种实体性的民主价值往往贯彻的是一种“法上之法”的论证逻辑，即通过假设而设立在根本大法之中，具体体现为基本原则、一般原则或者某种基本理念。② 一般认为，作为根本大法的宪法所预设的某种实体性价值应当高于基于民主理念的临时决策，因为基于政治理性确实不如法律理性的常理考量，后者会因不受约束而导致权力滥用。

因此，实体民主理论的拥护者认为民主并非形式意义上的简单多数，而是应当体现为以公民平等自由为前提保障的宪法性民主价值，宪法性民主相比于简单的多数民主具有高度的正当性和法律理性。实体民主理论是危险审查制度设计的理论基础之一，即相比于一国公民一时的多数意愿的实现，通过宪法将公民具有长期性的民主理念规定下来，这样更能体现法治国家基本的民主政治精神。

3. 程序民主理论

程序民主理论认为，民主仅是实现全部公民政治意志形成过程

① 参见周永坤：《我们需要什么样的司法民主》，载《法学》2009 年第 2 期。

② 参见周永坤：《违宪审查的民主正当性问题》，载《法制与社会发展》2007 年第 4 期。

的平等参与的程序。例如，美国学者熊彼特曾言："民主是一种政治方法，即为达到政治——立法与行政的——决定而作出的某种形式的制度安排。"① 程序民主理论通常具有形式性、依赖性、过程性、可操作性、功能性等典型特征。

具体而言，形式性是指程序民主实现实体民主目的的具体形式和方法：程序民主追求的是程序上的形式合理性，实体民主追求的是民主本质上的合理性。依赖性是指虽然程序民主具有相对的独立性，其不是单纯实现实体民主的工具；但从本质来看，程序民主也并不是完全独立的，而是依赖于实体民主：程序民主与实体民主是相互依存的关系。过程性是指程序民主并不全是形式，其还与民主政治的过程性、运行性密切相关，换言之，程序民主往往通过具体规则来明确，在程序民主运行过程中必须设定明确的条件、方法、步骤甚至是仪式，最终的实体民主也正是通过这些过程、步骤来实现的。可操作性是对民主理念程序化选择的结果，在程序民主理念的指导下，程序参加者在明确角色定位后，各司其职；互相之间既配合又牵制，使各自恣意的空间压缩到最小。程序的自治功能又是通过各种角色承担者的功能自治而实现的。功能性是程序民主所具有的独特价值，具有不可替代的特性。一般认为，程序民主是在历史发展规律下自觉的理性选择活动，是通过具有政治意识的公民不断的努力和理性的抉择而得来的。概括而言，程序民主依赖以上特性为公民创造了一个可靠的、可预测的、一贯的行为框架，个人能够在框架内有序执行他们的计划或者预测计划成功的可能性。

---

① ［美］约瑟夫·熊彼特：《资本主义、社会主义与民主》，吴良健译，商务印书馆1999年版，第359页。

4. 协商民主理论

协商民主的核心意义在于主张一般公民自由、平等地参与公共事务的讨论、审议、协商，然后达成共识，实现民主。协商民主的主体是自由平等的公民，协商民主的过程是公平理性的商讨过程，协商民主的目标是通过商讨达成共识从而成为民主政策彰显的基础。

协商民主之所以会以民主的新类型出现是因为：其一，现代社会的复杂性要求具有专门知识技能的人、各领域的精英来处理错综复杂的公共事务问题。现代社会的国家治理也需要有各种具有专门知识的人、各领域的精英；如果缺少公民参与的配套制度，国家治理就可能异化为精英治理、官僚治理，甚至是寡头治理。通过协商民主的途径，精英治国和公民参与的民主可以有效地结合起来，保证公共事务决策的民主性。[①] 其二，考虑到各国并存着文化多元化、价值多元化、利益多元化等不同团体的公民在投票式民主中可能遭遇到“囚徒困境”[②]“奥尔森的集体行动困境”[③]“阿罗的不可能定理困境”[④]，公民个人的认知理性会实质影响集体的不理性，面对这种困境，通过商讨为核心的方式则可以最大限度冲决上述困境，协商民主可以缩小、减少甚至消除各种歧见，进而达成集体共识。可以看出，协商民主延续着激进民主的传统。不过，它延续的方式是

① 参见陈炳辉：《国家治理复杂性视野下的协商民主》，载《中国社会科学》2016 年第 5 期。

② 囚徒困境，是指两个被捕的囚徒之间的一种特殊博弈，说明为什么甚至在合作对双方都有利时，保持合作也是困难的。

③ 奥尔森的集体行动困境，是指在集体选择过程中，在许多情况下，多数人未必能战胜少数人。

④ 阿罗的不可能定理困境，是指在一般情况下，要从已知的各种个人偏好顺序中推导出统一的社会偏好顺序是不可能的。

通过强调公共讨论、推理和判断来调和激进的包容性的公民参与观点。①

5. 合伙制民主理论

合伙制民主理论是以“多数民主”为基础的民主理论。德沃金认为民主就是民治。他将民治的不同理解分为多数至上论和合伙制论两种模式。前者将民治理解为多数公民的统治，后者的民治是全体公民的统治。②

一般而言，在一个成熟的民主社会中，公民参与公共事务主要发挥的作用有：一是公共事务的决策者，二是公共事务的参与者。德沃金认为多数至上论仅发现了上述第一种作用而忽视了第二种作用，而合伙制民主理论则看到了两种。③ 合伙制民主理论认为允许公民通过一种人人都是积极而平等的合伙人的合伙制进行集体自治的制度，就是民主制度；这一民主理论通常存在公民主权、公民平等、民主对话三个显著特征。

6. 规范性民主理论

上述民主理论都具有不同程度的规范诉求，因为理论的实现离不开具体的操作程序和规范，可以说经验世界中的难题就在于如何通过规范和程序对民主理论进行有效性的指导和评估。基于此种认识，可以认为上述主体民主理论、实体民主理论、程序民主理论、协商民主理论、合伙制民主理论都可称为规范性民主理论。但是，规范性民主理论的独立性价值还体现在重视论证民主本身的规范性。

① 参见［美］詹姆斯·博曼：《公共协商：多元主义、复杂性与民主》，黄相怀译，中央编译出版社2006年版，第1页。

② 参见周永坤：《我们需要什么样的司法民主》，载《法学》2009年第2期。

③ 参见［美］罗纳德·德沃金：《至上的美德——平等的理论与实践》，冯克利译，江苏人民出版社2003年版，第413页。

关于规范性民主理论，至少应该包括以下三个层次的内容：其一，公民们具有明显参与协商公共事务的期望。如果公民能知悉参与协商公共事务的信息，并更关注参与协商公共事务过程中的投票问题，那么民主将会更有意义。其二，公民们普遍期许参与公共事务的所有投票能够平等地计算出来。换言之，如果部分公民的投票没有被统计，或者其他公民的选票过多，那么反映出来的公民参与公共事务的意愿是不符合民主自身要求的。其三，公民们普遍希望避免"多数人的暴政"。如果民主的实现对于少数公民而言是严重不公平的，那么可以认为此种民主的规范性欠缺。

7. 结构性民主理论

结构性民主理论主张民主的实现过程与其说是公民自由意志的表达，不如说是法律规则、过程和结构中的一个函数。具体而言，因为民主政治结构内存在固有的反竞争趋向，民主需要一个独立于常规政治过程的中立机构来监督其实现过程与结构设计，作为司法机关的法院自然是一个合适的选择。[①] 换言之，结构性民主理论注重民主实现的结构主义方法，希望通过民主之外的机构监督民主的具体实现。

（二）何为司法民主

对民主的主要理论进行梳理和分析后，我们有必要在此基础上探讨什么是司法民主。当然，司法民主作为民主在司法领域的衍生内容，司法民主的探讨是在民主理论的平台上进行的。一般而言，民主与司法的关系并不是相互隔离的，而是呈现出密切的关联性特征。通过笔者考察，启蒙运动之后实行民主政治的主要法治国家

① 参见《哈佛法律评论——宪法学精粹》，法律出版社2005年版，第148页。

构建其司法制度时，无论如何重视司法权力运行的职业性、组织结构的封闭性以及司法人员的自治性，都无法与民主理念彻底隔离开来。

具体而言，民主与司法的密切关系主要围绕以下几个方面展开：其一，司法机关内部一定的民主工作机制，如司法人员的民主化选任；其二，代议制民主理念指导下的司法权与立法权、行政权的相对独立以及平衡；其三，“同侪审判”理念对于专业司法的补充，如英美法系国家的陪审制；其四，司法权威下降或者对司法的不信任引发的司法的民主责任问题和公民对司法的社会监督。由此可见，虽然我们一直在倡导和追求依法独立行使审判权，但是司法民主也是确实存在于各国的司法制度之中，只不过被依法独立行使审判权的“身影”遮蔽了；或者说司法民主和依法独立行使审判权具有一定程度的紧张关系，但二者并不截然相反，依法独立行使审判权也从来没有断然否定任何民主因素的存在。① 诚如莫诺·卡佩莱蒂所言，“法律的自由主义理论确立了依法独立行使审判权和民主责任两项原则，并且无疑二者之间存在一种内在的冲突或矛盾。然而，这并不意味着两者之一或两者应予抛弃。更加严肃和现实的当然是，实际上人类努力使两项原则相结合……人们试图调和其对立，一方面根据合理平衡这两大价值的要求而使司法机构承担一定程度的责任，另一方面令其享有相应的独立地位”。②

值得注意的是，虽然近些年来司法的民主方面越来越受到了世

① 参见刘景辉：《司法的民主角色与民主责任——解读司法民主》，载《当代法学》2010 年第 3 期。

② ［意］莫诺·卡佩莱蒂：《比较法视野中的司法程序》，徐昕、王奕译，清华大学出版社 2005 年版，第 53 页。

界法治国家的关注，但是司法民主作为一个特定用语，并未像政治民主、基层民主、财政民主等用语那样获得社会普遍的认同。绝大多数国家对司法民主用语的应用态度十分谨慎，司法民主仅被适用在特定的司法制度之上：其一，职业法官的民主选任被认为是一种彰显司法民主理念的制度；其二，公民参与审判相关制度被主流观点认为是以司法民主理论为依托的。

那么，值得我们反思的是：司法民主为什么会被限定在狭窄、特定的范围之内？司法民主的适用需要考虑哪些因素？带着这些疑问，我们首先需要利用上述梳理的各类民主理论重新解读司法民主。笔者认为准确把握司法民主必须合理地利用以下几个“标尺”：其一，司法民主不能局限于司法的主体是职业化还是大众化，而应该结合本国政体，综合各方面的因素加以考量。因为纵观法律史，民主政体下存在公民参与审判，也存在职业法官专门审判（如印度现行的审判制度）；专制政体下存在过“公民”参与审判的相关制度（如古希腊的市民审判），也存在过职业“法官”审判。其二，应该从结构和功能的二元角度来把握司法民主的内涵和外延。就结构上而言，一个国家的政体是各种类型制度的结合体，司法制度无疑是作为政体的关键一环而存在。基于整体的性质决定个体的性质的认识，要了解司法制度中的民主特性，首先需要了解它的政体。其三，从定量和定性的角度来看，司法民主可以被认为是一个复杂的指标系统。换言之，司法民主就是民主在司法运行过程中的彰显程度问题。当然，因为民主的多面性和复杂性，司法民主的定量与定性只能是相对的，应当避免“非对即错”的绝对对立观念。

通过上述的方法确立了正确的认识路径之后，对于司法民主这一指标系统，我们就可以合理设置各项条件和标准来判断司法是否彰显民主特性或者司法民主的程度：其一，参与司法审判主体以及产生过程是否民主。在现如今复杂的社会关系和精细的社会分工中，公民不可能对所有事务都事必躬亲，必须将相当部分的事务交由自由选举并向自己负责的人员来处理，这就是间接民主；职业法官的身份和选任过程凸显了间接民主的特性。公民作为国家的主人直接管理自己的事务，而不通过中介和代表，这就是直接民主；公民参与审判凸显了直接民主的特性。其二，国家的政体是否民主。通过上文论述可知，司法制度的性质受本国政体的实质影响，因此，国家政体的民主会直接影响司法制度的民主。换言之，如果一国的政体不民主，那么该国司法制度的民主功能就无法切实落实。其三，司法制度的价值功能是否体现民主。司法制度是以法律规范为基石的；具体的司法行为也是落实法律规范的行为，而并非创设规范的立法活动。因此，司法制度和法律规范的价值功能通常保持一致。如果司法所依据的法律规范有利于维护民主的根本价值——人的尊严本身，则司法是民主的或有利于民主的；反之，无论怎样的司法都不能说是民主的。① 其四，司法程序是否民主。就体现间接民主的职业法官审判程序而言，司法程序的民主性主要通过审判程序的独立性、公开性以及对抗性等予以体现。就体现直接民主的公民参与审判程序而言，司法程序的民主性主要通过选任程序的广泛性、代表性以及审判程序的实质参与予以体现。

结合上述认识路径和甄别标准，对于当今主要法治国家公民参与审判制度的理论依据进行梳理和考察，发现与公民参与审判制度存在相关性的当今主流司法民主理论主要有直接式司法民主理论、

① 参见周永坤：《我们需要什么样的司法民主》，载《法学》2009 年第 2 期。

代议式司法民主理论、协商式司法民主理论、衡平式司法民主理论、司法民主正当性理论以及司法民主教育理论六种。

1. 直接式司法民主理论

直接式司法民主理论，是指普通公民遵循少数服从多数的基本原则直接参与司法或者直接行使司法决策权的民主制度。直接式司法民主理论主要包括直接参与、人人平等、多数决等内容。直接参与要求普通公民以国家主人翁的身份直接参与、讨论、决定司法公共事务。正如卢梭所言，如果参加社会公共事务不再是普通民众的主要事情，并且民众们宁可自掏腰包也不愿意亲力亲为时，国家就危在旦夕了。在一个真正自由的国度，所有事务都有普通公民的直接参与。各国的公民参与审判制度都要求被抽选或者选任的公民在规定审判期日到庭参加审判，这应该被认为是直接式司法民主理论的有效体现。

人人平等是直接式司法民主理论之所以经久不衰的核心原因所在。公民参与司法不仅使普通公民平等地参与公共事务管理的目的得以实现；更为重要的是，使被告人能够接受跟其拥有平等地位的公民参与司法，进而防止国家权力的专断，保障其个人的权利。具有代表性的实例是美国联邦最高法院在 1875 年“克鲁克尚克事件”中阐述的普通公民的平等权和 1891 年“泰勒事件”中阐述的“同侪裁判”理论。

多数决原则即少数服从多数的原则。最初广泛适用于立法活动，主要体现了对抗性原则；其基础是代表不同利益的个体在承认相互冲突的个人利益无法调和进而达成一致的基础上，采取具有妥协性质的多数决定。随着民主思潮向司法领域的渗透，多数决的决策方式也在公民参与司法的制度中应运而生，具体的实例就是各国公民参与司法制度中的评议、评决规则中普遍适用多数决原则。

2. 代议式司法民主理论

代议式民主是西方现代性发展的结晶，是对民主、代表、选举等富有古典或者传统色彩的历史元素的重构，体现为现代国家层次上的制度创新。代议式民主以选举的方式产生代表并由其行使管理权，彰显了公民自我统治的理念。随着国家统治基础的深化，现代国家成长为公共利益的代表机构，社会成员转变为政治权利的主体。代议式民主从程序上将社会同意转化为国家权力的正当性支持，并将国家权力转化为促进社会公益的推动力量。①

基于此逻辑，代议式司法民主理论关注参与审判公民的代表身份与投票过程。因为参与审判的公民被认为是承载不同利益群体诉求的代表，其被抽选或者选任之后，被召集在一起针对司法个案实施投票。可以说，代议式司法民主理念是代议式民主政治理念向专业司法领域的“扩张”。诚如法国学者托克维尔所言，“陪审制度首先是一种政治制度，应当把它看成人民主权的一种形式。当人民的主权被推翻时，就要把陪审制度丢到九霄云外。而当人民主权存在时，就得使陪审制度与建立这个主权的各项法律协调一致”。②

代议式司法民主理论无疑是对直接式司法民主理论的改进。随着社会的发展，公民直接参与社会事务处理仅限于范围小、人数少的特定情况。就全国范围而言，要实现普通公民的直接参与是不切实际的：不但很容易形成民粹主义，而且历史上失败的教训也比比

① 参见高春芽：《在代表与排斥之间——西方现代国家建构视野中代议民主发展的路径与动力》，载《政治学研究》2017 年第 1 期。

② ［法］托克维尔：《论美国的民主》（上卷），董果良译，商务印书馆 2016 年版，第 346 页。

皆是。就目前情况而言，只能通过行之有效的制度构建达到公民参与公共事务之目的；具体到司法层面，通过公民参与审判制度的有效构建使公民实质参与司法。然而，就目前而言，社会的阶层早已非“士农工商”所能涵盖，专业的分工以及新兴阶层的涌现，使职业、阶层多元化。想要顾及大部分不同背景、不同阶层的公民的利益，就要在其代表的选任程序上严格把关，使被选任的公民代表整体上具有广泛性、代表性。

3. 协商式司法民主理论

随着时代的发展，法律日益精密化与专业化以适应日益复杂的社会发展，原先通过投票以单纯的多数决的方式进行决策已经很难符合多数公民的意愿或者很难形成多数意见。公民价值观的多元以及案件事实的复杂、专业需要不同背景的公民的深层次参与，从不同专业和多元价值出发，提出不同意见进行协商讨论，最终采用附条件多数决作出决策。①

可以说，协商式司法民主理论关注的重点是参与审判的公民组成合议庭的结构形式和具体的评议、评决过程。公民参与审判制度的民主性，就体现在它以法定制度的形式召集价值多元、职业迥异的公民参与审判，并在此过程中以协商的方式尽可能达到一致的评议、评决。协商式司法民主理论相比于代议式司法民主理论，其将关注重点从投票行为转移到评议、评决过程。在代议式司法民主理论下，公民参与审判制度首先是一种政治制度；而在协商式司法民主理论下，公民参与审判制度主要是一个司法决

---

① 柳瀬昇「公共的討議の場の創設としての裁判員制度：討議民主主義理論に基づく国民の司法参加の意義の再構成」慶應義塾大学湘南藤沢学会3号（2009）94頁参照。

策机制。[①]

4. 衡平式司法民主理论

与代议式司法民主理论和协商式司法民主理论重点关注参与审判的公民本身不同，衡平式司法民主理论将关注的重点转移到参与审判的公民（“业余法官”）与职业法官的分工、制约关系。换言之，衡平式司法民主理论倡导参与审判的公民彰显健全的公民常识以及公民权利对司法权力的有效制约。在刑事个案中，参与审判的公民在衡平式司法民主理论的指导下，以常识性的正义理念制约法官的经验主义和工具主义，防止法官成为司法权力恣意的工具。

如果司法审判要达到社会效果与司法效果的统一，那么司法审判过程中就不能对参与审判的公民视而不见，要积极听取参与审判公民的常识、常理、常情，以纠正自己长年累月凭借经验积累而形成的审判“习惯”。可以看出衡平式司法民主理论要求职业法官的职业审判必须被参与审判的公民所认可，符合其常识、常理、常情的基本判断，然后才能对外发布和生效。这样的审判结果避免了司法判决与社会朴素正义观的割裂，大大提升了审判结果的可接受性。[②]

5. 司法民主正当性理论

司法民主正当性理论核心含义在于增进公民对于司法的信赖，强化司法的民主正当性。为了挽救司法的信赖危机，通过公民参与审判，让公民亲历司法审判的过程，了解司法审判的始末，以获得

① 参见樊传明：《陪审制导向何种司法民主？——观念类型学分析与中国路径》，载《法制与社会发展》2019年第5期。

② 参见樊传明：《陪审制导向何种司法民主？——观念类型学分析与中国路径》，载《法制与社会发展》2019年第5期。

公民的理解与支持，进而使司法的民主正当性在更坚固的基础上建立起来。裁判员制度、国民参与裁判制度以及观审员制度都明文提及了制度创设之目的在于提升司法的民主正当性。通过公民参与刑事案件的审判，可以获得普通公民的信赖和理解。具体来说，对于职业法官审判刑事案件现状的不满和质疑是公民倡导司法民主的另一个面向：如果在刑事案件的审理过程中，通过向公民开放，让公民直接参与的方式参与案件审理，就会获得广泛而深入的公民的支持和理解，进而强化司法民主的正当化基础。

司法民主正当性理论的彰显，必须通过法治理念所要求的法定程序的协助：对于参与审判的公民依法设置一定的准入标准，可以使合格的各阶层普通公民广泛参与；赋予参与审判的公民法定的权限，可以使其在职权范围内畅所欲言，无所顾忌；参与审判的公民参与审判的过程中，依法给予相应的补助、津贴及保障措施，使其能够无后顾之忧，积极参与审判，找到参与公共事务的荣誉感与归属感。但是，如果公民参与审判过程中的民主权力被恣意使用，进而威胁到被告人的基本人权以及依法独立行使审判权的根本设置，那么特定机构的审查显得尤为重要，通过审查可以保障少数人的人权。

6. 司法民主教育理论

司法民主教育理论在现如今的公共社会生活中扮演着极其重要的角色。公民基于司法民主的相关理念，参与公共事务特别是涉及他人生命权及人身自由权的最高级别公共事务的管理，会改变公民作为民主法治社会一分子的自我认知、态度及公共行为。就公民参与审判制度而言，公民通过参与审判对法律程序有了更深刻的了解，也提高了自己参政、议政的自信心，但更为重要的是公民通过参与审判这一公共行为强化了民主法治社会的基础。正如托克维尔所言，

“公民参与审判是在免费学习治国理政的艺术，培养其公民应该具有的法律素养”。

公民参与审判制度可以让公民免费认识其所拥有的权利；教育公民何为公平正义，如何对公共事务富有责任感。通过公民参与审判可以使公民从统治客体地位向统治主体地位转化，增强对公共事务的主动姿态，增强普通公民的自律性及责任感。有了对公共事务的责任，公民才能在参与庭审过程中努力理解案件的内容，独立提出有意义之见解。随着公民参与审判案件的审结，公民会将法律如何审理个案、维持社会秩序、犯罪证据的认定、法律程序的正当性等向全社会扩散，进而使法律观念深入民心，增强公民的法律素养和责任。

（三）小结

近现代司法民主理论的多元发展和扩散与各国公民参与审判制度的构建存在密不可分的联系，司法民主理论所要求的平等、多数决、直接参与、协商讨论、有效监督与控制、广泛性及代表性等都可以成为不同类型公民参与审判制度的具体内容。公民参与审判制度的构建也可以说是近现代司法民主理论在司法领域实践的产物。就世界范围的公民参与审判模式而言，从选任即抽取方式到最终到庭参与庭审的评议、评决，绝大部分国家依赖的是多元化的司法民主的理念。仅有极少部分国家的公民是由政党负责人推荐并经法官任命而参与审判的。政党本来就是为了其党员的利益而成立的代议机关，由其推荐公民参与审判，很难说其彰显了司法民主的理念。目前在世界范围内，仅有德国与芬兰是通过政党推荐的方式选任参审员参与案件审理的。

近代以来，司法民主理论风靡世界和渗透至各领域绝非悻致。

该理论拥有天然的合法性与正当性，符合普通大众的价值判断和意识形态，但传统的司法民主理论也具有不可避免的缺陷。例如：就直接民主而言，其实现成本畸高，容易导致对抗和情绪化，形成非理性、非正义判断；就间接民主而言，多数决的决策方式，难以均衡各方面的利益，不但容易形成“多数人的暴政”，而且会导致少数民众的避之不及。虽然传统司法民主理论拥有不可改变的缺点，但是其所具有的先进性使人们在相对长的期限内找到更加有说服力的替代理论的机会微乎其微。在传统司法民主理论的基础上，结合本国法律传统和法律文化寻找新的司法民主理论，是未来需要解决的课题。

二、依宪执政理论

（一）什么是依宪执政理论

从法律史的角度观察，人们可以将“依宪执政”的理论与实践追溯到更早，甚至有观点认为，古代希腊就已经存在“依宪执政”的理念。但是，如今理论界共识性的观点认为，古代社会基本上没有“依宪执政”理念生存的土壤。例如，古代希腊的民主基本是一种一元民主，在形式上表现为直接民主，基本上不受限制，其控制权力的观念是十分有限的。更为重要的是，古代希腊并没有形成明确的公民权利观念。因此，我们很难说古代希腊的社会已经形成了“依宪执政”的理念。古代罗马的法律系统较为发达，初步形成了公民权利的观念，出现了“依宪执政”部分理念的萌芽。史学家麦基文认为，罗马人对“依宪执政”理论最伟大且永恒的贡献是，他们对公法和私法做了明确的区分。这一区分构成了保障公民个人权利反对政府权力不当侵犯的全部历史的基础，今天依然如此。不仅如此，我们可以从罗马法中找到权利观念最早萌芽的相关记录，如在罗马法当中，“ius”一词兼有法与权利两种含义，直接影响到现代德语、法语、意大利语，在这些语言当中，法与权利长期使用一个词。

诸多史学家主张把“依宪执政”的源头追溯到中世纪后期，认为当时的寺院法和罗马法对该理论的发展具有极为重要的作用。由于宗教信仰所具有的特殊合法性，宗教立法赢得了人们的普遍认同和遵守，这种特殊的合法性佑护着西方自古代罗马通向近代的法治进程。德国社会学家马克斯·韦伯就曾指出，正是中世纪创造了所有适合资本主义的法律形式。[①] 美国学者哈罗德·伯尔曼更是认为，是中世纪时期的教会法塑造了近代西方的法律制度。[②] 笔者认为，这种说法有一定道理，因为威尼斯共和国、荷兰共和国等中世纪的一些城市国家的政治制度被很多学者称为“依宪执政”。也有许多学者将“依宪执政”的起源追溯到英国1215年通过的大宪章，认为这一贵族与王权斗争的产物具有限制权力的性质，是现代西方“依宪执政”理论的源头。由此可见，中世纪的法律观念和政治制度确实深深地影响了现代西方的“依宪执政”理论。

可以看出，西方的“依宪执政”理论彰显了对近现代西方公民自由选择和深思熟虑的充分自信，其源自西方政治文化中的自然法传统、基督教传统以及契约论传统，并同时汲取了西方法治理论、自然权利说、社会契约论等理论的精华，最终形成了权利

---

① 参见［德］马克斯·韦伯：《新教伦理与资本主义精神》，马奇炎、陈婧译，北京大学出版社2012年版，第85页。

② 参见［美］伯尔曼：《法律与宗教》，梁治平译，三联书店1991年版，第28页。

与权力两个重要的维度。当然，西方“依宪执政”理论发展到今天，从价值角度至少可划分为五种形态：传统国家主义“依宪执政”理论、超国家主义“依宪执政”理论、自然法“依宪执政”理论、神权“依宪执政”理论和理性主义“依宪执政”理论。[①]在上述的“依宪执政”形态中，自由主义“依宪执政”理论所体现的价值随着第二次世界大战和冷战的胜利在西方世界获得了某种普遍性，由此成为评判其他“依宪执政”体制的标准。

然而，我们需要知道依宪执政理论本身就具有多维样态，西方自由主义“依宪执政”理论并非最理想的标准。我国党的十八届四中全会指出，“坚持依法治国首先要坚持依宪治国，坚持依法执政首先要坚持依宪执政”。需要明确的是，我国的依宪执政理论和西方国家的“依宪执政”理论存在本质区别。我国依宪执政理论中的“宪”与西方“依宪执政”中的“宪”有着本质不同，我国依宪执政所依据的是《宪法》。对此，我们有必要从以下四方面加以理解：其一，党的领导是依宪执政的根本保证。[②] 历史的经验表明，我国宪法同党和人民进行的艰苦奋斗和创造的辉煌成就紧密相连，同党和人民开辟的前进道路和积累的宝贵经验紧密相连。[③] 其二，依宪执政是以宪法的形式固定下来的，没有宪法，依宪执政无从谈起，宪法的制定是实现依宪执政的必要非充分条件。其三，民主理念是

---

① Louis Henkin, *A New Birth of Constitutionalism: Genetic Influences and Genetic Defects*, 14 Cardozo L. Review 533 (1993).

② 参见苗连营、陈建：《“坚持依宪治国、依宪执政”的时代内涵与实践指向》，载《江海学刊》2021 年第 3 期。

③ 参见习近平：《在首都各界纪念现行宪法公布施行 30 周年大会上的讲话》，人民出版社 2012 年版，第 2 页。

依宪执政理论实现的基石。专制理念主导的社会没有依宪执政理论生存的土壤，只有民主制度下，才有其存在的可能。民主政权的权力源于国民的授予，为了防止权力的专横和恣意，需要制定宪法来限制国家权力。换言之，只有民主基础上产生的国家权力受到宪法的限制，才能真切发挥民主的作用。其四，依宪执政的条件是法治。法治首先应当是宪法之治。在法治社会中，国家权力受到了有效限制，公民权利得到了充分保障。

（二）依宪执政与民主的关系

通过上述对于依宪执政理论的论述可知，依宪执政理论虽然涉及宪法规定的民主集中制等内容，但其与民主理论关注的侧重点有所不同。依宪执政在于限制政府权力，保护公民权利，而民主在于关注政府的产生方式和权力来源。依宪执政理论可以让政府受到约束从而尊重和保障公民权利；民主理论则可以让政府执政为民，从而保障或者增加公民的受益权。依宪执政与民主两个概念不能混为一谈。民主，是指一种参与政治过程的机会向全体公民开放而不加明显限制的制度形式。但是，如果对多数公民在行使国家的强制性权力中所能做的事情不加以限制，哪怕是直接的民主制也不是依宪执政的秩序。基于此种认识，民主国家未必是依宪执政的国家，依宪执政的国家也未必是民主国家。依宪执政的关键词是“人权”，民主的关键词是“平等”。比如，依宪执政的制度中政治生活的民主化是件好事，但它需要表明民主政府怎样能够既是受到制约的又是能动进取的，也就是说，既能积极促进社会福利，又不陷入分配利益的专制之中。

因此，我们需要正确区分什么是民主，什么是依宪执政。长期以来我们将依宪执政与民主混合在一起，称为民主政治，认为它们是完全相同的，从而导致理论中和实践上都窒碍难行。笔者认为，民主主体的普遍化和民主事实的法律化是依宪执政产生的前提条件，但是民主并不完全等同于依宪执政，在特定情况下民主又恰恰是依宪执政的破坏者。民主从形式上来说，就是一种少数服从多数的原则；而依宪执政则不但包括多数决原则，还包括与之相对应的少数。可以说，没有依宪执政和法治的民主等于无民主，或者是人治的民主；民主必须与依宪执政、法治相结合才能成功。因此，依宪执政与民主虽然不是同样的内容，但是两者之间是相互依存、相互成就的密切关系，民主理念的彰显离不开依宪执政理念的保驾护航。

（三）作为公民参与审判制度理论依据的依宪执政理论

纵观世界各国的公民参与审判制度，无论参与审判对于公民而言是权利还是义务，其共性的指向是限制和制约国家司法权力，保障参与诉讼的公民个人权利。可以说，公民参与审判制度对于司法裁判权进行了合理分割，其具有深厚的依宪执政底蕴。具体表现为其一，公民参与审判制度成为各国公民防止国家权力恣意的合法武器，在诉讼过程中表达自己的呼声，保护诉讼参与人的诉讼权利和人身权利；其二，公民参与审判制度可以有效维护司法公正和司法权威，避免职业法官依靠职业“陋习”陷入两难抉择的境地，有助于案件的公正审判；其三，公民参与审判制度可以觉醒公民的公民意识，培育公民的政治道德，增长公民的法律素养和认知；其四，公民参与审判制度使专业艰深的法律越来越大众化、通俗化，彰显了刑事审判法律效果和社会效果的统一。

由此可见，公民参与审判制度与依宪执政在保障公民权利方面具有共性目标和价值，即公民参与审判制度的良性运行可以实现：

反映诉讼中人权保障机制多样化的宪法价值，以诉权实现为载体全方位增强司法的权利救济功能，以直接参与司法的途径体现宪法的公民监督机制，以审判权为手段彰显宪法的民主价值。①

三、公民参与阶梯理论

（一）阿恩斯坦的公民参与阶梯理论

阿恩斯坦于1969年首次提出了公民参与阶梯理论，将公民参与公共事务的类型分为八个梯次，由低往高依次为操纵、治疗、告知、咨询、安抚、合作伙伴、授权、公民控制。操纵和治疗属于公民的非参与，其目的是更好地控制民众；告知、咨询与安抚属于象征性参与，其意味着公民可以以了解、表达、建议等方式参与公共事务，但不能进行决策；合作伙伴、授权、公民控制属于公民真正参与公共事务，行使公民权利，其能够影响、决定公共事务的决策。②

在操纵梯次，进行公共事务决策时，公民的参与被限制在签名、集会在一起凑人数等。整个过程中，公共事务决策者并未向公民传递有用信息，也未和公民进行实质交流和讨论。公民的参与更像是花瓶式的点缀装饰，仅具有形式上的初步参与性。在治疗梯次，公众会被安排参加大量活动。政府会认为，公众之所以对决策不满，不是因为决策者或者决策内容的问题，而是公众自身存在的理解障碍。在告知梯次，公众会获得关于决策的一些详细信息以及他们所

① 参见韩大元：《论中国陪审制度的宪法基础——以合宪论和违宪论的争论为中心》，载《法学杂志》2010年第10期。

② 参见贾西津：《中国公民参与：案例与模式》，社会科学文献出版社2008年版，第247页。

拥有的权利和义务。这对于参与的公民来说同样是一个单向交流的过程，公民往往是在决定的最终阶段才被告知相关信息，其对决策无法施加任何影响。在咨询梯次，公民参与的方式变成了听取公民意见。咨询惯用方法就是对公民进行居民会议、公共听证以及态度调查。在该梯次，公民的意见可以被倾听，从而为公共事务决策者提供依据。然而，公民的参与常常被当成一种统计性的抽象集合，仍然是形式性的。在安抚梯次，当公民的呼声或者意见占有相当大的比重时，公共事务决策者在作出决策时就会对公民的呼声或者意见作出相应的回应，体现公民意愿的因素会被选择性地纳入决策之中。在合作伙伴梯次，公民开始以平等的合作者姿态参与公共事务。一般情形下，公共事务的决策没有公民的认可，该决策就无法通过。即使在该决策通过以后，权力部门也不能未经公民同意单方面改变决策内容。在授权梯次，一方面，公民会在公共事务的决策中占据主导地位，这也意味着公共事务决策的结果责任主要是公众而非权力机关；另一方面，公民对于权力者作出的公共事务决策存在不同意见时，可以行使否决权。在公民控制梯次，公民可以完全控制公共事务的决策，并且有能力排除外部的不当干扰，从而进行独立自主的协商。①

（二）康纳的公民参与阶梯理论

康纳认为阿恩斯坦的公民参与阶梯理论存在诸多局限，例如：在公民参与的一系列实践中，公民参与公共事务的地位并不像各个梯次描述的那样整齐简洁，很多边界通常都是模糊不清的；公民参与阶梯各个梯次在逻辑上的进展顺序也没有明确。康纳认为公民参

① Sherry R. Arnstein, *A Ladder of Participation*, 35 Journal of the American Institute of Planners 216（1969）.

与过程中并不是总能面对面相互交流和理解，他希望找到一种参与过程中的共享视角，并提出以下问题：其一，公民参与有哪些不同类型？其二，在特定的情形中，哪些参与类型是与之相契合的？其三，如果某个参与类型不合适，下一个参与类型是什么？其四，诸多的参与类型之间，是否存在逻辑上的先后顺序？以这些问题为导向，康纳提出了新的公民参与阶梯理论，企图更加系统、全面地预防和解决公共事务决策中公民参与的问题。他的公民参与阶梯理论自下而上分别由教育、信息反馈、咨询、共同规划、调解、诉讼和解决/预防七个部分组成。

在教育梯次，需要对参与公共事务决策的公民进行事前教育，在社会问题产生之前就要为公民提供有价值的知识信息。可以说，知情的公众是预防和解决公共事务争议的前提。因为参与的公民如果对他们的目标、行动方式以及决策后果都缺乏认知了解，那么就不可能实质性地影响最终决策。充分的信息供给可以使公共事务的决策更容易被理解和认可，有效避免诸多问题的产生。但是，假如在教育梯次并未使公共事务得到有效防止或者解决，就会进入信息反馈的梯次。

在信息反馈梯次，当公民不能充分知悉参与的目标、行动方式或者决策后果时，允许对公民的疑问进行及时的信息反馈。反馈的形式是多样的，采取何种方式取决于准确了解公民对于参与公共事务的看法和态度。对于公民的看法和态度进行有针对性的反馈后，就可以找到明确可行的解决方案。当教育无法使公民获得对参与公共事务的支持，或者信息反馈无法使公民理解和接受公共事务的解决方案时，就会进入咨询的梯次。

在咨询梯次，公共事务决策者面对的已不仅仅是公民对于原方案的意见和态度，其还需考量公民提出的新的参与方案以及评价标准。当然，公共事务决策者可以接受也可以拒绝公民提出的新方案，但必须通过各种途径对其进行释明。可以发现，在该阶段，公民的身份仅仅是单纯的咨询者，并不会实质参与决策过程。

在共同规划梯次，假如参与公共事务的公民对于某一类社会问题具有法定管辖权时，参与其中的公民就不单纯拥有咨询者的身份，其还是共同决策过程中的同伴。在公共事务决策过程中，所有职能部门负责人及公民都应该进行合议，对公共事务的决策方案和程序达成共识。通常而言，前四个梯次如果能够很好地依次进行并有效发挥各自作用的情况下，公共事务决策能够有效解决问题。如果经过前四个梯次未能有效作出公共事务的决策，这时就需要借助第三方的力量。

在调解梯次，为避免在公共事务决策者之间产生敌意，在诉讼之前会有一个调解的前置程序。调解原则上必须由中立的第三方机构主持，接受调解双方必须有成熟、明确的争点，调解双方的“力量”必须大致“平等武装”，调解过程中双方必须保持自愿，禁止采用胁迫、欺骗的非法手段。无法调解的情形下，双方的争议只能用诉讼这一最后的争端解决机制来定分止争。

在诉讼梯次，由于公民参与公共事务的决策是由法律预先规定的，法律赋予了公民参与公共事务决策的权利和义务，公民如何参与、如何决策必须严格按照法律的规定进行。

在预防/解决梯次，预防和解决其实并不是公共事务决策的独立阶段，而是决策方案制定后的实施过程。就预防而言，其不仅仅需要上文提及的教育，更需要决策部门在决策时以公民需求为导向，提供针对性的管理服务。预防措施可以节省决策执行过程中的时间和成本，使公民咨询的结果更加具有专业性。无论通过哪个参与梯次实现了公民普遍接受的解决方案，公民对于解决方案的接受都可能意味着不反对而不是积极支持。① 因此，就解决而言，要让参与的公民有平等对待和实质参与的感觉，否则，公共事务的决策就不显得十分公平正义。

综上所述，康纳的公民参与阶梯理论与阿恩斯坦的理论相比，更注重具体问题的针对性分析，而且各个梯次之间是存在前后依次递进的逻辑关系的。阿恩斯坦的公民参与阶梯理论以公民所享有的权利本身的强弱为标准，而康纳的公民参与阶梯理论则以解决具体社会问题的步骤为标准。可以说，阿恩斯坦的公民参与阶梯理论属于权利导向，而康纳的公民参与阶梯理论属于问题导向。

（三）作为公民参与审判制度理论依据的公民参与阶梯理论

公民参与审判有别于法律规定程序之外的非规范化、形式化的公民参与，公民参与审判是司法意义上的参与，其不同于其他公共事务的参与，具有独特特征：其一，参与主体的外部性。公民参与审判，是指公民以外部公民的身份参与与自身无利害关系的刑事诉讼活动，案件审结后随即解散。其二，参与客体的公共性。公民参与审判的客体是国家的司法权力，对于私权利的参与不属于公民参与审判的客体，如犯罪嫌疑人、被告人的辩护人、法定代理人以及近亲属等的参与，被害人及其诉讼代理人、近亲属的参与，因其参与的对象是私人事务，不具有公共性，因此都不属于公民参与审判的范畴。其三，参与过程的实质性。一方面，公民参与审判对司法

① 参见武小川：《论公众参与社会治理的法治化》，武汉大学2014年博士学位论文，第67－73页。

判决的作出具有一定程度的决定权；另一方面，公民参与审判对职业法官司法权力的公正运行具有监督的作用。其四，参与形式的有序性。公民参与审判是在宪法、法律框架下由法定政治民主制度和公民权利规定的公民理性、合法的参与途径。公民的有序参与可以看作是加强政府对社会管理、采取疏导、监控等各种措施，防范民间参与演变为危害公共安全和社会安定的行动；公民的有序参与可以看作是公民及其组织参与行动的理性化与自觉性发展程度；将有序公民参与思维看作是政府不断开放、推进公民参与发展、拓展公民参与形式和途径的本意。①

基于公民参与审判的特殊性、专业性，公民参与审判必须是有序参与和实质性参与。就公民有序参与而言，司法民主应该是负责的民主，参与自由应该是有秩序的自由。要求公民参与审判活动必须有序进行，既要大胆负责勇于发表意见，又要依法依纪。推进公民有序参与，要反对不负责任的无政府主义和极端个人主义倾向，教育公民增强责任意识和法治意识，增强明辨是非的意识和能力，养成良好的习惯，做到依法、有序、理性参与。② 就公民实质性参与而言，公民的意志要在参与过程中进行充分体现，公民参与对于公共事务决策要具有相当程度的控制力，反对仅仅把公民参与当成点缀民主的橡皮图章。因此，在此基础上，可以认为不论是权利导向的阿恩斯坦的公民参与阶梯理论，还是问题导向的康纳的公民参与阶梯理论都可以从不同角度出发为公民参与审判制度的构建和完

① 参见孙柏瑛：《我国公民有序参与：语境、分歧与共识》，载《中国人民大学学报》2009 年第 1 期。

② 参见安东：《推进公民有序参与，提升执政水平思考》，载《法学杂志》2011 年第 8 期。

善提供理论支撑。

四、分工效率和协调增进理论

（一）分工效率理论

人们对于分工效率理论的认识是随着社会发展带来的分工的深化而不断加深的。对分工效率理论演进过程的梳理和分析，有助于我们对分工效率理论的渊源流变和系统发展有更深层次的认识。古希腊时期的色诺芬最早提出了分工思想：一方面，重视社会分工；另一方面，又分析了手工作坊内部的分工和协作，并在此基础上提出城市起源于专业化和分工。到了古典经济学繁荣时代，亚当·斯密成为分工理论的集大成者，他对分工的价值和作用进行了系统的阐述。他认为，一方面，分工效益不仅来自不同个体之间的取长补短、因地制宜的“天然资源”的合理安排，更多来自分工内生的效率提升；另一方面，分工不是人类理性、计划或者政府干涉的结果，而是产生于人类的交换本性。马克思在继承亚当·斯密分工理论的基础上区分了以分工为基础的协作和以不分工为基础的协作。到了20世纪初，杨格认为自从人类区别于其他动物，人类的生产活动就开始具有了普遍的迂回性，而社会分工作为生产整体的一个环节也必然是基于迂回生产之上，是从生产链不同节点上分化出来的。[①] 越来越专业化的不同分工使生产的迂回度不断加大，导致知识的积累并使其报酬递增。

通过上述对于分工效率理论演进史的梳理发现，分工之所以会产生，来自人自身欲望的多样性，个人才能、需求的相异性和社会

---

① 参见朱富强：《分工效率：演进主义的观点》，载《上海经济研究》2004年第1期。

资源分布的不平均性。透视公民参与审判制度的内部运行机制，其对于案件的审理其实就是为了更为精细和科学的分工，即警察、律师、法官等法律专业人士庭前收集、甄别最终进入法庭的证据，参与审判的公民主要负责事实的认定，职业法官主要负责法律的适用，三者分工明确。也就是说，公民参与审判制度的设计恰恰在于既要排除参与审判公民的非专业化，又要利用参与审判公民丰富的生活经验和社会常识来提高审判效率。

基于分工效率理论，司法领域的分工也益发精密和科学，尤其是在事实问题和法律问题上产生了界限明确的分工。参与审判的公民依托于正当的程序和可操作化的步骤，根据自身丰富的生活经验和健全的社会常识，对控辩双方的示证和“表演”进行“打分”。这种专业化的分工使法律职业人员和参与审判的公民通过庭审使各自的知识积累加快，继而使司法运作具有了报酬递增性。这体现在司法效果上，即为审判效率和效果的显著提高。另外，随着报酬递增性的加快，生产者必须同其他生产者进行交换，从而促进社会的不断发展，进而使分工更加精细。体现在司法审判中就是，在司法效果不断提高的前提下，随着案件的多发性、复杂性，对司法的需求日益增加，这会进一步促使法官和参与审判的公民进行互异知识的交换，即职业法官给予参与审判公民法律知识的普及，参与审判人员给予法官经验事实的影响。①

（二）协调增进理论

协调增进理论和分工效率理论存在密切关联。协调是分工效率的基石，也是社会发展的保障。假如说在前现代社会中，价值的创

---

① 参见张欣：《操控的正义与法律的信仰——对〈失控的陪审团〉的解读》，载《广西政法管理干部学院学报》2011年第3期。

造、社会的进步主要依靠分工模式下劳动量的简单增加的话，那么随着社会的进一步发展，单纯劳动量的投入已然受到诸多条件限制，社会的进步主要依靠提高分工劳动量之间的协调配合。分工劳动量的协调程度，决定了分工劳动的有效性和创新价值的多寡。正是有了协调增进这个动力“轴心”，分工与组织之间才能够建立起“循环因果累积关系”①，并在此相互作用下不断实现工作的协同与效率。

可以说，人类社会的发展基于分工的不断细化，而分工细化的基础在于互相协调的增进，整个协调增进的过程中必然会导致相互之间交易费用的产生。通过对人类社会协调增进历史的考察，发现其途径主要有：其一，以宏观组织行为为前提的功能路径；其二，以微观个体行为为前提的博弈机理。公民参与审判制度中参与审判公民和职业法官的职能分工必然会产生交易费用，再进一步，在职业法官团体和参与审判公民团体内部之间的分工也必然会产生交易费用。很显然，前者通过组织行为协调解决，后者通过个人行为自行解决。在运用公民参与审判制度审判案件的过程中，因为案件信息的不对称性，案件发生时的真实信息与侦查人员、辩护律师基于正当程序收集的信息，与参与审判公民基于本人的生活经历、学历、宗教信仰、种族、个人偏好等对信息接收时加以“自我改变”的信息，与参与审判公民们内部协调一致而提供的最终信息，与职业法官依据前列信息运用法律专业知识和经验进行判决的信息都不一样。这就是因为虽然司法分工带来了更高的效率，但也因为分工环节的细化导致了交易费用的不断增加，这也是英美法系陪审团运行

① 孟繁颖：《协调增进、组织嬗变与经济发展：一个基于历史考察的理论阐释》，载《国有经济评论》2012 年第 2 期。

成本昂贵的根本原因之所在。

五、政治风险转移理论

政治风险，是指由一国社会文化、社会风俗、政治制度等因素对在该国境内各行各业所产生的各种潜在不利影响。按照风险来源的不同，又可以进一步划分为源自东道国非政府组织的社会风险和源自东道国政府机构的政治风险。政治风险与社会风险不同，政治风险是由东道国的政府行为或者与政府有关的行为而产生的对各行业的正常活动的不利影响，具体包括东道国政权更迭、政策反复、腐败、革命、叛乱、战争、国有化、外资政策变动以及政府违约等。

由此可见，一旦发生上述政治风险，对各行业在东道国的经营环境将产生根本性的改变。通常而言，发达国家普遍民主化程度较高、法制更加完善，朝令夕改和腐败等现象较发展中国家要少，同时爆发革命、叛乱、战争以及国有化的可能性也比较低，因此发达国家的政治风险相对而言比发展中国家低。[①] 根据上述经济学理论中的政治风险转移理论，公民参与审判制度可视为一种在司法专业领域中设置的转移司法政治风险的优化制度。因为公民参与审判制度的天然优势在于“同侪审判”的理念，诉讼双方对于该理念相较于权力机构的审判具有很大的心理认同，而这种心理认同是转移政治风险的“天然屏障”。

公民参与审判制度的制度设计有利于控辩双方的心理认同，具体表现为：其一，从公民参与审判制度的形式规定来看，参与审判

① 参见孟醒、董有德：《社会政治风险与我国企业对外直接投资的区位选择》，载《国际贸易问题》2015 年第 4 期。

的公民抽取的随机性、代表性以及事实认定的当场性都体现出了控辩双方对于参与审判公民的认同和信任；其二，从参与审判公民的内心活动来看，参与审判的公民奉行自由心证原则，必须达到排除合理怀疑的定罪标准，这也促使了被告人的内省与忏悔。基于此，公民参与审判制度相较于职业法官审判的优势在于控辩双方对于案件判决的认同，可以有效避免上诉、缠诉，甚至上访、信访等现象的出现。

基于公民参与审判制度的心理认同优势，适用该制度审判的案件可以成功地进行风险转移。在公民参与审判的案件中，因为根据法律规定进行了分工，参与审判的公民主要负责事实认定，职业法官理性地根据法律分析并适用法条。可以说，这样的分工使法官有效地转移了案件判决中产生的政治风险，某种意义上使败诉方难以找到明确的“攻击对象”。但同时需要警醒的是，分工导致的政治风险的转移可能会滋生投机主义，使职业法官对于审判的控制权减弱。法官对于案件的判决，完全依赖于参与审判公民对于案件事实的认定，如果参与审判的公民因为某些正当理由无法进行或者中断事实认定时，法官只能陪着他们等待。

第三节　公民参与审判的价值归依

一、司法民主与司法职业化、精英化

职业化、精细化是社会不断发展、社会不断分工的产物。法国社会学家涂尔干曾言：“分工并不是经济生活所特有的情况……我

们的时代，早已不再是以哲学为唯一科学的时代了，它已经分解成了许许多多的专业学科，每个学科都有自己的目的、方法以至气质。”① 德国思想家马克思和恩格斯也都认为司法权的崛起是社会分工的结果。西方社会在14、15世纪开始了现代社会分工的迅速发展，“正是这样一个时期，法院的权力开始获得重要的意义；而在资产阶级统治下，当这种广泛发展的分工成为绝对必要的时候，法院的权力达到了自己的最高峰”②。司法精英化的内涵可以界定为以专业化和职业化为背景，在法律素养、实践能力、人文精神和人格品质等方面具有高度的卓越性，并因此而获得社会的高度评价与尊重，具有法律保障下的优厚地位。③

司法职业化、精英化虽然伴随着近代社会分工而明确下来，但司法权的本质属性是职业化、精英化还是民主化、大众化呢？我们需要对其进行追根溯源的分析。然而，众所周知的是，司法的历史并非人们关于司法的客观记录，它更像是人们基于自己的特定目的对于司法的所作所为进行的主观阐释。因此，我们要认识到，我们无法从历史迷雾中寻找到关于上述问题的具有客观性、唯一性的答案。我们只能从历史文化的角度去辨识各民族解决纠纷的经验记录。

古希腊、古罗马时期不存在被有意识地加以系统化、独特的、完整的法律体系，④ 法律极少以成文法典形式呈现，司法权尚未独

---

① ［法］埃米尔·涂尔干：《社会分工论》，渠东译，左岸文化事业有限公司2002年版，第2页。

② 《马克思恩格斯全集》（第3卷），中共中央马克思、恩格斯、列宁、斯大林著作编译局译，人民出版社1960年版，第396页。

③ 参见谭兵、王志胜：《试论我国法官的精英化》，载《现代法学》2004年第2期。

④ 参见梁治平：《法辨》，中国政法大学出版社2002年版，第172页。

立，也就没有专门的法律制度和职业化、精英化的法律职业共同体。这一时期人们解决纠纷的方法通常是血亲复仇和民众裁判。因为那时的人们确信的是现实世界之外的经验世界存在绝对的正义，而实现绝对的正义，要依靠民众集体裁决。值得注意的是，这种不受约束的司法民主容易因为激烈对峙而走向极端，从而不利于定分止争，这与司法专业性的初衷背道而驰。正是由于这种司法民主化的极端性致使西方在汲取经验教训的基础上走向了法律的职业化道路。

在 11 世纪晚期、12 世纪和 13 世纪早期的西欧，政治和智识因素的共同作用不仅为司法职业化创造了条件而且提出了要求，①但是西方的法律职业化是一个漫长的渐进过程。起初，因为受宗教的影响，人们将解决纠纷的权力从民众手中让渡给上帝，这一时期神明裁判大行其道。但随着社会的发展，神明裁判所导致的纠纷解决的随机性和偶然性使人们明白实现绝对正义纯属虚幻，因此，人们废止神明裁判，转而将寻求裁判确定性的目光转向了人类理性。这时职业法官代替了蒙眼的正义女神，西方的大陆法系国家的司法彻底走向了职业化道路。大陆法系的职业化道路旨在通过精心选任和专业培训的职业化、精英化的法官依据理性去追求正义，相较于神明裁判，理性化的司法逐渐取代了非理性化的司法。

但是，近代西方存在另外一种不同的司法运行模式，代表着两种截然不同的理性思维。除了理性至上理念支配的大陆法系职业法官模式之外，还存在理性有限理念支配下的英美法系的经验性的司法模式。马克斯·韦伯认为以严格形式化的法律概念为基础的理性

① 参见孙丽君：《司法的悖论——司法的民主化与司法的精英化之矛盾探究》，载《河北法学》2007 年第 4 期。

判决与以神圣传统为指导的判决形成了鲜明的对比。后者缺乏对每一件案件判决基础清晰的阐述，它是以神秘的正义即对神谕的具体启示、先知的判决或者神明裁判为基础的。① 可以这样认为，英美法系陪审制是英美法系国家在司法职业化过程中为司法民主留下的窗口，以方式绝对理性带来的极端化倾向。总之，我们可以认为司法职业化、精英化和司法民主化、大众化之间的张力关系应该是形式主义与非形式主义、理性与经验的对立关系，它们分别代表着不同的价值理念，是不同时期、不同民族思维方式的具象化体现。

我国司法职业化、精英化和司法民主化、大众化之间张力关系是自古有之吗？纵观我国的司法制度史，我国的司法始终是非职业化、精英化的，但这是否意味着我国秉持的是司法民主的理念呢？我国自古以来官员坐堂，其授权来自皇权，而非职业知识。审判是显示官方权威的场所，法律愚民是题中应有之义。我国这种司法模式可归纳为“行政兼理司法模式”，与西方的司法民主不同，我国的非职业化司法并不是大众司法，而是非专职官员的司法。② 我国古代司法呈现以下两个典型性特征：其一，司法并不是专门职业，审判仅是行政官员行政职权的一项职权，控诉和审判职能不分；其二，司法职位并没有专门的司法准入门槛，而是由行政官员充当。晚清以来我国受西方法治思想的影响，在借鉴西方制度的基础上，逐步构建了我国的司法制度。我国并未单纯移植英美法系或者大陆法系国家的司法制度，而是受到了两大法系司法文化的共同影响，因此，我国司法职业化与司法民主化之间的关系显得更为复杂。

---

① 参见［德］马克斯·韦伯：《论经济和社会中的法律》，张乃根译，中国大百科全书出版社1998年版，第38页。

② 参见周永坤：《我们需要什么样的司法民主》，载《法学》2009年第2期。

司法领域通常被认为是法律精英阶层专控的领域。[①] 一般认为，司法职业化、精英化取决于法律知识、准入门槛的专业化。正如美国法学家汉密尔顿认为的那样，“浩瀚法典，必长期刻苦钻研者始能窥其堂奥。法官以法律为唯一遵从，而法律知识的繁复晦涩使合格的法官只能是居于少数的社会精英”[②]。法律职业群体的职业化、精英化使法官能够保持独立，信守法律，以理性来裁判案件。尽管人们对精英意识主导的司法给予厚望，但多数情况下，面对事实情况的复杂，法律的滞后留白、不合情理以及法律的冲突，忠实地适用法律、以事实为依据、以法律为准绳的信条必然要经受更为复杂的考验。[③] 那么法官仅凭理性和专业知识裁决案件，能否反映公民的常识、常理、常情，公民是否能够对法官依据大众决议的法律作出的附加精英价值观的判决表示认同呢？

笔者认为，司法职业化、精英化与司法民主化、大众化是对司法观察视角各异的结果。司法民主化、大众化是从司法的政治面向这一视角进行观察，司法职业化、精英化是从司法人员的专业化程度这一视角进行观察。换言之，司法民主化、大众化关注的重点在于是否有公民参与、公民参与的程度、公民对裁判结果的认可程度；司法职业化、精英化关注的重点在于司法人员的职业化、专业知识的多寡。司法职业化、精英化与司法民主化、大众化之间存在既对立又统一的辩证关系。一方面，司法职业化与司法民主化是人类存

---

① 参见秦前红：《人民陪审员、人民监督员与司法民主》，载《检察日报》2004年9月20日，第3版。

② ［美］汉密尔顿、杰伊、麦迪逊：《联邦党人文集》，程逢如等译，商务印书馆2004年版，第395－440页。

③ 参见韩轶、张宇坤：《司法民主的正当性及其限度》，载《政治与法律》2012年第10期。

在的矛盾性决定的，即人类自身的理性至上理念与理性有限性的理念相互作用而产生的；另一方面，司法职业化与司法民主化之间存在正相关关系，司法职业化是现代司法民主制度的组成部分，司法职业化对司法民主化具有不可替代的促进作用。具体而言：其一，法律的精细化、复杂化导致只有职业化人才才能正确掌握，对于法律中的民主价值，法律职业人员能够更好地把握；其二，法律职业人员的思维具有规范性、逻辑性，这可以有效限制民主的恣意；其三，法律职业化可以守住司法底线，有效抵御“民意”的暴动。

无论是英美法系的陪审制，还是大陆法系的参审制，抑或新兴法治国家的诸类公民参与审判制度，其功能就在于有效连接司法职业化、精英化与司法民主化、大众化，可以说，正是通过各种类型的公民参与审判制度使司法职业化、精英化与司法民主化、大众化和谐共存。根本原因在于人类对确定性的追求，以及人类本身所具有的辩证思维使司法职业化、精英化与司法民主化、大众化在具体的公民参与审判制度中达到平衡。司法的职业化、精英化并不意味着否定司法的民主化、大众化，各种类型的公民参与审判制度是“促进法律（司法）精英更准确、有效且有力地进行司法裁判，并进而通过一桩桩令当事人、其他社会主体可接受的裁判，更能彰显法律（司法）精英的价值，更能表达法律精英及其决断的社会基础，也更能不断地推进并保障法律（司法）精英的荣誉得以在实践中维系”①。

二、司法民主与司法监督

公民监督，通常是指一国公民依据宪法与相关基本法的规定对

① 谢晖：《转型中国司法矛盾的法哲学评析》，载《北方法学》2012年第4期。

国家机关权力的运行行为和效果进行监督的各类活动。英国思想史学家阿克顿勋爵认为权力导致腐败，绝对的权力绝对地导致腐败。在所有使人类腐化堕落和道德败坏的因素中，权力是出现频率最多和最活跃的因素。[①] 法国思想家孟德斯鸠认为一切有权力的人都易滥用权力，这是万古不易的一条经验，有权力的人使用权力直到遇有界限的地方才休止。[②] 可以看出，国家权力的天然扩张性格，决定了没有监督就必然导致权力滥用和权力腐败。[③] 公民监督权具有坚实的理论基础，人民主权理论和法治理论是公民监督权最为核心的理论依据。人民主权理论又称主权在民理论，是指国家权力来自公民权利的让渡，人民是国家的主人翁和统治者。法治理论是与人治理论相对应的概念，法治国家是现代各国最为理性的国家形态，其核心含义在于限制国家权力和保障公民的基本权利。人民主权理论和法治理论赋予了公民监督权宪法性权利的地位。

公民监督权无疑是一项宪法性权利，其以宪法文本规定的“国家一切权力属于人民”为逻辑起点。可以认为公民监督权是由宪法确认的以国家强制力保障实施的个人在社会的政治、经济和文化等方面不可缺少的权利。[④] 根据我国《宪法》第41条的规定，我国公民监督权的内涵主要包括：其一，批评权和建议权；其二，申诉权和控告权；其三，检举权。其中，批评权和建议权属于公民参与公

① 参见［英］阿克顿：《自由与权力：阿克顿勋爵论说文集》，侯健、范亚峰译，商务印书馆2001年版，第342页。

② 参见［法］孟德斯鸠：《论法的精神》（上），张雁深译，商务印书馆1961年版，第154页。

③ 参见张晓琴：《公民监督司法权问题探析》，载《当代法学》2010年第6期。

④ 参见周伟：《宪法基本权利司法救济研究》，中国人民公安大学出版社2003年版，第45页。

共事务的组成部分，旨在对于国家公权力运行的不正和纰漏提出批评和改进意见；申诉权和控告权赋予了对公民监督权进行救济的途径，公民认为自己在履行监督权过程中自身的合法权益遭到国家公权力不当侵害时，可以通过向相关机关陈述理由、要求重新处理、进行揭发和控告等方式进行权利救济；检举权是公民监督权的核心内容，主要是指公民对于公权力运行过程中的违法行为和严重失职行为向法定机构进行举报。

通过上述对公民监督权的论述可知，公民对于司法活动的监督属于应有之义。公民对于司法活动的监督是以外部力量“医治”司法内部腐败、促进司法权公正行使的重要途径。但是，因为公民力量的盲目性和无规则性，公民对于司法活动的监督应该遵循一定的原则，否则，这种监督可能成为公民对司法机关独立行使司法权的不当干涉。① 公民要达到对司法有效监督的效果，必须以司法过程的公开为前提，换言之，只有审判过程公开，公民个人才有监督司法权运行的可能性。我们知道，审判公开原则诞生于资产阶级革命时期，现在已经是世界法治国家公认的不可动摇的基本原则。在贯彻审判公开原则的各国司法审判过程中，公民个人的监督是国家审判监督体系的基础，是一个国家司法是否具有民主性的重要标识。

公民对于审判监督的途径主要有公民个人的监督、社会团体的监督以及新闻媒体的监督三种。公民个人的监督包括公民个人以旁听庭审直接监督法官的审判活动和公民实质参与庭审，通过对法官权力的制约以监督法官的审判活动。但值得注意的是，监

① 参见熊秋红：《试论公民对司法的监督》，载《诉讼法论丛》2001年第1期。

督权的功能一般而言是由既有的国家权力之外的公民单向进行监督，而公民参与审判是通过分享国家机关的公权力，进而达到双向监督的目的。[①] 社会团体的监督主要是指由某阶层、某行业的公民代表为了维护某种特定合法权益依法组成社会团体对于侵犯其核心利益的审判进行监督的方式，社会团体监督可以视为公民个人监督的延伸。公民个人虽然享有监督权，但因为其是一种柔性权利，难以形成直接有效的监督，这时就需要借助新闻媒体的力量，促进公众讨论，形成公众意见，进而有效发挥监督功能。相比较而言，新闻媒体监督是上述三种公民监督权中最有效的监督方式。

通过公权力制约权力已经被古今中外的司法实践证明为失败教训，尤其是在法院司法权之上设置各种外部公权力对其进行“合法干预”，因为众多公权力的泛化、恣意导致司法权难以保持绝对独立，进而使司法审判结果有失公允。以私权利制约公权力已被当代的司法实践证明是一条可行的权力监督路径，通过依法赋予公民更多权利，丰富公民实现私人权利的途径，使公民监督司法具有可操作性和实效性。司法民主的理念同时包含着公民参与审判和公民监督审判的双重意义，公民参与审判制度的构建以及实施为公民参与、监督审判架设了桥梁。[②] 将公民对司法审判的监督以制度的形式确定下来，使公民的监督能够规范、有效进行，这样既可以带来司法审判结果的公正，也可以使审判结果被公众认可，达到社会效果与司法效果的统一。公民对司法监督权的有效行使主要体现在大陆法

---

① 参见陈卫东：《公民参与司法：理论、实践及改革——以刑事司法为中心的考察》，载《法学研究》2015 年第 2 期。

② 参见付中一、江国华：《人民陪审员司法监督职能的法理及其实践路径》，载《理论月刊》2019 年第 5 期。

系的参审制国家和糅合模式的新兴法治国家，这些国家的公民参与审判制度公民与职业法官之间是协作关系，公民实质参与庭审的方式是对司法审判权的制约和监督。这里值得关注的问题是，如何保障协作关系的陪审员能够中立，避免陪审员受职业法官强势影响而出现同质化趋向，进而陷入“同体监督”的窠臼。

三、司法民主与司法公正

司法制度和文化演进至今，法律专业人士共识性认为，任何一个现代社会，无论多么崇尚公正，假如不考虑或者轻视司法公正，那么势必会导致整个社会集体的不正义，也就谈不上实现真正的公正。正义不仅应当实现，还应当以看得见的方式实现。公正是司法最根本的价值追求，审判方式是司法追求公正的具体途径和措施，是司法公正得以展示的外形，因而要使司法公正以看得见的方式实现，就必须关注审判方式。[①] 司法公正和公信力集中反映了人民群众对司法的期望，集中反映了司法建设的目的和规律，也是衡量一个国家或者地区法治化水平的基本标志。[②] 一个旨在实现司法公正的司法制度，会谋略在自由、平等、安全等方面创设一种切实可行的综合体和和谐体。[③] 司法公正的价值要求如果与其他价值和利益发生冲突，公正价值具有至上性、优先性。

何为司法公正，怎么来具体界定司法公正，对于这一问题法学

---

① 参见魏胜强：《司法公正何以看得见——关于我国审判方式的思考》，载《法律科学（西北政法大学学报）》2013 年第 6 期。

② 参见龙宗智：《影响司法公正及司法公信力的现实因素及其对策》，载《当代法学》2015 年第 3 期。

③ 参见陈光中主编、朱育璜等编著：《外国刑事诉讼程序比较研究》，法律出版社 1988 年版，第 30 页。

界向来仁智互见。以程序正义与结果正义为尺度对司法公正进行的类型划分，即司法公正包括结果本位的司法公正理论和程序本位的司法公正理论。[①] 结果本位的司法公正理论就是指司法公正的关注点在于是否实现了结果正义，强调实体公正；程序本位的司法公正理论就是指司法公正的关注点在于是否实现了过程正义，强调程序公正。但值得注意的是，因为司法的本质在于定分止争，因为纠纷的复杂程度以及各自需求的不同，有些案件需要实体规范通过程序予以实现，有些案件则需要实现过程的公开、合法。在司法实践中，结果正义和程序正义虽然在个案程序中有所偏重，但两者从未彻底割裂，两者更多的是一种此消彼长的动态平衡。

以结构的静态视角来看，司法不只是公民心目中“打官司”的概念，在现实性上它至少是由相关的价值、制度、组织、角色构成的一个与社会互动着的结构，所以此种意义上，司法公正可以体现为司法参与人、组织及其相关概念的关系上。[②] 从司法活动的过程性来看，司法公正是各个诉讼阶段的诉讼活动相互作用的过程。正如日本法学家棚濑孝雄所认为的那样，能够填补法学领域中的审判与现实的审判之间的沟壑的正是法社会学，特别是被称为过程分析的方法可提供有力的工具。用一句话概括，过程分析就是把审判视为过程，即程序参加者的相互作用的过程。仅从制度层面进行学术研究具有很大的片面性，司法活动是一个相互作用的过程，需要对从立案到审判，最终到执行这一全动态过程

---

① 参见公丕祥、刘敏：《论司法公正的价值蕴含及制度保障》，载《法商研究》1999 年第 5 期。

② 参见王晨：《司法公正的内涵及其实现路径选择》，载《中国法学》2013 年第 3 期。

进行深度剖析。①

由此观之，司法公正是一种宏观的价值追求，具有不同面向的多元内容。怎么在个案中把握和落实司法公正的价值呢，笔者认为必须从以下几个方面综合予以考量：其一，司法制度是否合理。这是司法公正具体的形式要求，可以表现为司法体系完整、司法系统依法独立行使审判权、司法权监督制约机制完善等。其二，司法程序是否正当。这主要表现为诉讼程序公开、诉讼主体实质参与、法官不偏不倚等。其三，裁判结果是否公正。这主要表现为裁判事实确定、认定事实清楚、证据确实充分、法律适用正确等。其四，裁判者形象是否端正。这主要表现为职业法官和参与审判的公民是否中立、法律专业水平、社会经验与公民常识等。其五，司法环境是否良好。这主要表现为公众法律意识的反映、公民参与司法的意愿等。基于此，司法公正所蕴含的程序公开、裁判者形象以及司法环境等要素都要求有司法民主的支持，司法民主是司法公正的保障措施之一。

具体来说，司法民主是司法公正的制度保障，可以从以下三方面予以佐证：其一，司法民主是司法公正的前提和基础。司法民主在促进职业法官提升职业素质的同时，还必须使司法权的行使置于参与审判公民的监督之下。其二，司法民主是确保司法公正的政治民主。司法民主是政治民主的组成部分。政治民主的含义在于国家权力的运行是公民理性选择的结果，司法权作为国家权力的组成部分，自然司法民主也是政治民主的组成部分。司法民主意味着社会利益的冲突最终以公民理性选择的方式予以解决。其三，司法民主

① 参见［日］棚濑孝雄：《纠纷的解决与审判制度》，王亚新译，中国政法大学出版社2004年版，第5页。

是司法公正的观念保障。法律虽然是公共意志的体现，代表了绝大多数人的利益，但是法学教育、法学理论则是法律精英群体的专属。法律精英群体不可能不以自己所接受的教育和理论来赋予法律以现实意义。因此，有的法律精英群体可能会基于自己的利益诉求，以依法独立行使审判权为幌子，将法律异化为自身利益的维护工具。如果坚持司法的民主化，就可以有效制约和监督法律精英群体的反民主化倾向。①

公民参与审判制度作为世界主要法治国家司法民主化的代表性、具象化制度，对于司法公正的保障作用主要体现在以下两个方面：其一，公民参与审判制度可以有效降低刑事的冤错案件比例，最大限度保障被告人的人权。虽然从世界各国的审判实践来看，没有完美无缺的审判制度以杜绝冤错案件的发生。但是，公民参与审判的案件相比较于职业法官审判的案件，冤错案件的发生率相对较低，公民丰富的社会常识与职业法官的专业素养结合可以最大限度地实现司法公正，实现不枉不纵。其二，公民参与审判制度具有营造法律论证场景的功能。在单纯的控辩审模式中，控辩双方必须通过充分的法律论证来说服法官接受自己的主张和拒绝对方的主张，因而他们进行法律论证的任务是说服法官，但是如果法官武断地不接受他们的观点，那么法律论证的效果就会打折扣。② 而以公民参与审判制度为主导的审判制度以直接言词原则和传闻证据规则的贯彻为前提，以参与审判公民的充分理解和理性认定为基础，受参与

---

① 参见陈忠林：《司法民主是司法公正的根本保证》，载《法学杂志》2010 年第 5 期。

② 参见魏胜强：《司法公正何以看得见——关于我国审判方式的思考》，载《法律科学（西北政法大学学报）》2013 年第 6 期。

审判公民的制约，法官也必须对判决结果进行充分的法律论证。

四、司法民主与依法独立行使审判权

现如今依法独立行使审判权已然是世界法治国家的通行做法，其一般是指行使司法权的法院和法官需要在遵循法律审判的过程中保持其独立性，不受外界干扰。依法独立行使审判权的理念源自权力分立与制衡思想，其最初是作为国家权力的分配机制而提出的，其目的在于实现权力间的分立与制衡。因此，在此意义上的依法独立行使审判权具有非常强烈的政治色彩。①

通过对司法审判史的考察发现，对依法独立行使审判权的追求绝不是一个可以一蹴而就的过程，更不是个别英雄人物振臂一呼就可以完成。相反，依法独立行使审判权的实现是一个渐进的过程，其具体进程及形态受到法官状况、法律体系、民风民俗、交往方式、经济形态、政治结构、文化传统等诸方面因素的影响。在这个追求过程中必然伴随着反复、曲折、权变，绝不可能像在白纸上绘图那样随心所欲，也不可能像小葱拌豆腐那样一清二白，更不可能像开弓之箭那样一直往前。这在我国依法独立行使审判权的发展过程中表现得尤为明显，基于我国的历史和现状，法院必须坚持在党的领导下，在人大监督下，坚持中国特色社会主义司法制度，依法独立行使审判权，绝不能简单套用、照搬西方那一套。

我国依法独立行使审判权的贯彻关系着司法公正和司法权威的实现，是我国当下刑事司法改革的关键环节。其一，依法独立行使审判权是实现司法公正的前提条件。就程序上而言，依法独立行使

① 参见陈卫东：《司法机关依法独立行使职权研究》，载《中国法学》2014年第2期。

审判权是程序公正的核心内容。法官作为“法律帝国的王侯”，必须在公正、独立的程序中对公民的生命、自由及财产作出最后的裁决。就实体上而言，法官依法独立行使审判权是其能够准确认定案件事实、不偏不倚适用法律的绝对保障。众所周知，案件事实的发生具有不可逆性，法官只能借助“证据之镜”原理，以证据为依托全面或者部分地还原案件事实。正因为如此，法官对于各个证据的真实性、合法性和关联性的判断以及综合全案证据对于案件事实的认定，只能依仗法官的内心独立、自由地分析判断。因此，依法独立行使审判权并非司法的目的，而是实现司法公正的手段，即通过保障法官免受不当干预、仅以事实和法律为依据作出裁判来实现司法公正。其二，依法独立行使审判权是树立司法权威的必要条件。权威是人类社会的普遍现象，当权威指一种关系时，权威者个人或者机构就受到治理者的尊重与服从。[1] 凡法治国家，其法律必有权威。司法权威是法律权威的组成部分，是实现法治必不可少的条件，[2] 是衡量一个国家法治建设进程的重要标尺。司法的权威性需要法官在法律实施过程中加以体现和维护，而法官依法独立行使审判权对于司法权威的维护至关重要。这主要是因为，一方面，法官作为法律的直接实施者，保持自身独立、中立的地位，才能不偏不倚进行裁决，进而维护法律的统一性和权威性；另一方面，对于法官而言，囿于其自身的有限性，在适用认定案件事实和适用法律过程中不可能万无一失，对于上述过程中发生的严重错误，需要通过

---

① 参见［英］戴维·米勒：《布莱克维尔政治学百科全书》，邓正来译，中国政法大学出版社2002年版，第45页。

② 参见李桂林：《司法权威及其实现条件》，载《华东政法大学学报》2013年第6期。

法定程序加以纠正，以维护司法权威。

依法独立行使审判权和司法民主都是当下司法改革的重要组成部分，就二者的关系而言，二者并不冲突，而是相辅相成的。其一，在现代社会，法官是民主选举的产物，人民选举法官的目的就在于授权给法官行使司法权。因此，可以这样理解，法官依法独立行使审判权意味着人民意志的独立。其二，依法独立行使审判权有利于司法民主化的实现，使司法体现民意。在民主的法治国家，法律体现的理当是民意，即法官只要依法裁判，就能体现民意。但值得注意的是，此处的民意并非法律之外的民意，如社会舆论、网民意见、街谈巷议等，因为法律之外的民意具有不一致性、不确定性，依据法律之外的民意审判是将被告人置于不确定的恐怖之中，与刑事法的罪刑法定、无罪推定等基本原则背道而驰。其三，依法独立行使审判权既包括审判过程中法官的依法独立，也包括参与审判公民的依法独立。职业法官在审判过程中，应当秉持着无罪推定与疑罪从无的司法理念，但不能把法官的法律思维绝对化、神秘化，而应当把法律思维与大众（普通）思维结合起来。正因为如此，司法应当将职业法官和参与审判的公民加以结合，二者取长补短、互相补充。同时，参与审判公民与职业法官内部的独立性也是依法独立行使审判权的应有之义，这二者之间的独立可以保证参与审判公民对职业法官行使司法权的内部监督。

五、司法民主与公民的司法认同

认同是社会心理学中的重要概念，认同的核心含义在于人们对于某一事物的“自我描述”。社会认同是个人认同的上位概念，是指公民作为特定社会群体成员对于所属群体的归属感和身份认同。

社会认同从微观层面上而言，主要是角色认同，包括身份认同、性别认同、民族认同、文化认同等；社会认同就宏观层面而言，主要是指国家认同、制度认同等。认同心理的理论意义在于，认同感显著影响着公民的行为方式与据以作出某种选择的准则。①

制度认同是公民基于特定社会制度的认可而产生的一种归属感和自我认同感，具体表现为对该制度发自内心的信任和价值肯定，进而在行动上予以拥护和遵从。基于此，制度认同拥有以下积极功能：其一，制度和规范越有实效性，越容易影响公民对于自身归属感和身份的认同；其二，得到公民认同的制度和规范又能从公民的理性、情感中得到滋养和巩固。

因此，司法认同依据司法制度和司法运行的效果而作出，也可以说司法认同本质上可以归属为制度认同。司法认同是公民对于司法制度的认可而产生的归属感和自我认同感。司法认同是在司法与公民的互动过程中产生的。司法认同的互动过程除了司法民主，还有司法公开、司法宣传、司法对社会舆论的反馈，以及在舆论浪潮中对依法独立行使审判权的坚守。

如何来判断一国公民是否对本国司法制度和规范产生认同？笔者认为可以从司法“法律判断”的本质属性和“通过公正、公开程序实现正义”的基本特征两个方面进行判断。可以将上述宏观原则具象化为以下三个方面的可操作化标准：其一，依法裁判原则是否得到严格遵守；其二，诉讼程序规则的正当化作用是否得到充分发挥；其三，公民对于裁判结果是否达成价值共识。现代社会价值多元，要求司法必须保持与社会进行沟通，通过与公民对话寻求价值

① 参见吴英姿：《论司法认同：危机与重建》，载《中国法学》2016 年第 3 期。

共识，最大限度地争取社会对裁判结果的支持。

通过上述对于司法认同的论述可知，司法民主和司法认同之间并非完全割裂的关系，恰恰相反，公民参与审判制度是现代司法与社会沟通的最佳桥梁。被选任的公民代表社会实质参与整个司法审判过程，将社会的健全常识、朴素正义以及丰富经验带入司法，在庭审中与职业法官进行对话，寻求法律与社会之间的价值共识，进而达到公民对于司法的认同。一个社会的法律的全部合法性最终必须而且只能基于这个社会的认可，而不是任何国外的做法或者抽象的原则。换言之，最终说了算的，必须是以各方面表现出来的民意。[①] 如果司法审判置情理于不顾，则司法裁判结果不可能得到公民的认同。在一个秩序良好的社会中，司法部门应得到公民的信任和支持。从这个意义出发，公信力的丧失意味着司法权的丧失。总而言之，对社会公民普遍价值观的密切关怀和实现社会常识、常理、常情的有效融合是司法审判的最高境界，也是取得司法认同的最佳途径。

---

① 参见苏力:《面对中国的法学》，载《法制与社会发展》2004 年第 3 期。

第三章

我国公民参与审判的类型化评析

第一节　我国公民参与审判的运行机制

一、我国公民参与审判的立法现状

（一）我国人民陪审员制度的立法脉络

为了准确把握我国目前公民参与审判的立法现状，有必要对我国公民参与审判的立法脉络进行梳理和分析，进而厘清我国公民参与审判的源流和底色。基于这一思路首先需要解决的问题就是，以马锡五审判方式为代表的群众审判路线是否符合现代公民参与审判的司法民主内涵。

马锡五审判方式是陕甘宁边区政府在探索与创建边区诉讼制度的过程中创造的一种新型诉讼方式。马锡五审判方式产生后，为化解边区在战时的各种社会矛盾、稳定边区的社会秩序起到了重要的作用，产生了良好的社会效果，其对今天的司法活动也产生了影响。[①] 我国

---

① 参见肖周录、马京平：《马锡五审判方式新探》，载《法学家》2012 年第 6 期。

对于马锡五审判方式的相关研究已经十分深入：有观点认为马锡五审判方式追求群众纠纷解决结果的正义与否，对于程序正义几乎没有涉及；[①] 有观点认为马锡五审判方式是革命根据地时期的特殊产物，具有特定的时代印记和政治色彩；[②] 有观点认为马锡五审判方式是对我国传统纠纷解决方式的有条件继承。[③] 值得注意的是，无论基于何种视角研究马锡五审判方式，都离不开把马锡五审判方式视为新民主主义的、人民的、大众化的司法制度从而进行论述。由此可见，我国公民参与审判制度的雏形在革命根据地时期就已经形成，司法为民、依靠群众进行权力监督的理念在当时就已经确立，当时的公民参与审判制度不可避免地还承担着发动群众、依靠群众的政治任务。马锡五审判方式发展到了今天，被广泛地应用到基层纠纷的解决过程中去，当下的马锡五审判方式为基层司法中普遍性机制矛盾如何解决提供了一种路径，该路径蕴含了具体的运行逻辑，其或许清新且有朝气，也或许富有吸引后来者推陈出新的能力。[④]

新中国成立后，国内百废待兴。虽然我国公民参与审判制度的相关规定散见于人民法院组织法和三大诉讼法中，但是在早期的司法实践中，该制度形同虚设，未引起过多的重视，公民参与审判处于低迷状态。1978 年改革开放以来，经济的市场化和全球化，为我国公民参与审判制度的复苏提供了契机。

---

① 参见李家祥：《“马锡五审判方式”及其司法理念——以封捧儿“婚姻申诉案”为分析样本》，载《西南政法大学学报》2009 年第 4 期。

② 参见张卫平主编：《民事程序法研究》（第 5 辑），厦门大学出版社 2010 年版，第 56 – 70 页。

③ 参见强世功：《权力的组织网络与法律的治理化——马锡五审判方式与中国法律的新传统》，载《北大法律评论》2000 年第 2 期。

④ 参见刘星：《马锡五审判方式的“可能”的运行逻辑：法律与文学》，载《清华法学》2014 年第 4 期。

其一，我国职业法官的工作负荷急剧增加。在大中型城市和东部发达地区的突出问题就是案件数量激增，某些地方甚至出现“诉讼爆炸”；在中西部偏远地区案件的数量增长虽不明显，但是因为职业法官的匮乏，导致个别法官超负荷工作。可以说，司法实践中“案多人少”的现实需求是我国公民参与审判制度复苏的直接诱因。

其二，城乡二元体制的松动和社会流动性的增强致使乡村由“熟人社会”走向“半熟人社会”甚至“陌生人社会”，城市中单位等社会组织的影响力不断减弱，民间社会规范以及社会共同体内部纠纷解决机制难免出现失灵。[①] 这样的背景下，司法成为所有纠纷解决的最终机制，但是面对社会转型带来的错综复杂的纠纷和诉求，职业法官们面临着司法能力的普遍短缺。因此，公民实质参与审判可以增强法官的司法能力，增强法院回应社会的能力，缓解职业法官的压力。

其三，“案多人少”的矛盾直接会导致职业法官办案质量的低下，进而导致司法公信力的逐年降低。法院信访量在20世纪90年代的逐步攀升并远远高出案件总量，已经指出法院公信力下降的事实。[②] 另外，被纠正的刑事冤错案件大部分诞生于20世纪90年代也是典型的例证。公民参与审判一方面可以输入普通人的常识、常理、常情，缓和专业司法审判和本土生活的隔阂；另一方面，参与审判的公民通过实质参与审判，接受法治的规训，提高对于司法审判过程和裁判结果的认同。

---

① 参见彭小龙：《人民陪审员制度的复苏与实践：1998—2010》，载《法学研究》2011年第1期。

② 参见朱景文：《中国诉讼分流的数据分析》，载《中国社会科学》2008年第3期。

基于上述成因，1998 年 9 月，李鹏委员长提出“基层法院审判第一审案件，应当……实行人民陪审员制度”。[①] 1998 年，最高人民法院“督促地方各级人民法院……对人民陪审员制度的改革进行积极探索”。[②] 2000 年，最高人民法院向第九届全国人大常委会报送《关于完善人民陪审员制度的决定（草案)》。第九届全国人大常委会经审议，鉴于对人民陪审员的职责定位、人民陪审员的任职条件等问题尚需进一步深入研讨，该草案的审议工作被搁置。2004 年最高人民法院再次向第十届全国人大常委会报送《关于完善人民陪审员制度的决定（草案)》。经第十届全国人大常委会审议后予以通过。此后最高人民法院在《人民法官第二个改革纲要（2004—2008)》《人民法官第三个改革纲要（2009—2013)》中将人民陪审员制度作为完善的重点对象，并单独或者联同其他部门颁布了《关于人民陪审员管理办法（试行)》《人民陪审员培训实施方案》《关于人民陪审员选任、培训、考核工作实施意见》等一系列规范性法律文件。

根据我国官方数据统计，2014 年适用人民陪审员制度审理案件 219.6 万件，全国参与审判的陪审员共计 20.95 万名，其中，普通公民占 70.2%，这比“倍增计划”[③] 预定的时间提前不少。可以看出，形式上 2004 年确立的人民陪审员制度在推进司法民主、促进司法公正、强化司法观念、接受司法监督、确保司法廉洁等方面都起着重要作用。健全和完善有中国特色的人民陪审员制度，也是社会

---

① 参见彭小龙：《人民陪审员制度的复苏与实践：1998—2010》，载《法学研究》2011 年第 1 期。

② 参见肖扬：《最高人民法院工作报告》，第九届全国人民代表大会第二次会议，1999 年 3 月 10 日于北京。

③ 倍增计划要求，力争两年内（2013 年—2015 年）将全国法院人民陪审员数量增至 20 万左右，确保基层群众所占比例不低于新增人民陪审员的 2/3。

主义民主法治的新发展、维护和保障社会和谐稳定的重要举措。但是，因为内在的制度设计、深层次的民主理念等各方面的原因，导致该项制度理论根据与宪法依据欠缺，陪审员的广泛性和代表性不足，陪审案件适用范围模糊，合议庭构成不合理，评议规则粗疏，退出和责任追究程序缺乏，履职保障程序尚未完备等缺陷，进而催生了我国人民陪审员制度实施过程中“陪而不审，审而不议，议而不决”花瓶式的实践效果。

（二）我国人民陪审员制度的试点情况

2015 年 4 月 1 日，习近平总书记主持的中央全面深化改革领导小组第十一次会议，审议通过了《人民陪审员制度改革试点方案》（以下简称“试点方案”）。2015 年 4 月 24 日，第十二届全国人大常委会第十四次会议审议通过了《关于授权在部分地区开展人民陪审员制度改革试点工作的决定》，授权在 10 个省（区、市）选择 50 个代表性法院开展为期 2 年的试点。2015 年 4 月 28 日，最高人民法院、司法部联合召开人民陪审员制度改革试点工作部署动员会，正式启动人民陪审员制度改革试点工作。2015 年 7 月，在全国人大内司委①指导下，最高人民法院联合司法部对改革试点地区的实施方案逐一进行研究批复。

根据“试点中期报告”显示，我国人民陪审员制度的前期试点取得诸多显著进展：其一，人民陪审员的选任基本上通过随机抽选的方式进行，仍旧保留了少数任期制特色；其二，人民陪审员的代表性和广泛性有了显著的提升，广泛性主要体现在普通公民成为参与审判的主力军，代表性体现在参与审判的人民陪审员各个阶层都有所涉及；其三，人民陪审员的权限进一步限缩，仅能就事实认定

① 2018 年更名为全国人大监察和司法委员会。

产生实质影响，对于法律适用和量刑仅能发表意见；其四，人民陪审员的人数增多，且呈现合议庭人数单数化趋势；其五，试点地区参与审判的人民陪审员年龄普遍下降，文化程度有所放宽，试点地区人民陪审员的平均年龄由45岁降低至28岁，文化程度高中及以上学历的人民陪审员由原来的18.3%提升至38.5%；其六，适用人民陪审员制度进行审理的刑事案件数量激增，其总数占到了一审刑事案件总数的73.2%；其七，适用人民陪审员制度进行审理的案件，人民陪审员参与调解的占到了25.0%；其八，人民陪审员有了一定程度的实质参与，但是独立性仍显不足。虽然人民陪审员制度试点工作取得了上述显著成果，但是该制度仍然面临着诸多重点、难点问题。基于上述现状，2017年4月，全国人大常委会决定将人民陪审员制度试点期限延长1年。

接下来的人民陪审员制度试点工作针对以下重点、难点问题展开：其一，关于人民陪审员的选任机制。就选任方式而言，按照“试点方案”和《人民陪审员制度改革试点工作实施办法》（以下简称“试点办法”）的规定，人民陪审员必须全部随机抽选产生，随机抽选的方式可以最大限度地避免陪审员选任中的人为操控因素，使人民陪审员的来源更具有广泛性和群众性。[①] 然而试点过程中出现了符合条件又有意愿担任人民陪审员的公民没有机会参与审判、被随机抽中的公民却因为各种原因不情愿参加审判的情形。对于这种情况，部分全国人大代表和一些地方法院主张保留个人申请和组织推荐方式。因此，人民陪审员原则上还是随机抽选产生，但法定例外情形下，一定比例的人民陪审员可以通过个人申请和组织推荐

① 参见胡云红：《论我国人民陪审员选任机制的完善》，载《政治与法律》2017年第11期。

的方式产生，但不宜超过人民陪审员名额总数的1/5；就选任机关而言，按照“试点方案”和“试点办法”的规定，以基层人民法院和中级人民法院为主，同级司法行政机关辅助开展人民陪审员的选任工作。但试点过程中，为了实现抽选和任用程序的分离，确保抽选的随机性和公正性，建议将人民陪审员选任工作交由司法行政机关牵头，形成司法行政机关选任、人大任命、法院使用的分工局面。就中级人民法院人民陪审员选任而言，按照“试点方案”和“试点办法”的规定，试点中级人民法院也必须在辖区范围内使用随机抽取的方法选任人民陪审员。但试点实践中，中级人民法院所需人民陪审员数量本就不多，单独开展随机抽选确无必要。因此，建议恢复2004年适用人民陪审员制度的有益做法，中级人民法院直接从辖区基层人民法院人民陪审员名单中随机抽取、确定即可。就专业人民陪审员而言，试点过程中，对于是否保留专业人民陪审员存在不同意见。支持者认为，专业人民陪审员可以帮助解决一些专业类的疑难案件；反对者则认为，专业人民陪审员与人民陪审员制度的大众化、业余化特色相冲突，还可能导致专业偏好。目前，我国《刑事诉讼法》和《民事诉讼法》中均建立了“专家辅助人”制度，可以帮助法官解答专业疑难问题。因此，建议暂不规定专业人民陪审员，允许各地法院根据工作需要，对人民陪审员按专业进行分类，参与审理一些专业性较强的案件。

其二，关于参审的范围。“试点方案”要求合理界定并适当扩大人民陪审员参与审理案件的范围，进而达到充分发扬司法民主，提高司法公信力的目的。在试点过程中，试点法院除根据“试点方案”要求，审理涉及群众利益、社会公共利益、人民群众广泛关注以及其他社会影响较大的第一审刑事、民事、行政案件外，还审理了一大批案情复杂的案件，充分发挥人民陪审员了解社情民意、长于事实认定的优势。但也有学者认为该项制度改革试点所实施的参审案件范围过大，既耗费了司法成本，又偏离了陪审制度的本质要求。①

其三，关于审理过程中事实问题与法律问题的区分。按照“试点方案”逐步实行事实问题与法律问题区分的要求，试点法院积极探索在5人以上合议庭中区分事实问题和法律问题，实践中主要适用于5人、7人、9人及以上合议庭。试点中，在区分事实问题和法律问题的前提下，5人合议庭中的法官至少要有3人，人民陪审员仅有2人，人数较少且不敢发言的情况较为普遍；如采用9人及以上合议庭，各地法院现有的法庭设施需要进行大规模改造，开展公民参与审判工作的成本也会大大增加。部分试点法院采用7人合议庭审理有重大社会影响的案件，取得比较好的效果。一方面，7人合议庭已能满足审理重大案件的需要，法庭设施也不需要大规模改造；另一方面，7人合议庭由4名人民陪审员和3名法官组成，数量配比相对平衡，人民陪审员的心理优势和“存在感”得到增强，参审的积极性得到较大提升。

其四，关于参与审判案件数的上限。“试点方案”提出，合理确定人民陪审员每年参与审理案件的数量比例，防止出现“驻庭陪审员”“编外法官”等情况。试点过程中，试点法院结合本辖区实际情况，合理确定每名人民陪审员每年参与审判案件的数量上限，报高级人民法院备案，并向社会公告。有的试点法院建立了人民陪审员参与审判数据库，随机抽选人民陪审员，屏蔽1年内参与审判

① 参见刘峥：《对我国人民陪审员制度改革的构想》，载《中国法律评论》2016年第1期。

案件数量超过上限的人民陪审员，从技术上保证更多的人民陪审员有机会参审。

其五，关于提升人民陪审员履职保障水平。能否完善和落实对人民陪审员的保障工作，直接关系到人民陪审员参与司法审判活动的积极性。以往人民陪审员积极性不高、责任心不强的部分原因正是保障措施的缺位。[①] 就补助费用而言，2004 年人民陪审员制度规定仅对无固定收入的人民陪审员给予补助。但在实践中，各地法院对有无固定收入的人民陪审员均按日或者按件给予补助，地方财政部门也都认可并予以保障。为调动广大人民陪审员的积极性，建议将人民陪审员参与审判的补助定性为劳务收入，无论有无固定工作均给予一定补助。就人民陪审员的个人信息和人身安全保护而言，根据“试点方案”的精神，要加强对人民陪审员个人信息和人身安全的法律保护，“试点办法”做了进一步规定。这些措施保障了人民陪审员的个人信息和人身安全，解决了他们参与审判的后顾之忧。因此，建议进一步明确人民陪审员的人身安全和住所安全受法律保护，任何单位和个人不得对人民陪审员及其近亲属实施打击报复；对报复陷害、侮辱诽谤、暴力侵害人民陪审员及其近亲属的，依法追究责任。

经过 3 年的试点，适用人民陪审员制度审理刑事案件共计 30, 659 件，民事案件共计 178, 749 件，行政案件共计 11, 846 件，合计占到一审普通程序审理案件的 77.4%。在上述案件审理过程中，人民陪审员制度试点积累了丰富的经验：其一，扩大选任范围，增强人民陪审员的广泛性和代表性。截至 2018 年 4 月，50 个试点地

---

① 参见陈卫东：《人民陪审员法的价值评析与实施展望》，载《人民司法》2018 年第 22 期。

区人民陪审员总数达到13,740人，比试点前新增9220人。其中，基层群众7953人，占57.88%；高中学历4894人，占35.62%，高中以下学历653人，占4.75%。[①] 其二，完善参与审判机制，提升人民陪审员参与审判的质量和效果。试点地区法院合理确定人民陪审员参与审判的范围，设置每名人民陪审员参审案件数上限，探索适用“大合议庭”审理模式，尝试使审理过程中事实问题与法律问题相分离，逐步实行人民陪审员不再审理法律适用问题，只参与审理事实认定问题。细化整个参审工作流程，逐渐从关注参与审判案件的“数量”“陪审率”向关注参与审判案件的“质量”“效果”转变，进而使我国人民陪审员制度“陪而不审，审而不议，议而不决”的问题得到一定程度的解决。其三，健全管理保障机制，提升人民陪审员履职保障水平。试点法院积极争取当地党委、政府的关心、支持，主动加强与财政部门沟通，认真落实人民陪审员经费保障规定，充分调动人民陪审员履职的积极性。探索完善人民陪审员退出和惩戒机制，明确人民陪审员的权利和义务，促进其履职规范化。其四，拓宽渠道，加大人民陪审员参与审判的宣传力度。试点地区法院按照服务改革、贴近群众、推动工作的思路，依托电视、报纸、网络、手机、新闻发布会等载体，通过官方网站、微博、微信等新媒体平台，采取进社区、进企业、访群众等多种方式，全方位、立体式宣传改革的意义，介绍人民陪审员参与审判的情况，发布典型案例，不断扩大公民参与审判工作的群众基础。

---

① 参见《最高人民法院关于人民陪审员制度改革试点情况的报告》，载中国人大网2018年4月25日，http：//www.npc.gov.cn/npc/c30834/201804/a2e1fe420e24495a8caf393f09a1a898.shtml。

二、我国公民参与审判的制度特色

（一）人民陪审员制度的现行规定

通过上述人民陪审员制度的立法脉络和试点工作的总结分析可知，2018 年出台的《人民陪审员法》是我国公民参与审判改革的总结性、创新性成果。如果说中华人民共和国成立初期推行人民陪审员制度更多的是为了响应“群众路线”的需要，且长期以来人民陪审员制度主要扮演着政治符号的功能，[①] 然而，党的十八大以来的人民陪审员制度的改革意义更加丰富和饱满，除了蕴含司法民主的基本价值外，还延伸出了促进司法公正、对审判能力进行补强等方面的功能，可以说，现行人民陪审员制度从文本层面上来看，已然呈现体系化特征，且随着《人民陪审员法》的实施而得到集中体现。[②]

2018 年 4 月 27 日，第十三届全国人大常委会第二次会议以 169 票赞成、1 票弃权，表决通过了《人民陪审员法》，该法共计 32 条，自公布之日起实施。可以说《人民陪审员法》的颁布和实施，回答了我国的公民参与审判制度向何处去的命题，确立了新时代我国公民参与审判制度发展的原则、立场和整体策略，标志着新时代中国特色公民参与审判制度扬帆起航。《人民陪审员法》的颁布实施，既是中国特色社会主义法治建设的一件大事，也是保障公民民主权利、推进中国特色社会主义司法民主建设一个新的里程碑。

具体而言，《人民陪审员法》的颁布实施存在以下三个方面的重大意义：其一，有利于扩大司法领域的人民民主，加大落实司法

① 参见刘哲伟：《人民陪审制的现状与未来》，载《中外法学》2008 年第 3 期。

② 参见陈卫东：《人民陪审员法的价值评析与实施展望》，载《人民司法》2018 年第 22 期。

民主力度，更好地体现我国人民当家作主的精神。党的十九大报告强调，要健全人民当家作主制度体系，发展社会主义民主政治。《人民陪审员法》放宽了公民参与审判的选任条件，调整了选任机关，规定“两个随机”的方式来选任人民陪审员，拓宽了公民参与司法的渠道，确保了人民陪审员来源的广泛性和代表性，从法律层面强化了人民陪审员制度在健全司法与民意沟通互动机制，弘扬司法民主中的重要作用。其二，有利于弘扬社会主义核心价值观和法治精神，促进全民守法，营造依法治国的浓厚氛围。人民群众是依法治国的基本力量，《人民陪审员法》的实施，有利于吸引更广大的公民积极参与司法工作，发挥知民情、通民意、聚民智的优势，通过传递参与审判工作的正能量弘扬社会主义核心价值观。有利于人民陪审员在参与司法过程中学法、尊法、护法，通过依法公正审理每一件案件，弘扬社会主义法治精神，营造全民守法的浓厚氛围。其三，有利于架起人民法院与公民沟通的桥梁，形成职业法官和人民陪审员的优势互补，实现司法专业化判断与公民对公正认知的有机统一。有利于发挥人民陪审员的良心判断、情理判断、常识判断在事实认定中的优势，实现与法官专业判断的优势互补。同时，尽可能引入公民参与审判，切实保障公民对司法工作的知情权、参与权、表达权、监督权，让更多的公民直接参与审判活动。

（二）人民陪审员制度的技术设计

在《人民陪审员法》颁布实施之后，2018 年 8 月《人民陪审员选任办法》颁布并印发，为选任一支代表广泛、群众基础扎实的高素质人民陪审员队伍提供了制度支持。2019 年 4 月《人民陪审员培训、考核、奖惩工作办法》和《关于适用〈中华人民共和国人民陪审员法〉若干问题的解释》颁布并印发，进一步细化了人民陪审员参审履职和培训管理等方面的规定。2020年8月，《〈中华人民共和国人民陪审员法〉实施中若干问题的答复》出台，其对事实认定问题清单、任职回避、参与审判案件数的上限等相关问题进行了细化，进一步增强了《人民陪审员法》的可操作性。根据官方表述，上述相关法律规范的相继出台，构筑起了我国公民参与审判的“四梁八柱”，使我国人民陪审员制度的技术设计呈现出显著的中国特色。

其一，最大可能寻求陪审员选任的广泛性和代表性。根据《人民陪审员法》第5条的规定，公民担任人民陪审员，应当具备以下条件：（1）拥护中华人民共和国宪法；（2）年满28周岁；（3）遵纪守法、品行良好、公道正派；（4）具有正常履行职责的身体条件；（5）一般应当具有高中以上文化程度。可以看出我国《人民陪审员法》对于参与审判的陪审员的选任采取“一升一降”（提升年龄、降低学历）的做法，旨在最大限度地吸收一般公民，兼顾社会各阶层人员的结构比例，吸收社会不同行业、职业、年龄、民族、性别的公民参与审判过程。另外，《人民陪审员法》第9条规定：“司法行政机关会同基层人民法院、公安机关，从辖区内的常住居民名单中随机抽选拟任命人民陪审员数五倍以上的人员作为人民陪审员候选人，对人民陪审员候选人进行资格审查，征求候选人意见。”《人民陪审员法》第10条规定：“司法行政机关会同基层人民法院，从通过资格审查的人民陪审员候选人名单中随机抽选确定人民陪审员人选，由基层人民法院院长提请同级人民代表大会常务委员会任命。”《人民陪审员法》第19条规定：“基层人民法院审判案件需要由人民陪审员参加合议庭审判的，应当在人民陪审员名单中随机抽取确定。中级人民法院、高级人民法院审判案件需要由人民陪审员参加合议庭审判的，在其辖区内的基层人民法院的人民陪审员名单中随机抽取确定。”通过上面三个条文的内容，可以看出对于陪审员的选任，《人民陪审员法》突出“三个随机”的规定，体现了人民陪审员制度从陪审员候选，到选任，再到参与审判的全面规范，这样的制度设计无疑旨在最大限度地保证陪审员选任的广泛性、代表性。

其二，确保陪审员实质参与审判。我国人民陪审员制度是普通公民直接参与司法的一种形式，是直接民主与间接民主相结合的完美形式，也是中国特色社会主义民主制度和社会主义司法制度不可或缺的组成部分。为了使人民陪审员制度得到贯彻，必须切实保障公民参与审判的实质性，参审实质性的保障离不开陪审员权利的赋予。《人民陪审员法》第2条规定：“公民有依法担任人民陪审员的权利和义务。人民陪审员依照本法产生，依法参加人民法院的审判活动，除法律另有规定外，同法官有同等权利。”可以看出，立法赋予了人民陪审员与法官拥有“同等权利”。那么如何理解“同等权利”呢？对此，全国人大常委会法工委刑法室副主任李寿伟认为，人民陪审员与法官拥有同等权利并非《人民陪审员法》的首创，在现行《人民法院组织法》、《刑事诉讼法》、《民事诉讼法》以及2004年全国人大常委会《关于完善人民陪审员制度的决定》（已废止）中均有类似规定。① 这里的“同等权利”可以实质解释为：第一，原则上人民陪审员与法官享有同等权利。这是司法民主的本质要求，也是增强司法公信力的保障。人民陪审员享有法官所拥有的参加法庭审理、向控辩双方发问、审查判断证据、听取辩论

① 参见朱宁宁：《保障公民民主权利 推进司法民主建设》，载《法制日报》2018年5月15日，第10版。

意见、发表自己的意见、一人一票进行表决、共同形成判决结果等权利。在这种意义上，人民陪审员可称为“不穿法袍的法官”。第二，“除法律另有规定外”，则是《人民陪审员法》考虑到人民陪审员毕竟是“业余法官”，未经法律职业的洗礼，因此，参与审判行使权利时，不可能跟法官完全一致，而应有所区别。这种原则上的例外主要体现在：一是就案件审判范围而言，人民陪审员参与审判的案件范围和法官不能完全一致；二是审判过程中，只能由法官担任审判长，人民陪审员不能行使此权利；三是由法官和人民陪审员组成7人合议庭审理案件时，对于事实问题，人民陪审员和法官享有“同等权利”，包括发表意见、表决，但是对于法律问题，人民陪审员只能发表意见，不能参加表决。

其三，针对不同类型案件适用不同人数合议庭。根据《人民陪审员法》第14条的规定：“人民陪审员和法官组成合议庭审判案件，由法官担任审判长，可以组成三人合议庭，也可以由法官三人与人民陪审员四人组成七人合议庭。”据此，我国公民参与审判的合议庭分为3人合议庭（1名法官与2名陪审员）和7人合议庭（3名法官与4名人民陪审员）两种模式。其中，3人合议庭是原有规定的保留，而7人合议庭则是我国公民参与审判制度的创新发展。根据《人民陪审员法》第16条的规定，法院审判以下一审案件，由人民陪审员和法官组成7人合议庭进行：（1）可能判处10年以上有期徒刑、无期徒刑、死刑，社会影响重大的刑事案件；（2）根据民事诉讼法、行政诉讼法提起的公益诉讼案件；（3）涉及征地拆迁、生态环境保护、食品药品安全，社会影响重大的案件；（4）其他社会影响重大的案件。普通民众参与，组成人数较多的合议庭或者陪审团审理重大案件，是大陆法系和普通法系共同的做法,[①] 而且根据我国司法审判经验，对于社会影响重大、公益诉讼案件，合议庭的组成人员人数多一些更为适宜，这样审理案件会更为慎重，也更能发挥人民陪审员丰富社会阅历，健全公民常识、常理、常情的优势，最终带来司法审判社会效果与司法效果的统一。另外，根据《人民陪审员法》第 15 条的规定，法院审判第一审刑事、民事、行政案件，有下列情形之一的，由人民陪审员和法官组成合议庭进行：（1）涉及群体利益、公共利益的；（2）人民群众广泛关注或者其他社会影响较大的；（3）案情复杂或者有其他情形，需要由人民陪审员参加审判的。法院审判前款规定的案件，法律规定由法官独任审理或者由法官组成合议庭审理的，从其规定。基于此，《人民陪审员法》对人民陪审员参与审判案件范围的规定比较原则和概括，赋予了法院实际操作过程中一定的自由裁量权，即法官可以根据个案的具体情况来裁量是否适用人民陪审员制度。

三、我国公民参与审判的配套措施

“一切法律中最重要的法律，既不是刻在大理石上，也不是刻在铜表上，而是铭刻在公民的内心里。”[②] 我国人民陪审员制度改革完善的目的之一就是让公民亲历审判过程，教育公民知法、守法，这也是法治中国建设的应有之义。唯有普通公民对法治中国及其精神要旨的认知达到一定的程度并以一种知识发展为内心的认同与自觉接受，从而转化为自己的生活理性、行为理性和生活哲理时，法

① 参见最高人民法院政治部编著：《〈中华人民共和国人民陪审员法〉条文理解与适用》，人民法院出版社 2018 年版，第 185 – 186 页。

② ［法］卢梭：《社会契约论》，何兆武译，商务印书馆 1980 年版，第 20 页。

治中国及其实践才能达到预期的效果。[1] 因此，面对我国公民普遍法治意识薄弱的现状，人民陪审员制度的改革采取了“一升一降”的方式，让更广泛的、更具代表性的公民参与审判过程。为了使公民实质参与审判，达到教育公民、梳理公民法治意识之目的，《人民陪审员法》规定了相应的配套措施。

（一）人民陪审员的庭前阅卷机制

毋庸置疑，人民陪审员同职业法官一样，庭前通过阅卷知悉案件信息来实质参与庭审活动尤为重要。因为公民被随机选任为人民陪审员之前，几乎都缺少法律理论的学习和司法实践的历练，对于即将参与的审判程序、内容等很少了解，这会成为人民陪审员参与审判有效程度的首要障碍。尤其是当下我国现有的审判模式下，奉行案卷中心主义，对于直接言词原则的贯彻尚未完全落实，如果不赋予人民陪审员庭前阅卷权，会导致其参与审判过程中面对专业案件的不知所措。[2] 因此，保障人民陪审员庭前的阅卷权，是其实质参与审判的首要环节。

《人民陪审员法》实施以来，各地区都将人民陪审员的庭前阅卷权保障规范化、制度化。例如，郑州市中原区人民法院通过庭前会议保障人民陪审员的庭前阅卷权利，庭前会议通常在正式开庭 3 日前召开，会议先由主审法官简要介绍案情，出示主要证据，释明基本证据规则，再由人民陪审员阅卷，进而法官和人民陪审员讨论案件需要查明的事实，确定庭审中人民陪审员发问的重

---

① 参见李文杰：《理论与实践：人民陪审员制度研究》，上海交通大学 2019 年博士学位论文，第 220 页。

② 参见刘昂、杨征军：《人民陪审员实质性参审的要求及实现》，载《河北法学》2016 年第 7 期。

点和要点；[①] 北京市东城区人民法院将人民陪审员是否提前阅卷了解案情作为评价其是否认真履职的重要标准之一。

（二）法官指示制度

法官指示制度源自英美法系国家。法官指示又称陪审团指示，是指在案件审理中，法官向陪审团就案件所适用的法所作的解释，包括对案件应当适用的实体法的指示和案件审理中所适用的法律规则的指示。[②] 英美法系对陪审团适用法官指示制度主要因为：一是陪审员的非专业性要求其参与审判时接受法官的指示；二是对效率和公正的追求要求对陪审员进行指示。[③] 以法国、俄罗斯为代表的大陆法系国家并无专门的法官指示制度，而是通过问题清单的方式对与案件有关的问题进行释明。

我国2010年最高人民法院《关于人民陪审员参加审判活动若干问题的规定》（已废止）初步规定了法官指示制度。2015年“试点决定”进一步明确和细化法官指示制度的规定，即合议庭评议时，法官应当提醒人民陪审员围绕事实问题发表相关意见，并对于与之相关的证据资格、证据规则、诉讼程序等专业问题及其注意事项向人民陪审员进行必要的说明，但法官指示时不得妨碍其独立的事实判断。2018年《人民陪审员法》承继了之前的规定，并从指示权限、阶段、内容及其目的等方面丰富了法官指示的内容：其一，法

① 参见王新、穆童：《大陪审制合议庭，让人民陪审员敢说话、说自己的话》，载郑州市中级人民法院官网2015年5月14日，http：//zzfy. hncourt. gov. cn/public/detail. php? id =1450。

② 参见［美］伦道夫·乔纳凯特：《美国陪审团制度》，屈文生等译，法律出版社2013年版，第269页。

③ 参见刘梅湘、孙明泽：《刑事陪审团指示制度研究——论中国刑事诉讼人民陪审员指示的完善》，载《重庆大学学报（社会科学版）》2019年第2期。

官对于人民陪审员的指示具有直接约束力，但是法官的指示不需遵循比例原则，禁止对其造成过度干预。其二，法官指示阶段贯彻于整个庭审过程，即从开庭到评议之前。在这期间，人民陪审员对于案件审理有疑问的，法官应当进行适当指示。其三，法官指示的内容应当包括证据规则、实体法规定、程序性事项、法律职业道德等法律专业知识。其四，法官指示应该依职权主动行使而非人民陪审员申请后才行使。[①] 司法实践中，人民陪审员庭审过程中普遍存在"听不懂""不敢问"等走过场的现象。基于此，职业法官应当发挥其审判职权，主动对上述内容进行适当指示。

（三）人民陪审员独立发表意见的权利

司法实践中，人民陪审员与职业法官一起工作时，自然会对职业法官的专业知识产生尊敬甚至敬畏的心理，进而产生权威屈从心态，[②] 这就导致人民陪审员裁判中的作用与价值较难实现。根据笔者考察，一方面，人民陪审员形象不佳问题突出，玩手机、闭目养神、打哈欠等问题频发；另一方面，人民陪审员"驻庭陪审、陪而不审、审而不议、议而不言"等情形都十分突出，这制约着司法民主的推进、司法公信力的提升。基于此，必须保障人民陪审员参与审判过程中对于调查核实证据、查明案件事实等的发表意见权，法官作为庭审的主持者，应该引导人民陪审员行使此权利。同时，职业法官内心要树立对人民陪审员的正确认知，尊重其丰富的经验和社会常识，与人民陪审员能够平等合作，共同协作实现裁判的公正

① 参见蒋凤鸣：《人民陪审员职权配置及其程序保障》，湘潭大学 2018 年博士学位论文，第 123－127 页。

② 参见左卫民、周云帆：《国外陪审制的比较与评析》，载《法学评论》1995 年第 3 期。

与民主。

（四）人民陪审员的培训、考核、奖惩机制

为了认真贯彻实施我国《人民陪审员法》，进一步规范人民陪审员的培训、考核、奖惩等工作，最高人民法院、司法部联合制定了《人民陪审员培训、考核、奖惩工作办法》。具体内容包括：其一，人民陪审员的培训分为岗前培训和任职期间培训。当地法院应当会同同级司法行政机关对人民陪审员进行有计划、有组织的培训，培训内容应当符合人民陪审员参加审判活动的实际需要。培训内容原则上包括政治理论、参与审判的职责、法官职业道德、审判纪律和法律基础知识等，例外情形下也可以结合本地区案件特点与类型安排培训内容。此外，最高人民法院、司法部教育培训主管部门和相关业务部门负责制定统一的人民陪审员培训大纲和培训教材，提出明确的培训教学要求，定期对其培训工作进行督促、检查。必要时，可以举办人民陪审员培训示范班和师资培训班。人民陪审员培训以脱产集中培训与在职自学相结合的方式进行，也可结合实际采取分段培训、累计学时的方式。培训形式除集中授课外，可采取庭审观摩、专题研讨、案例教学、模拟演示、电化教学、巡回教学等多种形式。岗前培训时间一般不少于40学时，任职期间的培训时间由法院根据实际情况和需要合理确定。法院和司法行政机关应当提供人民陪审员参加培训的场所、培训设施和其他必要的培训条件。

其二，人民陪审员的考核。基层人民法院应当会同同级司法行政机关对人民陪审员履行审判职责的情况进行考核。对其以平时考核和年终考核相结合的方式进行，其中，平时考核由基层人民法院会同同级司法行政机关根据实际情况确定考核时间和方式；年终考核由基层人民法院会同同级司法行政机关在每年年终进行，年终考

核应对人民陪审员履职情况按照优秀、称职、基本称职、不称职评定等次。值得注意的是，基层人民法院制定人民陪审员履行审判职责的考核办法，应当征求同级司法行政机关的意见。对于人民陪审员的考核内容包括思想品德、陪审工作实绩、工作态度、审判纪律、审判作风和参加培训情况等方面。基层人民法院应当及时将年终考核结果书面通知人民陪审员本人及其所在单位、户籍所在地或者经常居住地的基层群众性自治组织、人民团体。假如人民陪审员对考核结果有异议的，可以在收到考核结果书面通知后 5 日内向所在基层人民法院申请复核，基层人民法院在收到复核申请后 15 日内作出复核决定，并书面通知人民陪审员本人及其所在单位、户籍所在地或者经常居住地的基层群众性自治组织、人民团体。

其三，人民陪审员的奖励与惩戒。就人民陪审员的奖励而言，对于在审判活动中有显著成绩或者有其他突出事迹的人民陪审员，由基层人民法院会同同级司法行政机关依照有关规定给予表彰和奖励，表彰和奖励应当坚持依法、公平、公开、公正的原则。表彰和奖励的条件具体包括：(1) 对审判工作提出改革建议被采纳，效果显著的；(2) 对参加审判的案件提出司法建议，被有关部门采纳的；(3) 在参与审判工作中，积极发挥主观能动作用，维护社会稳定，事迹突出的；(4) 有其他显著成绩或者突出事迹的。对于受到表彰和奖励的人民陪审员，基层人民法院应及时将相关书面通知发送到人民陪审员本人及其所在单位、户籍所在地或者经常居住地的基层群众性自治组织、人民团体。就人民陪审员的惩戒而言，人民陪审员履职过程中无正当理由，拒绝参加审判活动，影响审判工作正常进行的，或者违反与审判工作有关的法律及相关规定，徇私舞弊，造成错误裁判或者其他严重后果的，由院长提请同级人民代表大会常务委员会免除其人民陪审员职务。同时，经所在基层人民法院会同同级司法行政机关查证属实的，可以采取通知其所在单位、户籍所在地或者经常居住地的基层群众性自治组织、人民团体，在辖区范围内公开通报等措施进行惩戒。

第二节　我国公民参与审判的理论问题

一、我国公民参与审判的合宪性争议

随着两大法系的融合和全球化进程的加快，当下任何国家具体法律制度的构建都不可避免地受到不同模式、不同文化等因素的影响，在此基础上，不同意见的碰撞、争论及其调和的达成是制度建构的必备因素。公民参与审判制度的构建涉及司法民主与依法独立行使审判权的根本性问题，其在法理上一直存在合法性与正当性的争议。就我国的人民陪审员制度而言，其合宪性与违宪性的争论一直是该制度的首要问题。依法独立行使审判权是西方法治文化和法治理念承继下的产物，对于我国来说，整体独立行使的司法职权如果强行加入社会公民的力量，是否违背司法规律、损害司法的品性，使司法受到外界干扰而无法进行独立的思考和独立判决，进而影响司法程序的正当性以及损害被告人的基本人权?① 司法的权威性和合法性是源自国家宪法和法律的赋权还是来自本国公民的普遍认同？因为我国《宪法》并未像《美国宪法》那般直接在文本中规定

① 参见汪习根：《陪审制度的比较与评论》，载《法制与社会发展》2015 年第 2 期。

人民陪审员制度，由此理论界对于我国人民陪审员制度是否违宪存在不同争论。

支持我国人民陪审员制度违宪论的学者认为，我国1954年《宪法》曾经规定了人民陪审员制度，1975年《宪法》予以取消，1978年《宪法》又予以重新恢复，但到1982年《宪法》再次取消，人民陪审员制度在根本大法文本中反复恢复、取消的过程证明了立法者对于该制度价值和功能犹豫不决的态度，或者说是因为立法者对于人民陪审员制度的不信赖导致该制度最终被有意取消。被1982年《宪法》取消后的人民陪审员制度的内容先后被分散规定于《人民法院组织法》及三大诉讼法之中，2018年《人民陪审员法》单独立法，首次统一规定了人民陪审员制度。有学者认为这种人民陪审员制度的立法行为缺少宪法的直接依据；① 有学者认为立法机关刻意忽略人民陪审员制度，该制度已经不再是我国一审案件必须贯彻的司法原则，只是一种可以任意选择的形式，公民参与司法的原则已经被宪法废除，仅仅是公民陪审的方式在部门法中未被否定而已。② 有学者认为在宪法明确取消人民陪审员制度的前提下，人民陪审员制度单独立法是漠视宪法这一根本大法，违背了宪法至上的基本原则。③ 有学者甚至认为陪审完全是舶来之物，既无价值且生出诸多麻烦与困扰，影响诉讼效率，是一项应予废除的制度。④

---

① 参见房保国：《我国陪审制度改革十大问题论纲》，载法律图书馆2001年5月17日，http://www.law-lib.com/lw/lw_view.asp?no=678。

② 参见王敏远：《中国陪审制度及其完善》，载《法学研究》1999年第4期。

③ 参见申君贵：《对我国陪审制的否定性思考》，载《中国律师》1999年第4期。

④ 参见陈桂明：《诉讼公正与程序保障：民事诉讼程序之优化》，中国法制出版社1996年版，第35页。

支持我国人民陪审员制度合宪论的学者认为，我国人民陪审员制度是司法制度体系的不可或缺的组成部分，虽然现行宪法文本没有明确规定人民陪审员制度，但是这并不能否认该制度在部门法上的建构，因为宪法文本是否明文规定的机械标注不能成为判断一项法律制度是否具有可行性和合宪性的唯一标准。① 公民参与司法是司法民主的现实需要，几乎所有的主流法治国家，无论是陪审制，还是参审制，抑或糅合模式都无一例外将公民参与审判作为司法民主的保障措施。从此意义上讲，我国把人民陪审员制度作为司法民主的保障措施，凭借该制度使司法民主与政治民主实现相互结合，进而实现人民当家作主的目的，这是我国现行宪法民权理念的应有之义。有观点认为人民陪审员来自人民群众，不仅具有人民群众的思想感情，而且还具有一般审判人员所缺乏的丰富的生产知识和社会经验，具有人熟、地熟、情况熟的便利条件，他们参加审判活动有利于查清案件的真实情况，又能反映群众的思想感情，提出判案的正确意见，使案件得到公平合理的解决，② 这也符合现行宪法规定的公民参与公共事务的立法精神。

通过对我国人民陪审员制度违宪论和合宪论观点的梳理和分析可知，无论是合宪论还是违宪论，都在一定程度上失之偏颇。一方面，单纯支持人民陪审员制度合宪势必会影响司法的独立性和权威性；另一方面，支持人民陪审员制度违宪虽然依据清晰，但难免会让公民产生法官极力维护既有权力的印象。因此，笔者认为有必要

---

① 参见韩大元：《论中国陪审制度的宪法基础——以合宪论和违宪论的争论为中心》，载《法学杂志》2010 年第 10 期。

② 参见中国人民大学《刑事诉讼法讲义》编写组：《刑事诉讼法讲义》，中国人民大学出版社 1981 年版，第 51 页。

更加全面、审慎地审视人民陪审员制度是否具有合宪性的问题。基于此，应该对我国人民陪审员制度的存废源流和理论基础进行全面地、深入地考察和分析。

我国公民参与审判的理念和制度设计早在清末修法时就有所体现，如《大清刑事民事诉讼法草案》中就有陪审制的相关规定，但并未付诸实施。民国的北洋政府、南京国民政府时期虽然都肯定公民参与审判的制度和理念，但也未付诸实施。我国现行人民陪审员制度的直接源流可追溯至革命根据地时期，那时该制度更多承担的是发动人民群众的政治功能。1951 年，《人民法院暂行组织条例》确立陪审是法院一审审判的基本方式。1954 年，《宪法》和《人民法院组织法》确立人民陪审员制度是我国的基本司法制度。可以看出，当时的人民陪审员制度被立法者寄予厚望，“是人民群众参与司法最直接、最重要的形式”,[①] 被认为有利于加强人民法院与人民群众的联系，有利于在司法领域实现民主。[②] 1953 年，《第二届全国司法会议决议》指出：“人民陪审员参加案件的审判，是吸引人民参与国家管理的重要形式。在一审案件中，由群众选举公正的人民陪审员参加审判，不仅容易在较短时间内把案情弄清，因而使案件容易得到正确处理，并且可以提高群众对国家的责任心和主人翁感觉，密切法院与群众的联系。”1975 年《宪法》取消了人民陪审员制度的规定，主要是因为 20 世纪五六十年代，我国国内政治生态不稳定，该制度的司法作用微乎其微，基本上处于“废止”的状态。

① 参见《关于〈完善人民陪审员制度的决定（草案）的说明〉——2004 年 4 月 2 日在第十届全国人民代表大会常务委员会第八次会议上》，载《中华人民共和国全国人民代表大会常务委员会公报》2004 年第 6 期。

② 参见苗炎：《司法民主：完善人民陪审员制度的价值依归》，载《法商研究》2015 年第 1 期。

"文化大革命"期间，司法必须奉行群众路线，使审判活动异化为群众司法，群众司法和司法民主是完全不同的两个概念，但是因为群众司法致使我国法制建设遭到严重毁损。因此，"文化大革命"结束后，1975 年《宪法》取消了人民陪审员制度。1978 年《宪法》虽然短暂地恢复了人民陪审员制度，但是该制度的适用率明显下降，该制度的使用由原则转变为选择。基于上述人民陪审员制度功能的异化和适用率的低下，1982 年《宪法》最终取消了该制度。然而，进入 20 世纪 90 年代，随着司法民主化的发展和司法权威的日益降低，我国三大诉讼法先后规定了人民陪审员制度，赋予法官一审审理案件时是否适用该制度的有条件裁量权。

综上可知，我国自始至终对于人民陪审员制度的作用是给予肯定的，只是诸多历史原因和现实因素导致现行宪法文本未予以明文规定。那么，我国现行的人民陪审员制度是否违宪了呢？所谓违宪，是指违反宪法，包括违反宪法的规定、原则和精神。违宪与合宪中的"宪"是指宪法，判断违宪与合宪的基准是一个国家具有最高效力的宪法。然而，宪法作为国家根本大法，条文有限，其规范表现形式是不尽相同的，三大诉讼法的第 1 条都明确规定根据宪法制定本法，因此人民陪审员制度是具有合宪性基础的。除此之外，我国《宪法》第 2 条第 1 款规定"中华人民共和国的一切权力属于人民"，第 3 款规定"人民依照法律规定，通过各种途径和形式，管理国家事务，管理经济和文化事业，管理社会事务"。这两款赋予了我国公民参政的权利，公民参与审判完全可以视为公民参政的表现。我国《宪法》第 41 条第 1 款规定"中华人民共和国公民对于任何国家机关和国家工作人员，有提出批评和建议的权利；对于任何国家机关和国家工作人员的违法失职行为，有向有关国家机关提出申诉、控告或者检举的权利”，第27条第2款规定“一切国家机关和国家工作人员必须依靠人民的支持，经常保持同人民的密切联系，倾听人民的意见和建议，接受人民的监督，努力为人民服务”。这两款赋予了我国公民监督权和国家机关联系群众、依靠群众的原则。公民参与审判的理论前提之一就是通过赋予公民权利限制国家权力。因此，可以说我国宪法条文不但以公民行使审判权的方式体现了宪法的民主性价值，还以直接参与审判的方式践行了宪法的公民监督机制。

二、我国公民参与审判权利和义务的平衡问题

我国公民参与审判对公民而言是一项权利还是一项义务呢？根据“权利和义务不可分割，没有无义务的权利，也没有无权利的义务”[①]的观点和“权利和义务是对立统一的、权利和义务可以相互依存、相互转化”[②]的观点，我国公民以人民陪审员身份参与审判既是行使公民权利也是履行国家义务，且二者在动态平衡中保持并重。根据我国《人民陪审员法》的规定，公民作为人民陪审员参与审判至少享有以下权利：(1) 参加审判活动权；(2) 独立发表意见权；(3) 获得履职保障权；(4) 对案件的独立判断权；(5) 案件表决权；(6) 人身和住所安全受法律保护权；(7) 参加审判活动期间，所在单位不得克扣或者变相克扣其工资、奖金及其他福利待遇的权利；(8) 参加审判活动期间，实际工作日获得补助的权利；(9) 因参加审判活动而支出的交通、就餐等费用获得补助的权利等。同时，公民作为人民陪审员参与审判应该履行以下义务：(1) 忠

① 张文显：《法学基本范畴研究》，中国政法大学出版社1993年版，第96页。

② 童之伟：《对权利与义务关系的不同看法》，载《法商研究》1998年第6期。

实履行审判职责；（2）保守审判秘密；（3）注重司法礼仪，维护司法形象。从法律文本的形式规定上看，公民参与审判对其而言权利数量要远高于义务数量。然而，我国为了保障人民陪审员的广泛性和代表性在司法实践中能够真正落在实处，《人民陪审员法》赋予了人民陪审员的深层义务属性。为了配合其深层义务属性，还制定了相对应的退出以及惩戒机制。“权利和义务是彼此对应的，因为它们是一个硬币的两面，是责任的硬币，是信任和期望的交换媒介。”① 如果赋予人民陪审员过量的义务属性必然会造成公民的过重负担，进而会影响司法民主和司法正义的实现。

那么，《人民陪审员法》属于义务本位法还是权利本位法呢？义务本位法的根本基调和调整方法在于把少数“人”的权利神圣化、法律化，把义务和责任转嫁给其他多数公民，义务法的特质决定了其在实现公正、保障人权方面与现代社会所需求的司法民主、法治精神是相违背的。② 由此可见，《人民陪审员法》当然不属于义务本位法。权利本位法以公民权利的保障为逻辑起点和重点，其以资本主义商品经济和资产阶级民主政治为经济基础和政治基础，其赋予公民权利以制约国家权力，进而实现公平、自由、正义、平等等法律价值。

据此可知，《人民陪审员法》具有权利本位法的部分特质，但是该法并不是单纯的权利本位法。《人民陪审员法》旨在实现司法民主和司法公正，二者之间的动态平衡要求公民必须实质参与庭审，

① ［美］托马斯·麦格奈尔、朱会晖：《权利和义务的对应性》，载《当代中国价值观研究》2016年第1期。

② 参见贺电、张翼飞：《法的发展规律——从义务本位法、权利本位法到平衡法》，载《社会科学战线》2016年第2期。

帮助职业法官进行公正裁判，这就要求人民陪审员的权利必须从呼唤权利转向落实权利，意味着人民陪审员从选择权利和履行义务哪个更重要发展为强调公民权利和义务的高度平衡统一。因此，《人民陪审员法》属于新型权利法，即平衡法。平衡法在人性塑造方面具有天然的优势，平衡法的精神是一种包容的精神、充满人文关怀的精神，它倡导人们基于理性和善意去正确权衡自己与他人的权益、去准确认识行使权利与履行义务的对应、去合理调整付出与回报的循环，从而正确地从事各种行为，矫正人性中只想拥有权利而怠于履行义务、只乐于索取而不愿奉献的倾向。[①]《人民陪审员法》强调人民陪审员权利和义务达到一种动态的、可调整的关系共存，既表现为权利和义务在各自不同属性与功能上的相互对立，也表现为权利和义务在该法中的相互统一。

在明晰我国《人民陪审员法》属于平衡法的前提下，我们就可以以人民陪审员权利义务相互达到动态平衡的视角，来观察和分析人民陪审员制度。就人民陪审员的权利意识淡薄甚至缺位而言，普通公民和职业法官相比，法律专业知识和思维肯定有所欠缺，对于自身的权利意识经常察觉不到，这样一来就导致很难和职业法官在同一个层面上沟通对话，自己无法理解庭审过程中的“法言法语”，也意识不到自主行使权利，这就导致职业法官和人民陪审员庭审过程中相互不理解或者各自自说自话的两难困境，这也是现如今司法实践中人民陪审员制度实践效果不理想的主要原因之一。

基于平衡法的思想，我们要认识到应鼓励参与审判公民积极行使自己的权利，但行使权利必须要进行适当的引导和规范，也就是

① 参见贺电、张翼飞：《法的发展规律——从义务本位法、权利本位法到平衡法》，载《社会科学战线》2016年第2期。

说，人民陪审员行使权利的同时也必须履行相应的义务以促使权利的更好行使。具体而言：其一，人民陪审员权利的行使有赖于其有义务接受法律专业知识和法律专业思维的相关培训。通过庭前的专业培训，要求人民陪审员在庭审过程中行使权利的时候能够知晓司法的基本原则和程序要求，能够理解案情主要信息、法律基本概念和法律要素之间的逻辑关系，可以听懂和理解法官、公诉人、辩护律师之间的证据质询和言词辩论，能够从法律角度对案件进行简单的分析，独立提出自己的意见。[①] 其二，人民陪审员权利的行使有赖于对于自己"业余法官"身份的认同，履行作为中立裁判人员的应尽义务和职责，并以法官的职业伦理道德和惩戒机制严格要求自己。

所以，为了调和人民陪审员参与审判过程中的各种矛盾、平衡其权利与义务，对于参与审判的公民可以享有的身份、安全等人身保障和津贴、补助等经济保障措施的切实落实就显得尤为重要。我国《人民陪审员法》仅对上述保障措施进行了框架性和纲领性规定，在后续的该法实施过程中，有必要通过明确保障的主体、强化保障的力度及其扩大保障的范围三个层面探索使人民陪审员权利义务达到动态平衡的保障配套机制。由此可见，司法正义和司法民主的真正实现需要人民陪审员的权利和义务达到动态的平衡，人民陪审员权利和义务的动态平衡则需要立法、司法人权全方位的共同维护，只有科学合理地分配正义的成本和收益才有望实现司法公正。

① 参见吴建国：《中国回应型司法的理论逻辑与制度建构》，东南大学2014年博士学位论文，第168－169页。

三、公民参与审判的各式角色冲突

当下中国“多元利益主体构成的非匀质社会与断裂社会的国家治理面临巨大的整合困难”①，仅依靠法律职业共同体从法律专业层面难以有效解决上述困难和回应复杂诉求。公民参与审判制度的出现，使公开、对抗的司法审判过程被公民亲历、被公民监督，这样既能有效地规避司法裁判中的恣意妄为，又可以使程序参与者作出更加合理的选择，防止感到冤屈的当事人出现“弄死法官”以泄愤的极端想法。② 公民参与审判制度因兼具司法公正和司法民主的理念而保障其能够较好应对复杂案件，但是赋予参与审判公民过多的权利内容，会导致该制度功能变异和难以落实。同一主体由于社会关系、职业特性、性别状况所限，需分别饰演多重角色，但鉴于各个角色间所存在的天然张力使其未能按照既定的剧本去实现不同角色的饰演，从而引发表演崩溃（Performance Disruptions）。③ 通过对我国公民参与审判制度的发展历程考察可知，人民陪审员制度自诞生伊始就在借鉴西方“同侪审判”理念的基础上被赋予了多元本土化功能，这导致我国人民陪审员制度一路走来一直有“高调提倡，效果低微”的问题。基于此，十分有必要从人民陪审员的角色定位视角梳理和分析我国人民陪审员制度存在的理论问题。

其一，人民陪审员担任“同侪审判者”的角色。“同侪审判”，

---

① 夏克勤、汤媛媛：《陪审制度的价值功能之发展变迁》，载《人民法院报》2015 年 5 月 22 日，第 5 版。

② 参见武飞、王利香：《法律修辞与人民陪审员制度的功能衔接——基于民主视角的探讨》，载《安徽大学学报（哲学社会科学版）》2017 年第 1 期。

③ 参见［美］欧文·戈夫曼：《日常生活中的自我呈现》，北京大学出版社 2008 年版，第 100 页。

是指审判被告人的“裁决者”必须是熟悉被告人个人情况且与其地位相同的同类人，这样“裁决者”在裁决时更能感同身受，从而给予当事人以同情心。这种理念源自英国古老朴素的正义观念。在英国适用陪审团审判，必须公开听审，不阿附君王意志。《英国大宪章》规定：“贵族、教士犯罪时，需要有同侪陪审，检视控辩两造质证，否则审判即为不合法，不得施罚。”托克维尔认为美国实行陪审团制度，可以把人民本身，或者至少把以少部分公民提高到法官的地位。[①]“同侪审判”理念一直是西方公民参与制度的基石，无论是以英美为代表的陪审制中陪审员的独立分工，还是以德法为代表的参审员的分权协作，都是依托于这一理念。毋庸置疑，我国人民陪审员制度也受到这种理念的影响。此理念对于我国传统司法中“上位者”审理“下位者”司法权力结构进行改造，使司法权的人民属性能够得到充分体现，唯有作为同侪的公民才能充分考虑被告人的各种情况，进行公正的裁决。然而，不可否认的是，随着人类关系的复杂化、陌生化以及阶层的固化，“同侪审判”理念也遭受到了不同程度的质疑与挑战。

其二，人民陪审员充当权力分享者的角色。我国《人民陪审员法》规定，人民陪审员依照本法产生，依法参加人民法院的审判活动，除法律另有规定外，同法官有同等权利。这就意味着，一般情形下人民陪审员和法官有同等的诉讼法规定的权利，这些权利都是一致的。人民陪审员在某种意义上是“不穿法袍的法官”。基于此，人民陪审员参加庭审是以“业余法官”的身份通过社会经验和生活常识来分享法官的审判权，但由于本身法律知识的限制不能把握法

① 参见练洪泽：《做好人民陪审员制度的“加减法”》，载正义网，http：//www.jcrb.com/opinion/fygc/201504/t20150427_1500292.html。

律精神的实质，对于案件事实的不确切认定，往往使人民陪审员在法官面前会表现出不同程度的拘谨，[①] 加之权力的扩张属性，人民陪审员企图分享原本由职业法官专享的审判权，那么作为专业的法官出于对审判权的慎重和固守，利用审判程序和合议规则对人民陪审员施加不利影响，陪审员不可避免地就沦为职业法官的附庸或者不受职业法官待见的民主“装饰品”。另外，我国庭审活动奉行的是职权主义，强调职业法官对于整个庭审过程的主导地位而不提倡当事人双方在诉讼过程中的主动性和积极性。这就导致职权主义模式下，被告人不可能与“裁判者”地位平等，职业法官绝对的主导地位会导致庭审过程的“专断”和庭审功能的相对弱化，这些都会影响人民陪审员从职业法官那里分享权力的数量和质量。

其三，人民陪审员充当审判权监督者的角色。人民陪审员制度的贯彻其实就是在落实两个“民主”，即司法民主和民主监督。可以说人民陪审员制度的核心价值之一就是监督审判权的运行。人民陪审员在参与审判活动的过程中，对于法官严格遵循办案程序依法裁判案件，客观上会形成一种监督和约束，这种内在的监督作用是人民陪审员制度所固有的。人民陪审员制度本身蕴含有监督的功能，但这种功能是潜在的，要把这种潜在的功能激活并释放出来，发挥其作用，一定要通过陪审员的主观努力，这就要求陪审员注重履行监督的职责。人民陪审员受人大的任命，作为公民的一员到人民法院参与案件陪审，完全有理由依法行使人民对审判活动的监督权。陪审，首先是“陪（监督）”，其次才是

① 参见左卫民、尹摇山：《中国陪审制度：比较、反思与前瞻》，载《社会科学研究》2001年第2期。

“审”，只有在“陪”的过程中，才能做到“审”。[①] 司法是社会正义最后的防线，司法公正同样需要有最后的防线，司法监督为此而存在，它是保障司法公正的重要机制。[②] 通过司法民主的手段对审判权的运行进行司法监督，保障其达到司法公正的目的。但是，人民陪审员充当审判权监督者存在以下问题：一是人民陪审员面对职业法官，其天然的弱势性导致监督的刚性不足；二是人民陪审员自身行使审判权的同时，对其又进行监督，有“同体监督”之嫌。

其四，人民陪审员充当庭审“观审员”的角色。我国人民陪审员从司法实际来看，因为其法律专业知识和专业素养的匮乏，庭审过程中往往不是主动的审判者，而是被动的受教育者。在职业法官眼里人民陪审员来自广泛的社会各个阶层，不同阶层的公民对于不同犯罪事实、不同权利具有不同的法感情，这就会导致他们对同一或者类似案件认定结果有所差异。正如耶林在《为权利而斗争》中论述的那样：“论述有关法感情时提到不同社会阶层对涉及不同权利案件的敏感度不同。比如农民对于财产权益的天然敏感性，军人对于荣誉权的无条件捍卫等。”[③] 正因为如此，我国人民陪审员在司法实践中更多充当的角色是出庭见证法官指挥诉讼、检察官举证、被告人及其辩护人质证、证人到庭作证、鉴定意见的出示等证据调查和控辩双方围绕争点你来我往辩论的过程，然后向法官表达自己观摩后的个人意见，仅此而已。人民陪审员经过这样的亲历司法过

---

① 参见夏文郁：《人民陪审员应注重履行监督职责》，载《人民法院报》2013年9月25日，第8版。

② 参见王勋爵：《论司法公正语境下法律监督的生成与实现》，载《中国刑事法杂志》2011年第11期。

③ ［德］鲁道夫·冯·耶林：《为权利而斗争》，胡宝海译，中国法制出版社2004年版，第24页。

程，一方面，会使整个审判程序民主化、透明化；另一方面，人民陪审员观摩职业法官如何进行事实认定、法律适用及量刑后，能够对专业庭审有充分的认识和理解，法官也会参酌“观审员”基于公民常识和社会经验提出的意见，作出符合司法民主和司法公正要求的刑事判决。

其五，人民陪审员充当司法协助者。司法实践中，也有这样的看法，而且持有此看法的法官人数不少。他们认为法官之所以选择人民陪审员参与审判，除了在通过自己庭前阅卷的方式确定事实认定和法律适用的前提下“抓个人、凑个数”之外，还让人民陪审员充当协调案件的话事人、诉讼的接待员等角色。就协调话事人的角色而言，司法调解是中国特色的纠纷解决途径之一，其有存在的合法性基础，也有深厚文化的支撑。① 人民陪审员充当调解话事人的角色有助于减轻法官的诉讼压力。就诉讼接待员的角色而言，人民陪审员往往在纠纷接待对外窗口对于轻微刑事案件、民事纠纷进行分流处理，使此类案件不会进入诉讼。可以看出，无论是协调话事人，还是纠纷接待员，人民陪审员在这两种情形下充当的都是司法协助者的角色，其功能在于弥补法官的不足，帮助法官减轻诉累，为审判工作提供协力。

通过上述对于我国人民陪审员充当的各式角色的论述可知，人民陪审员的各式角色存在一定重合和冲突。在每一天的社会互动中，人们都扮演着不同的角色。每个人都可能具有两个或更多的角色以及与其相联系的两种或更多的身份，当这些角色与身份的要求出现

① 参见郑成良、李文杰：《人民陪审实践：法治中国语境下的考量与反思——基于上海三区法院陪审运行之研究》，载《法学杂志》2016 年第 11 期。

对立时，置身于其中的个人就处于一种角色冲突的状态。[①] 在庭审过程中，人民陪审员的角色和法官角色之间也存在不同程度的冲突。上述各种角色冲突导致我国人民陪审员制度“多功能、实效低”的尴尬处境，因此有必要对人民陪审员的各式角色进行调适，确立其核心角色和辅助角色，进而保障人民陪审员制度核心功能的稳定。

四、公民参与审判过程中事实和法律问题的区分问题

我国《人民陪审员法》第22条规定：“人民陪审员参加七人合议庭审判案件，对事实认定，独立发表意见，并与法官共同表决；对法律适用，可以发表意见，但不参加表决。”可以看出，我国立法旨在探索发挥人民陪审员健全公民常识和丰富社会经验的优势，并在此基础上对事实问题和法律问题进行了初步的立法分离。然而，事实问题和法律问题是否具有明确的可分性？立法上的“一刀切”划分标准是否具有实践的可操作性？为解答上述问题，首先必须明确事实问题与法律问题的内涵及相关关系。

从本体论上来说，事实的本质是客观存在，即客观世界中现实存在的事物、现象以及变化过程等。从认识论上来说，事实是人类通过五官或者思维对于某种客观存在的判断，其是经验知识而非客观存在。就法学理论层面而言，事实是人们对现象、事物、过程及其特性的感觉和知觉而作为命题的表达，是对事物及其特性的理解、判断和把握。形式上是主观的，是人们对客观现象、事物及其过程的反映；内容上是客观的，是以客观存在的实际情

---

① 参见［美］戴维·波普诺：《社会学》，李强等译，中国人民大学出版社2007年版，第200页。

况为基础的。[①] 案件事实是指诉讼过程中，当事人双方纠纷的原因、过程以及结果等构成的一系列程序性的整体事实。[②] 一般认为案件事实一旦发生就独立存在，基于人的理性认识和实践经验，是不可能完全再现真相的，因此，人类查明案件事实只能利用“证据之镜”原理[③]，通过证据和证明来无限趋近案件事实。据此，案件事实从证据法学的角度而言，也可称为证据事实。诚如西方学者所言：“法律事实并不是自然生成的，而是人为造成的，它们是根据证据法规则、法庭规则、判例汇编传统、辩护技巧、法官雄辩能力以及法律教育成规等诸如此类的事物而构设出来的，总之是社会的产物。”[④] 对于什么是法律问题，《布莱克法律词典》认为包含以下四种含义：（1）它是一个有待法官裁决的关于法律适用和法律解释的问题；（2）它是一个法官在裁量权的范围内也许不作回答，但法律本身就能权威回答的问题；（3）它是一个在某种意义上法律是什么的问题，是双方当事人争议的、法庭必须决定的、正确的法律规定是什么的问题；（4）尽管这个问题可能会以事实的某一点为转移，但它是留给法庭决定，而不是由陪审团决定的，这个问题绝对在法官的权限内而不是在陪审团的权限内。

---

① 参见郭华：《案件事实认定方法》，中国人民公安大学出版社 2009 年版，第 33 页。

② 参见韩红俊：《事实问题与法律问题的区分——以人民陪审员制度改革为出发点》，载《人民司法》2017 年第 4 期。

③ 在事实认定模式情境下，证据是联系主客体的唯一“桥梁”，或“折射”事实的一面“镜子”。没有“证据之镜”，当然不可能认定案件事实；即使有了“证据之镜”，也未必能准确认定事实。参见张保生、阳平：《证据客观性批判》，载《清华法学》2019 年第 6 期。

④ 梁治平编：《法律的文化解释》，生活·读书·新知三联书店 1998 年版，第 80 页。

通过上述论述可知，事实问题和法律问题的概念从各自的立场出发是可以大致区分开的。然而，现实中事实问题的探讨却是在与法律问题的区别对照中逐渐获得独立自省的，法律与事实的区分界限以脆弱而出名。这在整个西方法律系统中，是一个一般性问题。英美法系国家对于法律问题和事实问题的区分一直处在“区分困境”之中，大陆法系国家混淆事实问题和法律问题的分类，将事实构建为与法律相关的虚拟世界。① 总之，理论上，事实问题和法律问题概念本身就难以明确界分，事实问题与法律问题的区分并非绝对，即使参与审判的公民对事实问题进行认定，也无法脱离诉讼程序、证据规则的了解和判断。② 实践上，事实问题和法律问题与公民参与审判制度深度混同，事实问题与法律问题的区分源自庭审中证据以及证明活动的发展与完善，参与审判的公民对于事实问题和法律问题的区分一定程度上等同于其与法官职能的划分。基于此，虽然我国人民陪审员制度改革以来，司法实践中的适用比率相较以前大幅提升，但在合议庭评议笔录中，全然看不到人民陪审员对法官在事实认定和法律适用方面提出建议或者异议，无一例外都表示同意。换句话说，事实问题和法律问题的混同性是阻碍人民陪审员实质参与庭审的理论因素之一，这给人民陪审员参与审判造成了理论障碍和畏难情绪。

那么，在事实问题和法律问题本身难以界分的前提下，如何解决参与审判公民对于事实问题和法律问题的实质认定呢？对域外的

① 参见巩寒冰：《刑事诉讼中事实与法律区分的传统逻辑与解释路径》，载《环球法律评论》2020年第4期。

② 参见刘峥：《人民陪审员制度中的区分事实审和法律审》，载《人民法院报》2018年10月20日，第2版。

公民参与审判制度进行考察：英美法系的陪审制采取的是一般裁定模式。在一般裁定模式下，法官就有关法律适用给陪审团发出指示，陪审团根据其内心对事实的评判，适用法官指示的法律，直接就控诉方指控犯罪是否成立作出裁决。① 大陆法系的参审制采取问题清单模式，即参审员在评议时，需要对案件拟定清单中的一系列具体事实问题分别作出回应，法官通过清单中事实认定的结果对被告人进行定罪量刑。据此，无论是英美法系的一般裁定模式还是大陆法系的问题清单模式，在法律问题和事实问题本身难以界分的前提下，都是借助职业法官的力量，以指示或者清单的方式，人为使事实问题和法律问题相互具有可分性及可操作性。可以认为事实认定是借助法官外力通过证据及逻辑推理在参与审判公民内心形成对于争议事实的“折中认定”，而法律适用是将这一认定同法律规范相关联的过程。

随着我国审判中心主义的贯彻和庭审实质化改革的不断推进，要求人民陪审员和法官组成的合议庭对于案件事实的认定，必须尊重刑事实体法上的犯罪构成，也必须依据法定的程序规定和证据规则进行认定，因此正视庭审中的事实问题与法律问题间的纠缠关系以及寻求契合我国司法文化和司法实践的解决路径是目前需要面对的迫切问题。

五、公民参与审判与新闻自由的问题

当下的民主法治国家中，司法公正和新闻自由是社会公正体系的不可或缺的两个重要组成部分。在西方社会，媒体往往被认为是

---

① 参见陈学权：《刑事陪审中法律问题与事实问题的区分》，载《中国法学》2017 年第 1 期。

立法、司法、行政之外的“第四种权力”，媒体在监督权力运行的过程中实现了其更高的价值，媒体拥有了一定的“话语权力”。[①] 美国媒体人普利策曾对新闻自由作出如此比喻：“国家倘若是大海上航行的一条船，媒体记者乃船头之瞭望者；他可以敏锐地观察海上的不测风云，亦可以密切注视水面下的浅滩暗礁，并及时地发出警告。”[②] 其实，新闻自由的本质是言论自由，根据我国《宪法》规定，我国公民拥有言论、出版、集会、结社、游行、示威的自由，但公民在行使自由和权利的时候，不得损害国家、社会、集体的利益和其他公民合法的自由和权利。当然，我国人民法院依法独立行使审判权也是《宪法》明文保护的，这也就意味着，审判权的依法行使不受新闻自由的干涉。

然而，依法独立行使审判权和新闻自由并不意味着二者彼此独立、毫无关联，恰恰相反，随着新闻媒体的发展，尤其是自媒体的出现，使依法独立行使审判权和新闻自由的关系日益密切。习近平总书记也曾指出：“现在，人人都有摄像机，人人都是麦克风，人人都可发消息，执法司法活动时刻处在公众视野里、媒体聚光灯下……政法机关要自觉接受媒体监督，以正确方式及时告知公众执法司法工作情况，有针对性地加强舆论引导。新闻媒体要加强对执法司法工作的监督，但对执法司法部门的正确行动，要予以支持，加强解疑释惑，进行理性引导……”[③]

---

① 参见贾志强、闵春雷：《“媒体审判”基本问题研究》，载《理论学刊》2014年第5期。

② 解丹梅：《媒体第四种权力的有所为与有所不为》，载《记者摇篮》2005年第7期。

③ 中共中央文献研究室主编：《十八大以来重要文献选编》（上），中央文献出版社2014年版，第723页。

值得注意的是，公民参与审判的目的之一就是协力司法公正的实现。然而，普通公民对于司法审判和新闻讨论的加入会导致依法独立行使审判权与新闻自由关系更加紧张。这主要是因为新闻媒体尤其是自媒体本身的开放性和平等性，使不同背景、不同文化、不同职业、不同地位的人可以在同一自由语境下任意辩论和讨论，使“发言人”与人民陪审员的地位具有天然的亲近性，这就导致人民陪审员会轻易受到这些因素的影响。加之，网络的虚拟性、参与形式的隐蔽性以及参与动机的复杂性等特点，新闻媒体对于司法审判的影响更加主观化、片面化、情绪化，这都会对人民陪审员的事实认定产生实质性影响。

通过笔者对司法实践的观察，一般审判过程中，媒体关注会逐渐偏向行为妨碍，即通过采访有关领域的专家或者教授，提出对该案的学术看法或者见解，进而影响法官及人们陪审员对案件事实性质的判断以及适用法律方面的考量。例如，辽宁夏某峰案从2009年案发到2013年夏某峰被执行死刑，整个过程中，夏家与网络舆论为一方，学者组成的专家组为一方，法院为第三方，三方不断对该案进行公开讨论。基于此，可以说改革开放以来，民众的权利意识不断加强，网络的发展带来了资讯的通畅，传统媒体与非传统媒体已然覆盖全社会。民众对于公案及其公正处理的关注和参与程度越来越高。在经历了刘某案、许某案等案件后，群众一致反对的法院就会屈从，这体现了司法的人民性。①

由此可见，新闻自由对于司法审判是一把“双刃剑”，合理的新闻自由对司法审判是适当的监督，但是过度扩张的新闻自由会造

---

① 参见元轶、黄伟凌：《论民意审判与辩护权缺失——从六组案例谈起》，载《法治研究》2010年第12期。

成“媒体审判”：一方面，媒体的参与过度、报道过度影响了司法审判的独立性；另一方面，媒体发动舆论导致司法审判异化为舆论审判，影响了司法的公正性。笔者认为新闻自由会过度干预司法审判的主要原因在于：其一，新闻媒体持有有罪推定的思维。因为刑事案件会涉及公民生命、自由、财产等基本权利的限制或剥夺，具有特殊的新闻价值，也是全社会比较关心的话题，所以重大或者争议刑事案件的报道是媒体争夺流量或者话语权的重要工具。媒体经常会在审前阶段对刑事案件作出定性，并给出倾向性的定罪量刑结论，这也是媒体吸引眼球和炒作的主要方式。例如，社会关注度较高的刘某案、许某案、邓某娇案、李某案、李某某强奸案等都不同程度地存在媒体有罪推定式的报道。其二，新闻媒体必须将讯息从非讯息或者将高讯息值从低讯息值中筛选出来，从而激发读者的阅读兴趣。为了尽可能提高讯息值、吸引更多人的眼球，新闻媒体所要传达的信息有两个基本特征：新颖性与通俗性。[①] 就刑事案件而言，新颖性与通俗性的结合造成新闻媒体对常规刑事案件报道的冷漠，对非常规刑事案件报道的偏爱。因此，新闻媒体关注的并不是司法程序的对抗性、法庭审判中的问答和质证等，其关注的重点是司法程序的开头和结尾，因为开头意味着悬念的开始，结尾意味着高潮的落幕。这就意味着新闻媒体对于司法审判过程是否公开、公正往往处于忽视状态，其重点关注的是司法案件是否具有冲突焦点的悬念和结尾。

综上所述，在当今信息化的网络时代，如何处理新闻自由与司法公正之间的关系已经成为极为重要的议题。加之，人民陪审员司

---

① 参见伍德志：《冲突、迎合与默契：对传媒与司法关系的再审视》，载《交大法学》2016 年第 4 期。

法审判的参与给新闻自由和司法公正带来了新的挑战。我国目前尚未有专门立法对此作出规定，我们需要制定具体规则来规范媒体与司法的关系。

第三节　我国公民参与审判的实践问题

一、人民陪审员的选任问题

为了使我国《人民陪审员法》更好地落地实施，司法部、最高人民法院、公安部联合印发了《人民陪审员选任办法》，该办法规定：其一，人民陪审员选任工作应当坚持依法民主、公开公正、协同高效的原则；其二，明确人民陪审员选任工作由司法行政机关会同基层人民法院、公安机关组织开展；其三，明确省、市两级司法行政机关负责人民陪审员选任工作的指导监督，县级司法行政机关负责人民陪审员选任工作的具体实施；其四，司法行政机关、基层人民法院、公安机关应当加强沟通联系，建立协调配合机制；其五，人民陪审员选任过程中，要自觉接受人大监督和社会监督。

一般来说，人民陪审员的选任是人民陪审员制度运行的基础，是推进司法民主这一核心价值的重要体现，人民陪审员的选任在很大程度上决定着人民陪审员制度的政治功能和司法价值的实现。《人民陪审员选任办法》明确了我国人民陪审员以随机抽选为主、以个人申请和组织推荐为辅的选任方式，并对各级司法行政机关提出了加强组织领导、强化协作配合、推动信息共享、落实保障政策以及加大普法宣传等五个方面的保障措施。可以看出，人民陪审员选任操作规程的出台，是我国坚持问题导向，细化选任程序，进而保障人民群众参与司法、监督司法的有效形式。

《人民陪审员法》以及《人民陪审员选任办法》实施以来，各地也积极出台各种细化措施，配合落实人民陪审员的选任工作，例如，北京市怀柔区司法局从常住居民名单中随机抽选的1121名人民陪审员候选人名单按照户籍地委托给辖区司法所，同时和公安分局进行沟通，由派出所配合司法所开展有关工作。司法所工作人员联合村、居委会干部和派出所干警，经过逐一走访、电话联系的方式，征求意见，宣传动员，178名随机产生的人民陪审员候选人明确表示同意报名。同时，怀柔区司法局在怀柔区广播电台和电视台的黄金时段连续播放人民陪审员选任公告，利用新媒体大力宣传选任办法以及相关制度，在各村、社区公共场所张贴人民陪审员选任公告，利用LED显示屏循环播放《人民陪审员法》宣传片，调动广大人民调解员和村居法律服务律师等社会力量参与宣传。① 陕西省司法厅联合陕西省高级人民法院在全国率先出台了《关于建立完善人民陪审员与人民调解员“双向优选”工作机制的实施意见》，该意见旨在结合陕西人民陪审员、人民调解员的工作实际，对任职期间表现优秀的人民陪审员、人民调解员到届或者聘任期结束时，双方实行“双向优选”工作机制。该机制主要内容包括：其一，要求人民陪审员从人民调解员中优选数量应掌握在20%以内，专职人民调解员的优选数量按有关法律执行；其二，明确优秀人民陪审员、人民调解员“双向优选”人选及人数由法院、司法行政机关根据工作需求协商定期推荐提名；其三，法院会同司法行政机关对拟任人选条

---

① 参见《说说人民陪审员选任那些事》，载搜狐网2020年7月22日，https：//www.sohu.com/a/409104919_420076。

件进行联合审查，然后由法院、司法行政机关确定选任的人民陪审员由人民法院院长提请同级人大常委会任命；其四，确定选任的专职人民调解员由司法行政机关及时按规定办理聘任手续。人民陪审员的任期为5年，不得连任，专职人民调解员根据聘期履职，可以续聘。总之，我国人民陪审员的选任工作取得了实质性的进展，人民陪审员的广泛性和代表性有了显著的提升。广泛性主要体现在普通公民成为参与审判的主力军，代表性体现在参与审判的公民各个阶层都有所涉及。

然而，不可否认的是我国人民陪审员的选任也存在诸多问题，实质影响着我国人民陪审员制度的落实。其一，随机抽选存在现实障碍。按照我国《人民陪审员法》的规定，组织推荐和个人申请的人民陪审员的人数仅占人民陪审员总人数的5%，这也就意味着，我国人民陪审员的主要来源是以随机抽选方式实现的。随机抽选方式无疑可以最大限度地保障人民陪审员来源的广泛性和代表性，但是随机抽选方式带来了获取人民陪审员信息方式由“被动接收”到“主动收集”的转变，这种转变成为压倒选任机关的“最后一棵稻草”。司法实践中，公安机关出于保障公民个人信息安全的义务，一般不会向司法行政机关和法院提供相关公民个人信息，即使获得了相关信息，也因为信息内容的不完整、陈旧以及混乱，选任机关很难以此为依据进行选任。例如，X市W区法院法官所言：“现在我院获取选民信息的途径一般只能依靠向公安机关获取户籍信息或者向人大获取选民名单，但是，人大的选民名单通常在选举结束后随即就会销毁，公安机关的户籍信息因担心泄密也不愿意提供，即使获取的户籍信息也常常出现地址、电话号码等关键信息的空白。这就导致为了获取选民信息，我们不得不和司法局一起当面收集，但是即使是这样，大家因为各种原因也不愿意提供相关信息。”

其二，选任工作三机关相互“扯皮”现象严重。虽然《人民陪审员选任办法》初步明确了人民陪审员选任工作由司法行政机关会同基层人民法院、公安机关组织开展，但是在人民陪审员选任数量急剧增加的现实情形下，选任工作的具体分工成为阻碍人民陪审员选任的首要障碍。司法实践中，公安机关很少参加人民陪审员的选任工作，一般只按照要求提供给司法行政机关和法院户籍信息就算完成任务，资格审查、人民陪审员候选名单的制作以及最终人民陪审员的选任，法官和司法行政机构相互“扯皮”，法官经常抱怨自己常常牺牲审判的“主业”来完成人民陪审员的选任工作。

其三，人民陪审员选任结果广泛性、代表性不足。比如，笔者调研的数据显示，X 市随机抽选的人民陪审员的职业分布虽然呈现多样化结构，但人民陪审员的职业多倾向于社区工作者和基层干部，人民团体成员、事业单位成员、技术人员、工商业人员、进城务工人员和农民的所占比例相对较少。另外，就人民陪审员的学历而言，虽然我国《人民陪审员法》采取了“一升一降”的立法规定，但是司法实践中人民陪审员的选任，大专以上文化学历的人民陪审员占据了相当高的比例，甚至部分地区呈现了人民陪审员“精英化”的态势。

其四，人民陪审员参与审判的意识薄弱，主观意愿不强。相当一部分的公民不愿意担任人民陪审员是因为家庭经济压力大，没精力去参加陪审、反感陪审事务烦琐。[①] 根据笔者访谈，有公民认为：“国家实行陪审，我肯定是双手赞成的，但让我去参加陪审，说实

---

① 参见王群：《人民陪审员选任难的困局与解局——基于 S 省 C 区人民陪审员选任的样本分析》，载《行政与法》2020 年第 2 期。

话是心有余而力不足。现在生活压力这么大，每个月还房贷，孩子还要读书，单位也不乐意你经常请假跑去参加陪审，明着不说，暗地里肯定影响你职级晋升和绩效考核。况且就是我当上陪审员，也不见得能讲得出什么，许多案子本身就是具有技术含量的，要是当得不好，讲错了话，可能还会害了别人，陪审就留给那些有时间有能力的人去做就好了。”

其五，人民陪审员参与审判的认可度不高。公民被选任担任了人民陪审员，但参与审判案件的整体认可度偏低，大部分的人民陪审员都表达了参与审判过程就像“看法官审案子”一样，自己只是旁观者，无任何参与度可言，而且整个过程冗长且无聊。这主要是因为人民陪审员对于参与审判的价值预期过低所导致的，人民陪审员参与审判主要的价值预期就是审判过程的集中、不间断审理和最后审判结果的正义认同，这就需要一方面，人民陪审员参与案件审理的整个过程需要提高诉讼效率，减少休庭的次数和明确庭审的争点；另一方面，人民陪审员需要通过实质参与审判并影响最后裁判结果的生成。但是，这些价值预期都被“盲审”“听审”“陪审”的现场体验消耗殆尽。有了这样的参与审判体验，很难让人民陪审员或者其他知悉参与审判过程的公民对担任人民陪审员保持热情。

二、人民陪审员制度的适用范围问题

2004 年，我国颁布《关于完善人民陪审员制度的决定》（已废止）规定人民陪审员制度的适用范围为：一是刑事案件被告人、民事案件的当事人双方、行政案件的原告申请人民陪审员参审的一审案件；二是社会影响较大的刑事、民事、行政一审案件。同时，明确禁止简易程序和一审之外的其他审判程序适用人民陪审员制度。

2010 年，最高人民法院颁布《关于人民陪审员参加审判活动若干问题的规定》（已废止），将“社会影响较大的案件”的内涵明确为涉及群众利益、涉及公共利益、人民群众广泛关注以及其他社会影响较大的案件。2015 年，“试点方案”和“试点办法”中对于人民陪审员制度的适用范围赋予了足够的裁量空间，为试点法官提供了更多实验的可能性。2018 年，《人民陪审员法》规定人民陪审员制度的适用范围为：一是涉及群体利益、公共利益的，人民群众广泛关注或者其他社会影响较大的，案情复杂或者有其他情形，需要由人民陪审员参加审判的刑事、民事、行政一审案件。二是可能判处 10 年以上有期徒刑、无期徒刑、死刑，社会影响重大的刑事案件；根据《民事诉讼法》《行政诉讼法》提起的公益诉讼案件；涉及征地拆迁、生态环境保护、食品药品安全，社会影响重大的案件；其他社会影响重大的案件。

通过上述梳理可知，我国人民陪审员制度的适用范围越来越宽泛，不仅涉及刑事、民事、行政三大诉讼，还囊括了刑事诉讼中普通程序、简易程序以及速裁程序里几乎所有的案件。如此宽泛的适用范围，加之缺少明确适用条件的规制，导致司法实践中人民陪审员制度的适用成为一个“口袋”，即使控辩双方没有争议、认罪认罚的轻微罪案件等都被揽入其中。这样一来，不但造成了我国司法资源的大量浪费，使公民参与审判的成本远远高于职业法官审判的成本，① 还使人民陪审员负担过重，甚至使人民陪审员觉得参与审判是一项沉重的义务，而非积极参与并主张行使的一项权利。而且，司法实践中，各级法院普遍把“陪审率”作为司法民主是否实现的

① 参见李昌林：《民众参与刑事审判比较研究》，人民出版社 2007 年版，第 67－68 页。

考核指标，这就导致很多基层人民法院，为了实现考核目标，减轻人民陪审员的选任、培训、配合等相关事务给自己带来的沉重负担，不得不隐蔽设置诸多在法院上下班、在法院领取固定报酬、专门从事审判工作或者审判辅助工作的“专职陪审员”“驻庭陪审员”。[①]

从我国《人民陪审员法》的规定和司法实践的适用情况来看，我国人民陪审员制度的适用尚存在诸多不足之处：其一，刑事诉讼中人民陪审员制度的适用条件规定模糊，且存在违背司法规律的情形。首先，现行人民陪审员制度的适用条件沿用了涉及群众利益、公共利益、人民群众广泛关注以及其他社会影响较大等既有规定，但是司法实践操作中，到底什么是涉及群众利益、公共利益、人民群众广泛关注全凭法官的主观裁量，这种“软法”特质的条款容易被误读或者滥用，导致恶意释法，并可能使原则上适用沦为原则上不适用。[②]其次，根据立法意图，人民陪审员制度适用于社会影响重大的重罪案件，但是根据《人民陪审员法》的规定，人民陪审员制度有意遗漏了死刑案件的适用。这就导致可能判处10年以上有期徒刑、无期徒刑的一审案件都能适用人民陪审员制度，更为严厉、社会影响更为重大、民众更为关切的死刑案件却不能适用人民陪审员制度，这样的规定是违背诉讼规律的。秉持我国“少杀”“慎杀”的刑事政策，对于可能判处死刑的刑事案件，更应该让公民参与审判，通过自己丰富的社会经验和健全的公民常识协助法官全面、公正审理这类案件。最后，我国人民陪审员制度适用于被告人认罪的、

① 参见贺红强、陈玺：《司法改革视域下人民陪审员参审范围的改革与重塑》，载《山东科技大学学报（社会科学版）》2017年第4期。

② 参见施鹏鹏：《人民陪审员参审范围考量》，载《人民法院报》2015年4月30日，第2版。

案件事实清楚的简易程序和被告人认罪认罚的案件，是违背《人民陪审员法》的立法原意的。《人民陪审员法》通过提高人民陪审员年龄、降低人民陪审员学历的“一升一降”，达到公民参与的广泛性和代表性的目的，使参与审判公民的社会阅历和常识能够切实协助法官审理案件。但适用简易程序、速裁程序的案件几乎都是轻微罪案件，且案件事实无争议，整个审判程序比较简化，如果在这两种程序中适用人民陪审员制度会导致司法资源的浪费和司法民主价值的异化。

其二，人民陪审员制度是否能广泛地适用于民事、行政诉讼。根据《人民陪审员法》的规定，依据《民事诉讼法》《行政诉讼法》提起的公益诉讼案件，涉及征地拆迁、生态环境保护、食品药品安全，社会影响重大的案件都可以适用人民陪审员制度进行审理。可以看出，我国公民参与审判的案件范围具有全面性，刑事、民事、行政案件均可以实行陪审，这一制度设计在世界范围内较为罕见。[①] 公民参与审判制度之所以会风靡全球，肯定有其功能的独特之处，但同时也要看到，公民参与审判制度在世界范围内的“遇冷”，各国都对公民参与审判制度的适用持有警惕和克制的态度。就英美法系国家而言，英国仅将陪审制适用于公诉罪和部分两可罪，美国九成以上的案件通过辩诉交易处理，仅有重罪案件适用陪审制审判；就大陆法系国家而言，法国对情节特别严重、可能判处 10 年以上监禁刑的重罪案件才适用参审制审判，德国对可能判处 2 年以下有期徒刑的案件禁止适用参审制审判；就新兴法治国家而言，日本裁判员制度的适用范围也限制在被判处死刑或者无期徒刑的一审案件。

① 参见王敏远：《中国陪审制度及其完善》，载《法学研究》1999 年第 4 期。

因此，公民参与审判制度在世界范围内几乎都适用于严重的刑事案件，民事、行政案件很少涉及，公民参与审判制度的目的在于通过司法民主规范司法权力的运行，民事、行政案件强制性较小，诉讼程序中当事人的处分权较大，司法民主生存的空间极为有限。

其三，人民陪审员制度能否适用于二审程序。根据《人民陪审员法》的规定，我国人民陪审员制度只能适用于高级人民法院、中级人民法院和基层人民法院有管辖权的一审刑事案件，对于二审等其他审判程序是不能适用的。公民参与审判主要的功能在于通过丰富的社会经验和健全的公民常识对于事实认定进行多元视角的观察，如此一来，如果二审程序中奉行的是全面审理原则，即上诉审既是法律审又是事实审，是可以让人民陪审员参与审理的。因此，笔者认为我国人民陪审员制度限定于一审案件，可能是移植外国法律的结果，并且有可能与我国司法实践中长期存在的允许对二审案件进行书面审理的问题有关。基于我国的人民主权原理，由人民陪审员参与二审的事实认定具有理论上的正当性和合理性，也可以促进我国二审程序的全面和公开审理。

其四，被告人能否享有适用人民陪审员制度的程序选择权。根据《人民陪审员法》的规定，刑事被告人虽然可以申请适用人民陪审员制度，但是最终决定权还是由法官根据法定条件进行自由裁量。虽然我国司法实践中，因为“陪审率”考核指标的设置，法官基本上倾向于选择适用人民陪审员制度，将其作为缓解办案压力的工具，但根据“同侪审判”的理念和刑事诉讼主体的理论，被告人无论是作为拥有平等地位的被追诉人还是作为拥有处分权的程序主体都有权选择是否适用人民陪审员制度，对此，只要没有违背法律的禁止性规定，法院应当予以同意。可以说，我国基于职权主义的传统，重视法官在审判程序中的主导地位，对于当事人双方尤其是被告人审判过程中的程序选择权一直处于轻视状态，然而，却因刑事司法程序中的行政化考核导致程序性权利被“被动重视起来”。

三、合议庭评议规则的问题

根据《人民陪审员法》的规定，由人民陪审员和法官组成的3人合议庭可以对事实认定、法律适用共同进行评议、表决；由人民陪审员和法官组成的7人合议庭，人民陪审员只能对事实认定独立发表意见，并与法官共同表决，对法律适用，可以发表意见，但不参加表决。2019年最高人民法院《关于适用〈中华人民共和国人民陪审员法〉若干问题的解释》对人民陪审员和法官组成合议庭的评议机制进行了进一步完善，具体内容包括：

其一，初步明确了人民陪审员和法官评议的先后顺序，即合议庭进行评议时，首先由承办法官介绍案件涉及的相关法律规定、证据规则、程序规则等专业内容，然后由人民陪审员和法官依次独立发表个人意见，审判长最后发表意见并总结合议庭意见；其二，对于人民陪审员和法官组成的7人合议庭，需要在开庭阶段为人民陪审员制作并提供问题清单，使人民陪审员知悉庭审流程和内容，经过法庭调查和法庭辩论后，到了评议阶段，法官可以根据控辩双方的对抗情况再次制作并提供问题清单，此次问题清单主要针对庭审过程中的新内容、新变化、新证据而制定，能更好地保障人民陪审员进行事实认定的权利。一般认为，刑事审判问题清单的内容应该包括全部案件事实，重点针对控辩双方有争议的有罪、无罪以及量刑情节轻重的案件事实。①

---

① 参见最高人民法院政治部法官管理部：《〈关于适用《中华人民共和国人民陪审员法》若干问题的解释〉的理解与适用》，载《法律适用》2020年第5期。

美国法学家安德鲁·卡门认为："在理论转变为实践的时候，每一个转折点都会出现棘手的问题。"① 我国立法向司法转换过程中也同样面临着诸多"变通"、"走样"甚至"变异"，就人民陪审员和法官组成合议庭中评议规则的适用而言，主要存在以下共性问题：

其一，合议庭群体决策异化为少数或者单个法官决策。群体决策是基于个体决策的有限性而通过个体间的联合实现的一种更优化的决策。群体决策的效果取决于群体"集合效应"和"过程损失"的对比关系，并受决策目标、群体规模、群体意识、决策能力、决策时间、交互方式、集结规则、外部环境等多种因素的影响。② 利用群体决策的理论进行考察，合议庭存在的具体问题包括：第一，合议庭决策目标模糊，导致评议内容错漏，甚至出现对应当评议的事项未予评议，对不应当评议的事项过分评议的"颠倒错漏"，其所生成的评议意见和表决意见亦因缺乏"真实信用"而游离于真正有待评议表决的内容之外。③ 第二，3 人合议庭的群体规模偏小。3 人是最小的群体决策规模，也是群体决策从众现象发生的高危人数。因为当你是群体决策中的唯一异见者时，个人意见难以左右多数人的意见。第三，人民陪审员决策能力不足。虽然我国《人民陪审员法》提高了人民陪审员的年龄，增加了参与审判的公民人数，但是人民陪审员个体决策的能力明显低于法官，基本上成为附随法院决策的陪衬。第四，表决规则单一。我国合议庭表决适用的是单纯的

---

① Andrew Karmen, *Crime Victims: An Introduction to Victimology*, Wadsworth Publishing Company, 1990, p. 279.

② 参见张雪纯：《我国合议制裁判的缺陷及其完善——基于决策理论的分析》，载《法学家》2009 年第 3 期。

③ 参见李昌超、詹亮：《合议庭评议制度的理性反思与制度建构》，载《湖北民族学院学报（哲学社会科学版）》2017 年第 3 期。

少数服从多数原则，这种“一刀切”的表决规则很容易把复杂的诉讼问题简单化处理，难以体现司法的审慎原则、个人的独立意志以及个人独立负责的理念。

其二，案件信息知悉“多寡”导致评议过程“失衡”。人民陪审员和法官作为合议庭成员，拥有同等权利，虽然二者认定事实和适用法律的角度有所不同，但作为中立的、终局的裁判者，只有在对案件相关的全部信息全面、均衡知悉的前提下，才存在公正裁决的可能性。可以说，案件信息知悉的全面性、对称性是人民陪审员和法官相互尊重的前提，是人民陪审员实质参与庭审、积极进行个人决策的现实基础。然而，因为我国职权主义、案卷中心主义等固有因素的制约，导致合议庭审判过程中法官的权力不断强化，其可以主导从庭前准备到庭审过程再到终局判决的整个过程。这就导致在案件信息掌握的对称性上，法官占据绝对信息优势，而人民陪审员处于信息“荒漠”之中，法官可以通过庭前大量阅卷积极接触案件信息，形成实质的庭前预断，而人民陪审员因为法律素养和专业能力的“先天不足”、时间和精力不足以及庭前阅卷的条件限制等因素，致使其庭审过程中被动匆忙应对，对案件信息的掌握多停留在浅显的表层，甚至对案件涉及争点、证据规则、法律关系等内容尚处在不明状态，这种情形下，人民陪审员面对信息绝对优位和处于主导地位的法官，如果法官不积极对人民陪审员以问题清单的方式进行指示，人民陪审员沦为附庸就是预想之中的事情了。

其三，合议庭评议规则杂乱导致评议结果“失真”。合议庭虽然秉持民主参与、人民监督的理念架构了评议时的基本原则，但是因为详细操作规程的阙如，导致司法实践中评议规则适用混乱。具体表现为：第一，合议庭评议时间过晚。根据最高人民法院《关于人民法院合议庭工作的若干规定》的规定，合议庭评议案件应当在庭审结束后5个工作日内进行。司法实践中，虽然合议庭评议时间选择空间很大，但司法实践中很少选择庭审结束后即时评议，这就会导致审理过程和评议过程完整性的断裂，相隔几日之后，合议庭成员未必还能对庭审过程记忆犹新，难免会影响评议的结果。[①] 很多人民陪审员表示“回去工作以后，许多案件事实的细节都模糊了”，这样的规定无疑会使评议结果大概率出现“失真”。第二，合议庭评议形式不合理。司法实践中，人民陪审员和法官组成的合议庭进行评议一般使用“口头发言”的形式，而且是对于整个案件事实“一次性口头发言”，这种评议方式虽然可以体现民主讨论的特色，但是在封闭的评议空间内，采取面对面口头评议的方式容易因为权威、情面等因素而产生屈从行为。而且，整体性、一次性的评议，人民陪审员会因为评议内容的混乱和评议程序的错乱而无法确定真实的评议意见。

其四，合议庭评议结果产生的不合理。第一，我国由人民陪审员和法官组成的合议庭对于案件事实的认定采取的是单纯的少数服从多数规则，少数人的意见会写入合议庭笔录，但不写入裁判文书之中，少数人的意见也不会影响判决的生效。这样一来，因为评议过程的秘密性、封闭性，反对意见、不同意见、补充意见等少数人意见会因“公开监督”的缺失而难以破除当事人双方的合理怀疑，影响裁判的可接受性。第二，根据“阿罗悖论”的表达，不可能存在一种社会选择机制，能够使个人偏好通过多数票规则转化成为社会偏好。这是群体决策必须面对的难题，但是，我国立法却回避了

① 参见彭海青：《我国合议庭评议表决制度功能缺失之省思》，载《法律科学（西北政法大学学报）》2009年第3期。

这一问题，笔者认为这也是我国合议庭人民陪审员和法官“形式上合议、实质上独立”的原因之一。第三，我国合议庭的评议规则既不同于人民陪审员以个体身份参与，分享与法官相同评议权和表决权的“个体参审模式”，也不同于英美法系国家中采取一致裁决规则的“小团体决策模式”，我国合议庭的评议规则本质上是对陪审团决策规则和参审制评议规则的有效融合，属于混合评议模式。[①]但是我国人民陪审员制度的评议规则因为《人民陪审员法》的颁布才初步确立，很多关键操作程序并未构建，比如评议过程中双方僵持不下的“裁决僵局规则”、尊重表决个体意愿的表决双轨制的“表决比例规则”等。这就导致人民陪审员的评议内容常常被忽视，成为法官技术理性及其政策考量的附庸。

四、人民陪审员的保障机制问题

人民陪审员的保障机制应该是一个包含多元保障举措，且彼此配套的综合保障体系，是保证人民陪审员“无顾虑、好心态”去参与审判的基础性条件，没有多元保障举措的配套保障，人民陪审员制度很容易流于形式。我国《人民陪审员法》第 30 条规定：“人民陪审员参加审判活动期间，由人民法院依照有关规定按实际工作日给予补助。人民陪审员因参加审判活动而支出的交通、就餐等费用，由人民法院依照有关规定给予补助。”第 31 条规定：“人民陪审员因参加审判活动应当享受的补助，人民法院和司法行政机关为实施人民陪审员制度所必需的开支，列入人民法院和司法行政机关业务经费，由相应政府财政予以保障。具体办法由最高人民法院、国务

① 参见樊传明：《人民陪审员评议规则的重构》，载《比较法研究》2019 年第 6 期。

院司法行政部门会同国务院财政部门制定。”根据上述法条规定可以看出，我国对于人民陪审员参与审判的保障措施目前初步局限在经费保障上，而且经费保障的规定也相当概括、模糊，不具有现实的可操作性。

因为《人民陪审员法》规定得概括和模糊，很多地方法院都结合本地实际进行了细化规定。例如，S 省 H 市法院规定了人民陪审员履职补助的发放标准、发放方式、发放期限，设置人民陪审员的办公场所，购置必要的培训书目等，为人民陪审员的参审、学习、休息提供方便。同时，还提出在条件具备的情况下，根据工作需要，建立人民陪审员自律组织。X 市 W 区法院建立了人民陪审员经费保障标准定期调整程序，连续多年提升人民陪审员补助标准，设置人民陪审员专用办公室，开通法院办公室内网网上阅卷平台，创建“人民陪审员之家”微信联络群，及时发布开庭信息、会议通知、业务知识，更新参与审判相关制度规定、提供解答疑问等便利措施。这些举措对于提升人民陪审员的归属感，增强其参与意识、发挥主人翁精神无疑意义非凡。X 市 X 县法院明确建立人民陪审员考勤、考核机制，人民陪审员的补助、核算等经费保障由法官审管办统一负责，人民陪审员的履职监督由法院纪检监察部门负责。同时，建立人民陪审员信息管理系统，实现公民参与审判业务和业绩管理的网络化，为人民陪审员学习培训、庭前阅卷、案件合议、监督评价、业绩管理搭建网络平台。

就人民陪审员费用的支付方式而言，各地法院做法也因地制宜，做法各异：一是“一刀切”的支付方式。部分地方法院对人民陪审员参与审判补助费的发放大都实行“一刀切”的方式支付，每名人民陪审员每案补助费用标准在 40～60 元，并不具体区分交通费、误工费、伙食费等各式费用。部分经济条件好的法院，为了鼓励人民陪审员参与审判，对补助费实行逐年递增的办法，但也有少数法院也认为，增加人民陪审员的补助费，会损害职业法官的审理案件积极性，难免会有意在案件审理中为难人民陪审员，影响案件的公正审理。二是按人民陪审员参与审判过程中的实际支出支付。部分高级、中级人民法院对人民陪审员补助费采取直接按实际支出的标准进行支付，即根据其所在不同地区，制定不同的参与审判费补助标准，然后直接将补助费用支付给人民陪审员。笔者访谈的法官认为："我们中院的陪审员都是从各县选任的，由于距市区路程不同，产生的交通费也不一样，另外民事案件的审理期限与刑事案件审理期限上也有差异，常有刑事案件的审理需要几天的时间，这就涉及人民陪审员的食宿问题。所以不能像基层法院那样一刀切，只能按照人民陪审员实际支付的所有必要费用进行直接支付，因此，有的案件的补助费可能要达每天600元左右，远高于基层法院。"

据此可以看出，各地人民陪审员保障措施内容丰富，超出了《人民陪审员法》规定的经费保障的范围，但这其实也是保障人民陪审员参与审判的应有之义。对于人民陪审员的保障机制，司法实践中尚存在以下共性问题：

其一，人民陪审员人身安全保障措施缺位。人民陪审员参与审判的刑事案件一般比较重大且具有重大的社会影响，司法实践中，人民陪审员及其家人容易受到威胁、胁迫，以至于影响人民陪审员在庭审中的公正履职。人民陪审员安全保障程序缺位，也是造成选任人民陪审员困难或者其无故缺席审判的客观原因之一。

其二，人民陪审员履职过程中风险负担程序欠缺。人民陪审员参与审判活动付出大量脑力、体力以及时间成本，有的刑事案件当事人人数众多，庭审持续时间较长或者庭审休庭次数多。有的人民陪审员虽具备较丰富的人生阅历与经验，但因为年龄较大，长时间的案件审理，随着控辩双方的激烈交锋，可能会使其身体与精神无法坚持，甚至有个别人民陪审员因为压力诱发突发性疾病。现在的人民陪审员保障体系缺乏此类风险负担程序，对可能产生的风险无法进行有效防范和补偿。

其三，人民陪审员的职业道德无法保障。法律是道德的底线，但法律不同于道德，法律可以依靠国家强制力来保证实施，而道德却只能依靠自律。人民陪审员作为“业余法官”虽然按照《人民陪审员法》的规定，也必须进行履职宣誓，但是其毕竟不同于职业法官，受《法官法》和法官职业伦理道德的要求，如此一来，人民陪审员在参与审判过程中，没有道德约束，所以会出现人民陪审员看手机、全程一言不发等随意行为。

其四，人民陪审员的职业技能水平无法保证。《人民陪审员法》和2019年《人民陪审员培训、考核、奖惩工作办法》初步规定了人民陪审员的岗前培训等内容。司法实践中，各地法院也都不同程度地对人民陪审员进行庭审培训，但是是否应该通过培训短时期内提升人民陪审员的职业技能水平，理论界和实务界存在不同的看法。理论界普遍认为培训可能使人民陪审员在功能上和职业法官混同，进而不能反映出公民丰富的社会经验和健全的公民常识；实务界却认为对人民陪审员进行职业技能的培训有利于案件事实的认定、庭审效率的大大提高。也有观点认为培训人民陪审员的目的是让其具备审理案件的基本常识，避免纯粹的个人感情判断可能造成的案件审判错误，而非让人民陪审员尽量接近职业法官的水平和能力。[①]

---

① 参见张曙光：《人民陪审：困境中的出路——河南法院人民陪审团制度的贡献与启发》，载《政治与法律》2011年第3期。

五、人民陪审员考核、退出及惩戒机制问题

人民陪审员的考核、退出及惩戒机制是保障人民陪审员制度良性运行的现实需要。我国《人民陪审员法》和《人民陪审员培训、考核、奖惩工作办法》都对人民陪审员的考核、退出及惩戒机制进行了初步规定，具体包括人民陪审员的考核内容、人民陪审员任期届满的自动免除程序、人民陪审员的职务免除程序与惩戒程序的内在关系、职务免除通知的发布及刑事责任的追求等内容，[①]各种措施的具体内容上文配套措施部分已进行详述，这里就不再赘述了。

就人民陪审员的考核程序而言，司法实践中存在以下共性问题：

其一，对人民陪审员考核的内容比较单一。对人民陪审员的日常管理及考核是判断其是否积极参与审判的前提和基础，周密且细致的管理与考核会为人民陪审员有效评价以及人民陪审员的履职提供坚实的基础，同时，也会为违法违规的人民陪审员的惩戒提供一定的参照依据。相当一部分法院对于人民陪审员考核的内容普遍比较单一，考核的严格把关基本上集中在人民陪审员选任前的资格审核程序，人民陪审员选任之后，对其的考核内容基本流于形式，缺乏考核的经常性与参照体系，也没有具体的指标数据支撑。

其二，对人民陪审员考核的主体混乱。例如，X 市 Y 区法院明确人民陪审员的选任、培训、考核、奖惩等日常管理工作由政工科

---

① 参见最高人民法院政治部法官管理部：《〈人民陪审员培训、考核、奖惩工作办法〉的理解与适用》，载《人民司法》2020 年第 4 期。

负责，人民陪审员的考勤、考核、补助、核算等由审管办专门负责，履职监督由法院纪检监察部门负责。这样的考核评价制度造成了该院“政出多门”，最终造成“人人都管，无人负责”的尴尬局面，考核效果十分不理想。另外，有些法院建立了法官与人民陪审员双向互评程序，作为对政工部门日常管理的有益补充，但实际操作中，法官与人民陪审员在互评时，都会因为彼此的熟人关系而使互评变为“互捧”，评价结果并不能为人民陪审员的考核提供准确的参照。基于此，在人民陪审员数量日益增多的背景下，专门性的日常考核与管理机制不到位，势必造成考核呈现粗线条，管理趋向虚无化。

其三，人民陪审员考核程序缺失。科学合理的考核，必须立足于对日常运作数据的采集及分析基础上进行，也就是说考核离不开全面的数据采集科目与分析程式。司法实践中对人民陪审员的考核，绝大多数停留在陪审案件数量多少的单一层面，没有进行科学的设计与构架，这可能与法院认识到不同参与审判案件人民陪审员表现的高度相似性而使采集数据无意义，也可能与法院根本没有考核的动力有关。因此，从实践效果来看，法院并不热衷于对人民陪审员进行考核和奖励，也没有按照法律文本规定落实考核和表彰的程序。法院对人民陪审员的考核是形式化的，更注重的是人民陪审员参与审判案件数量的多少，在这样的一种背景之下，进行的考核效果一定不理想。

就人民陪审员的退出程序而言，司法实践中相当一部分的法院职能部门明确表示，即便本院存在人民陪审员违反相关法律规定的情况，也从来没有启用过职务免除程序。根据数据统计，在 S 省 21 家各级法院中，5 年来只有 2 家法院启动过人民陪审员职务免除程序。也就是说，人民陪审员职务免除程序启动频率较低，开启职务免除程序并非一种常态，被免除职务的人民陪审员所占比重极低。人民陪审员的职务免除的理由当中，无正当理由拒绝履行职责免除和任期届满自动免除的占据主导地位。对于其他法定理由免除的几乎没有，在提及违反法律规定而应当对人民陪审员启动职务免除程序为何没有启动时，访谈法官表示："人民陪审员参与审判本身就属于给法院来帮忙，确实有原因不能及时参加的，也应理解，而且在任人民陪审员数量有限，法院审判工作压力又非常大，所以对人民陪审员的一些作风纪律问题多以批评教育为主，并不会直接强制退出。"

自《人民陪审员法》和《人民陪审员培训、考核、奖惩工作办法》实施以来，人民陪审员的惩戒程序在司法实践中也基本处于"荒废"状态，很少对人民陪审员进行适用。就如 X 市 W 区法院法官所说："人民陪审员参与审判本来就没有获得太多的权利，反而对他们苛求太多的责任和义务显然有悖法理。所以对不积极参与审判的，通常也不过多追究。因此，对于些许轻微的违纪违规行为，本着多一事不如少一事的态度，就内部消化掉了。而对于真正严重的违法违规行为，或者启动职务免除程序来替代惩戒，或者不再给这些特定的人民陪审员履行职务的机会，等待 5 年任期届满时自动免除职务。"由此可见，人民陪审员在任期内履职过程中，经常会出现无正当理由主动辞职、拒绝陪审、徇私舞弊等情形。虽然根据上述相关规定，人民陪审员具有上述法定情形时应免去其职务，并对其进行相应惩戒，但司法实践中一般不会及时按程序办理免职和惩戒的相关手续，而是等到其任期届满后自动免除，下次选任时不再选任。因此，司法实践中的惩戒机制实施效果其实并不理想，立法和实际工作中有一些基本性的问题也没有廓清，对人民陪审员进行追责的限度就是一个很重要的问题。现有的规范基本停滞于因过错而导致的退出与对过错进行刑事追责的两级，而司法实践当中少有对人民陪审员的履职行为进行刑事追责。呈现在大家面前的景象仿佛就是惩戒的起点、一般形态、终点都是退出，惩戒完全被退出替代了。①

① 参见姚剑：《文本中与实践中的人民陪审员退出与惩戒机制》，载《昆明理工大学学报（社会科学版）》2018 年第 2 期。

第四章

我国公民参与审判类型化的完善路径

第一节　我国公民参与审判的类型化抉择

通过对各国公民参与审判类型的界定和生成机理的分析，明确公民参与审判制度的类型大致可以分为陪审制、参审制、糅合模式、参审制与陪审制并行四种模式。陪审制根据职权配置可以概括为“分离分工模式”，即职业法官和陪审员以任务分工的形式独立审理案件，彼此互不干扰，各尽职责。参审制根据职权配置可以概括为“协作互助模式”，即职业法官和参审员共同组成合议庭审理案件，对于案件的审理需要双方共同讨论及表决。根据2004年《关于人民陪审员制度的决定》（已废止）的规定，我国人民陪审员制度采取的是职业法官和人民陪审员“同职同权”的参审制模式，但是，这一模式实践效果不佳，公民参与审判形式化严重。2015年试点决定尝试通过职业法官和人民陪审员的“分职分权”来改变人民陪审员制度“花瓶式”的实践效果。2018年《人民陪审员法》在总结试点经验和教训的基础上，区别不同案件类型，实行二元混合参审职权模式，即职业法官和人民陪审员两种主体组成的合议庭中，根据不同合议庭类型，人民陪审员参审职权与职业法官审判权存在“同职同权”与“分职分权”两种模式。① 就职权配置模式上而言，我国无疑属于汲取陪审制和参审制积极因素的糅合模式，但是我国人民陪审员制度并非对于域外制度的单纯移植或照搬，而是立足我国司法文化和司法传统的基础，在和域外公民参与审判制度对话和融合的基础上构建的中国特色制度。

一、以精英化为主兼采大众化

司法从来是一项专门的职业，纠纷的解决也不是一种众声喧哗的游戏，而是借助长老的权威、指挥和经验来解决。② 德沃金曾言：“法院是法律帝国的首都，法官是帝国的王侯。”职业法官的身份具有天然的精英化“基因”。就社会常识角度而言，法官作为社会公平正义的守护者，也以精英化为其身份表征。法官的精英化意味着从法学教育开始，对于法律职业群体就针对性地进行技术理性和法律素养的培养和训练。法官相对于检察官和律师被赋予了最高的专业能力和职业道德的期待，法官的精英化程度在一定程度上意味着司法的权威性和裁判结果的可接受性。党的十八届四中全会提出政法队伍的“正规化、专业化、职业化”要求，精英化可谓正规化、专业化、职业化的一种顶级表现形式。③ 2015 年，《人民法院第四个五年改革纲要（2014—2018）》中提出确立法官员额制，即“建立

① 参见刘奕君：《模式、依据与冲突：人民陪审员参审职权研究》，载《法学杂志》2018 年第 9 期。

② 参见谢晖：《转型中国司法矛盾的法哲学评析》，载《北方法学》2012 年第 4 期。

③ 参见熊秋红：《法官员额制改革推进司法精英化》，载《人民法院报》2017 年 7 月 7 日，第 2 版。

法官员额制，对法官在编制限额内实行员额管理，确保法官主要集中在审判一线，高素质人才能够充实到审判一线”。对于职业法官通过员额制选任再次精英化严选，保障精英法官始终坚守在审判一线。由此可见，我国刑事司法改革始终坚持和贯彻司法专业化、精英化及去行政化的司法理念。

司法文化也称为司法机关的法律文化，是指人民法院在长期审判实践和管理活动中逐步形成的共同的价值观念、行为方式、制度规范以及相关物质表现的总称，是中国特色社会主义先进文化的重要组成部分，是社会主义法治文化的重要内容。① 我国的司法文化更是人民群众的法律文化，我国法律制度将依靠群众、联系群众作为一项基本原则指导刑事诉讼法的实施。但值得注意的是，我国公民参与司法虽然是我国司法民主的重要内容，但是公民以人民陪审员、人民监督员、证人等身份参与司法的实际效果都不甚理想，可以说我国公民具有参与司法的意识，但参与实质性欠缺。其实，我们无须将司法精英化和司法大众化视为对立事务来处理，我们需要尊重我国司法精英化的传统，但是我们也不能否认司法大众化对于司法审判的优势价值。因为公民参与审判可以帮助司法精英们更准确、有效地进行审判，也可以使参与主体、其他社会主体对于裁判结果具有更高的接受性。在人类自身的组织管理中，精英和大众的关系，就如同鱼和水的关系。没有大众的认同、支持和随从，所谓精英，往往不过是孤家寡人。②

---

① 参见郑飞：《司法文化的社会化与大众化：基于9省市实证调研与数据挖掘的分析》，载《证据科学》2015年第2期。

② 参见谢晖：《转型中国司法矛盾的法哲学评析》，载《北方法学》2012年第4期。

2018年《人民陪审员法》虽然规定了人民陪审员参与审判从“同职同权”的包揽部分转变为“分职分权”的分工，从“专业”部分回归“常识”，有利于其凭借健全社会常识和丰富社会经验对案件事实作出合理的判断和认定。但是，对于人民陪审员定位的模糊，导致理论界和实务界对于公民参与审判的功能估计过高。因此，有必要重新审视司法精英化和司法大众化的关系，明确司法精英化是我国司法审判运行的主导理念，司法大众化是协力司法精英化更加良性运行的保障措施。要把公民参与审判作为司法活动的结构性内容之一进行构建，一方面，要通过司法的有序性、公开性克服公民参与的无序化、情绪化、随意化等不稳定因素；另一方面，通过参与的实质性、监督性加强公民参与司法的协力功能。也就是说，我国司法精英化的实现其实离不开人民陪审员制度的激活。司法大众化带来的“大众理性”“司法智慧”是弥补司法精英化“职业理性”固有缺陷的营养液，人民陪审员制度的实质贯彻可以消解职业法官的“职业偏见”和“精英专制”，实现“让人民群众在每一个司法案件中感受到公平正义”。

二、以实质参与为主兼采形式监督

通过对域外各国公民参与审判制度的考察，以陪审制为代表的分工模式因为职业法官和陪审员职权的明确分工，各尽其责，陪审制的适用率虽然很低，但就适用陪审制审理的案件而言，从参审率、参审频率、参审形式以及参审实效等标准进行考量，陪审员都达到了实质参审的效果。以参审制为代表的协作模式因为职业法官和参审员共同组成合议庭协作审理案件，参审员是否实质参与庭审基本上受制于职业法官的个人意志，相当部分的参审员因为职业法官的轻视、专断而无法实质参与案件审理。新兴法治国家对于公民如何实质参与庭审在制度设计时也下足功夫，尽量减少职业法官对于参与审判公民的无端干预。

基于此，我国人民陪审员制度为了保障人民陪审员实质参与审理，避免以往长期存在的“陪而不审，审而不议，议而不决”和“驻庭陪审”等形式化问题，2018 年《人民陪审员法》在制度架构上采取了 3 人合议庭“同职同权”、7 人合议庭“分职分权”的二元职权配置机制，目的就在于最小化职业法官对于人民陪审员的干预，最大限度地保障人民陪审员实质参与庭审。可以说，人民陪审员实质参与案件审理，保障其参与审判的广泛性和均衡性是司法民主理念的根本要求，也是公民参与审判的首要条件。

经过我国人民陪审员制度的 3 年试点经验积累，《人民陪审员法》也为保障人民陪审员实质参与庭审设置了诸多配套措施：其一，保障人民陪审员充分行使庭前阅卷权。为了使人民陪审员在事实认定中发挥实质性作用，赋予其庭前阅卷的权利，法院负有告知义务，并及时为其阅卷提供相应便利。其二，保障人民陪审员参加庭前会议的权利。庭前会议涉及案件事实争点与庭审重点的理解和把握，尤其是涉及非法证据排除的案件，会实质影响到人民陪审员对于事实的准确认定。其三，完善问题列表和法官指示制度。问题列表通过把事实认定中的关键问题以书面形式进行罗列，使事实认定过程透明化，更容易为人民陪审员知悉、接受。法官指示有利于人民陪审员清楚知悉证明责任的分配、证据规则的运用以及证明标准的把握。其四，明确人民陪审员庭审中的发问顺序和方法。人民陪审员在庭审中对事实认定存在疑问的，人民陪审员先发言，法官必须最后发言。如果人民陪审员的发问没有存在与案件无关、带有偏见等情形，法官不得无故制止。其五，加强陪审员的审前培训。从诉讼原理上说，案件事实是一种证据事实，正确认定案件事实的前提和基础是对证据规则和法律规定相当地熟悉和了解。[①] 虽然我们要求人民陪审员参与审判发挥其健全的社会常识和丰富的社会经验的作用，但是这项功能的发挥必须建立在理性认定事实的基础上，只有这样才可以消解法官对人民陪审员权利的侵蚀，保障其话语权的独立行使。据此，上述配套措施的搭建有助于提升人民陪审员参与审判的实质性，目前的不足之处就在于配套措施的操作性、本土化程度有所欠缺。

根据2018年《人民陪审员法》的立法精神，人民陪审员不仅与职业法官“同职同权”，而且在参与审判过程中，人民陪审员发现审判程序和实体处理有问题或者法官办案中有不廉洁行为，有权及时向院党组和纪检监察部门反映，有效地发挥了监督员的作用。毋庸置疑，历史的经验告诉我们，通过“权利制约权力”相比较通过“权力制约权力”更为有效，更何况人民陪审员处于相对中立的地位，即与案件双方当事人不存在利害关系，与职业法官也存在一定的“鸿沟”。按照我国宪法和法律规定，司法监督已较为体系化，享有司法监督权的主体众多，既包含着公权力对司法权的监督，也有私主体对司法权的监督方式。[②] 因此，人民陪审员充当司法监督者是有一定理论基础的。但是，人民陪审员与职业法官共同审理案件，行使的是司法权力，但同时又充当司法权的监督者，这双重身

① 参见潘金贵、蔡岱婞：《论陪审实质化改革的机制构建》，载《贵州民族大学学报（哲学社会科学版）》2016年第3期。

② 参见付中一、江国华：《人民陪审员司法监督职能的法理及其实践路径》，载《理论月刊》2019年第5期。

份存在一定的逻辑悖论，这种“同体监督”一定程度上会削弱监督的正当性基础。人民陪审员作为“临时法官”行使审判权，对其也理应进行监督，那么到底是自我监督，还是设置外部监督机制，即使人民陪审员能够行使监督权力，那到底以何种标准去监督、去衡量？人民陪审员角色的复杂性导致其内心畏难、纠结，不利于其实质参与庭审。基于此，我国人民陪审员既是案件事实的认定者，也是司法的监督者，但需要说明的是，案件事实认定者的身份具有主导地位，司法监督者的身份仅是保障人民陪审员实质参与审判的辅助身份，这二者的身份定位决不能本末倒置。

三、以审判职能为主兼采调解

人民陪审员以“业余法官”身份参与案件审理，是司法精英化趋势下的有益补充。职业法官基于法律思维和职业习惯不可避免地会形成固化的职业思维，这无疑会影响对案件的公正审理，也会影响公民对审判结果的认可度。人民陪审员参与案件审理可凭借自身健全的公民常识和丰富的社会经验矫正职业法官因长期职业惯性所形成的偏颇和执拗。人民陪审员经过选任程序随机抽选候选人、随机抽选确定人民陪审员人选、随机抽取人民陪审员参与审理个案的“三次随机”，使其具备一定的代表性和广泛性，不易受到当事人、证人或者辩护律师的引诱，也不像法官一样执着于惯性思维。诚如一位著名英国法官所言：“法官误认一切的人都像他们一样的合逻辑，而陪审员则往往比较更明了普通人的混乱和谬误。”① 通过对于域外各国公民参与审判制度的考察可知，公民参与审判往往充当的

① 施鹏鹏：《人民陪审员制度：宪法民主精神的载体》，载《人民法院报》2020年12月7日，第2版。

是社会和司法之间的桥梁，因为专业司法人员的认知和普通公民不可避免地存在“代沟”，如在一些敏感、社会影响较大的案件中，有些行为并未造成严重后果却受到严厉处罚，相反，有些行为不构成犯罪，却引发极大民愤。因此，我国需要人民陪审员参与案件审理过程，充当司法和社会交流的桥梁，保障司法审判能够合乎公民的期待，公民对于裁判结果也具有可接受性。

因此，纵览世界各国现行的公民参与审判制度，无论其与职业法官如何分配权力，其职能的核心内容只能是参与案件审理。因为公民参与审判无论是任期制还是抽选制，对于公民而言都是义务属性远远超过权利属性。基于此，各国为了最大限度地减轻公民参与审判带来的“诉累”，纷纷构建了相应的“便民”措施，甚至有的国家审判制度和审前制度都以公民参与审判制度为核心进行配套构建。在我国，对人民陪审员而言，依法参与审判是其作为公民参与司法过程、防止司法专断的重要权利，同时也是义务，社会教化则是附随的效果。

然而司法实践运行过程中，却将人民陪审员参与审判定位为法制教育、公益宣传，甚至有人将人民陪审员的身份理解为调解员。赞同人民陪审员充当调解员的人认为，一方面，对于人民陪审员来说，最大的优势在于其来自群众，容易联系群众，熟悉当地风土人情和当事人基本情况。这种情况下，调解就是件挺容易的事情了。另一方面，人民陪审员自身阅历和对事对人的社会经验，就是心理学基础。针对不同类型案件特点，采取不同调解方式，帮助当事人化解矛盾纠纷，挽回亲情、友情。

笔者认为，人民陪审员要切实参与审判，就不能让其过多承担调解员、信访接待员、执行信息员、社会调查员等其他职能。这种

“多员合一”虽然看似完美，实则会使公民对人民陪审员制度的价值功能产生认知错误和逆反心理。这主要是因为：其一，“多员合一”会淡化人民陪审员的广泛性和代表性。广泛性和代表性是人民陪审员制度的基本特征，也是防止人民陪审员制度过度义务化的有效举措。如果“多员合一”得到落实，会将人民陪审员作为缓解法官诉累的工具，长期固定在特定职位上，成为“驻庭陪审员”。其二，“多员合一”违背司法民主的基本理念。人民陪审员参与审判的理论基础脱离不开“同侪审判”和权利监督权力的范畴，如果让人民陪审员从事送达法律文书、协助执行案件等事务性工作，人民陪审员制度功能会异化为法官工作的陪衬。其三，“多员合一”违反程序公正原则。刑事诉讼主体根据刑事诉讼法的规定和刑事诉讼的理念具有特定的基本职能，正常履行各自的基本职能是保障刑事诉讼顺利进行的前提保障。让人民陪审员充当基本职能之外的其他角色会影响其基本职能的履行，这是与刑事诉讼基本理论相违背的。因此，人民陪审员参与审判的最基本职能就是审理案件，人民陪审员参与审判的职能必须优先于参与调解的职能，基于我国刑事诉讼联系群众、依靠群众的特色可以赋予其监督司法权运行的权力，基于民事诉讼自身的特色可以赋予其调解案件的权力，除此之外，不能再增加人民陪审员的负担。

第二节　我国人民陪审员制度的诉讼定位

我国近些年的刑事司法改革一直在倡导从侦查中心主义转向审判中心主义。可以说，审判中心改革是国家司法体制改革的重要组成部分，更是重塑诉讼构造和诉讼制度的“四梁八柱”性质的基础性改革。[①] 我国一直在积极探索审判中心主义的改革策略和方法，但是审判中心主义改革作为事关司法传统转变、司法方式改进、司法职权重置以及诉讼重心转移等诸多事项的革命性变革，无论是立法进程还是试点探索都不能急于求成。就我国目前的现实情况而言，在现行的诉讼制度和司法体制所形成的审判认知结构和判决权威结构未被根本触动的前提下，以审判为中心改革如同“螺蛳壳里做道场”，辗转腾挪的空间十分有限，改革效果不显著，也在情理之中。[②] 因此，我国理论界和实务界对于审判中心主义改革形成的共识是：一方面，需要对涉及审判中心主义的具体措施以立法授权的方式进行先行试点，逐步积累立法经验；另一方面，对于已经成熟的经验，可以提炼出原创性理论，并在此基础上考虑纳入立法规划，等待检验核准期满后，循序渐进地进行立法。

审判中心主义的外部要求在于审判在诉讼阶段中居于中心地位，审判中心主义的内在要求在于保证庭审在查明事实、认定证据、保护诉权、公正裁判中发挥决定性作用。也就是说，庭审应该贯彻直接言词原则，保障庭审集中、不间断审理，禁止任何庭外单方面的事实认定和不公开交流。想要保证审判中心主义的实现，我国人民陪审员制度的有效、实质运行是关键举措，具有不容忽视的潜在制度价值。人民陪审员制度因为自身的制度特色，无论是对于审前制度的调适还是对于审判制度的完善都和审判中心主义的实质要求

① 参见刘静坤：《以审判为中心的诉讼制度改革之立法思考》，载《中国刑事法杂志》2019 年第 1 期。

② 参见魏晓娜：《以审判为中心的诉讼制度改革：实效、瓶颈与出路》，载《政法论坛》2020 年第 2 期。

具有高度的契合性和一致性。纵观域外的公民参与审判制度，其定位都属于审判环节的核心制度，诸多的刑事诉讼程序和原则都围绕该制度进行搭建。换言之，公民参与审判制度的切实贯彻也就意味着审判中心主义理念的有效践行。我国2018年《人民陪审员法》的颁布为审判中心主义的实质推进提供了重要契机，人民陪审员制度的有效运行有助于贯彻直接言词原则、审判公开原则，有利于实现庭审的实质化和迅速化，解决我国长期以来存在的未审先判、庭审虚化、流水线作业等问题。总之，人民陪审员制度是实现审判中心主义的关键举措，有必要从以下几个方面具体阐述其对于审判中心主义的促进作用。

一、审判制度以人民陪审员制度为中心重构

（一）人民陪审员制度与庭审实质化

庭审实质化是我国现阶段刑事司法改革的核心内容之一，是审判中心主义司法改革的重要组成部分。以审判为中心的刑事诉讼制度改革最终被落脚在刑事庭审实质化改革上，其目的是提升法庭审判过程中发现疑点、理清事实、查明真相的能力。[①] 目前，我国庭审虚化、流于形式的主要制约因素在于：其一，法官依赖卷宗，庭前阅卷形成预断；其二，庭前会议功能异化，法庭审理部分被虚置乃至被替代；其三，证人、鉴定人出庭率极低；其四，控辩对抗不足，尤其是被告人难以获得有效辩护；其五，各种外在压力影响法官依法独立行使审判权。可以看出，我国制约庭审实质化的诸因素体现了英美法系当事人主义的某些特色，但值得注意的是，庭审实

① 参见《庭审实质化的六项具体改革措施》，载《法制日报》2016年2月3日，第9版。

质化不是单纯的对抗制审判，否则大陆法系职权主义各国的刑事庭审也就没有庭审实质化的可能性。以审判为中心改革与审判模式没有必然的关系，无论是对抗式诉讼还是职权主义诉讼，均可以自己的方式实现庭审实质化。[①] 根据最高人民法院印发的《人民法院办理刑事案件庭前会议规程（试行)》、《人民法院办理刑事案件排除非法证据规程（试行)》和《人民法院办理刑事案件第一审普通程序法庭调查规程（试行)》（以下简称“三项规程”）的规定，庭审实质化的实现有赖于庭审程序在审判阶段核心地位的确立和以“事实证据调查在法庭，定罪量刑辩护在法庭，裁判结果形成于法庭”的庭审实质程序的架构。根据理论界和实务界的共识性观点，我国庭审实质化改革收效甚微，关键在于没有找准庭审实质化改革的症结所在，盲目于表层制度和具体程序的架构。笔者认为，庭审实质化和公民参与审判的实质化具有内容上和功能上的趋同性，我国可以尝试以人民陪审员制度作为抓手促进庭审的实质化。

人民陪审员需要实质参与庭审就必须要知悉案件焦点和争点、听取控辩双方的质询、独立对认定事实发表裁决意见等。因此，人民陪审员制度在庭审中发挥实质性作用，对于克服职业法官长期以来形成的未审先判、庭审虚化等痼疾具有明显的效用。具体而言：其一，人民陪审员对于案件焦点和争点的把握和知悉有赖于法官的指引和控辩双方的质询，为了避免人民陪审员先入为主形成主观预断，这些活动原则上必须在庭审过程中进行。其二，人民陪审员对于案件事实的认定往往是基于其健全的社会常识和丰富的社会经验，认定案件事实的亲历性、直观性显得尤为重要，因此，证人、

---

① 魏晓娜：《以审判为中心的诉讼制度改革：实效、瓶颈与出路》，载《政法论坛》2020 年第 2 期。

鉴定人出庭接受质询，对证据疑问作出合理解释就显得势在必行。其三，人民陪审员实质参与庭审需要弱化案件对庭审的作用，合议庭必须根据审判全过程在自由心证的基础上决定事实认定的结果，这和“三项规程”所规定的“事实证据调查在法庭，定罪量刑辩护在法庭，裁判结果形成于法庭”的要求不谋而合。其四，为了让人民陪审员能够通过有证据能力的证据正确而迅速地形成心证，就必须将非法证据、无证据能力的证据提前排除在庭审之外，这和我国庭审实质化所要求的证据规则严密化的要求也是一致的。其五，人民陪审员实质参与审判要求整个庭审呈现出“耳闻目见”式的动态化审判，这就要求庭审过程中必须得运用印证方法、故事方法、论证方法等多元证据分析方法，不能仅停留在静态的、封闭的证据印证链条上。①

（二）人民陪审员制度与庭审迅速化

庭审迅速化，指的是整个庭审过程中合议庭能够保证案件集中、不间断审理，避免诉讼的拖沓和恣意中断。刑事案件审判程序作为独立且核心的诉讼阶段，不同于审前追诉阶段的查明未知案件事实，该阶段主要集中于对已知案件事实的验证。因此，合议庭审理案件必须尽量保证持续不间断，整个审理过程中控辩双方可以随时进行攻击或者防御，合议庭可以依据质询和辩论情况及时作出裁决。《公民权利与政治权利国际公约》规定：“任何因刑事指控被逮捕或拘禁的人……应有权在合理的时间内受审或审判前释放……受审的时间不受无故拖延。”

我国虽然对于刑事审判有审限的规定，即为合议庭的案件审理

---

① 参见纵博：《庭审实质化视野下的证据分析方法多元论》，载《政治与法律》2020年第10期。

设置一个合理的最长期限，避免诉讼无期限拖延。但司法实践中，合议庭可以规避审限规定，造成审判过程冗长、拖沓的情形不在少数，究其原因：其一，“案多人少”背景下，合议庭长期实行并行审理、间隔审理，法官依赖于阅卷；其二，开庭排期混乱，导致庭审流于形式；其三，庭审过程中随意更换合议庭法官或者人民陪审员；其四，律师辩护空间小、不受尊重以及挑战性高，难以在庭审中实现有效辩护；其五，庭审中超审限审理、延期审理、中止审理的情形频繁发生。① 上述情形不但会影响被告人的人权保障，对参与审判的人民陪审员也是沉重负担。因此，亟须以人民陪审员制度的贯彻为切入口，保障我国庭审的迅速化。

我国人民陪审员参与审判兼具权利和义务属性，即人民陪审员具有参与刑事案件审理的法定义务，但同时基于人民陪审员的权利属性，不能带给其沉重的负担和糟糕的体验。基于此，为了保障由人民陪审员和法官组成的合议庭实现庭审的集中、不间断审理，有必要在遵守我国审限底线规定的基础上，确立并贯彻集中审理原则。集中审理原则的实质内核，在于通过连续而集中的法庭审理保证裁判者获得正确心证。审限制度的存在则是为法院的审判活动设置一个最长时限，防止诉讼无限期拖延。②

通过对域外各国进行考察可知，英美法系国家基于陪审制和当事人主义的诉讼模式最早就确立了集中审理原则。大陆法系国家和新兴法治国家普遍确立集中审理原则，将其作为控制审判时间、防

---

① 参见叶肖华：《论集中审理原则在中国之采行——以刑事诉讼为视角》，载《社会科学战线》2011 年第 6 期。

② 参见于增尊：《为刑事审限制度辩护——以集中审理原则之功能反思为视角》，载《政法论坛》2014 年第 6 期。

范诉讼拖延的“利器”。因此，笔者认为我国的审判审限规定可以作为我国庭审迅速化的底线规定。在此基础上，为了保障集中审理原则的实现，有必要做到以下几点：其一，构建我国的庭审更新制度。庭审过程中如果法官或者人民陪审员需要更换的，建议重启法庭调查和法庭辩论程序，以保障新加入的法官或者人民陪审员的亲历性。其二，贯彻落实证据开示制度。充分的证据开示有利于庭审焦点和争点的把握，有利于庭审的集中、不间断审理。其三，尽量保证审判结束能够及时作出裁判。审理结束后立即进行评议，并在此基础上作出裁判，以防止择期宣判过程中各种法外因素的干扰。

（三）人民陪审员制度与直接言词原则

直接言词原则是大陆法系国家保障参审合议庭实质化审理的基本原则，传闻证据规则是英美法系国家保障陪审团准确认定事实的基本规则，二者具有紧密的联系，可以说二者的精神实质是一致的，仅仅是规定角度有所不同而已。直接言词原则可划分为直接原则和言词原则。直接原则又称为直接审理原则，其具体包括两层含义：其一，作出判决的合议庭不能将证据调查、事实认定等工作委托他人完成，必须自己亲自进行；其二，合议庭必须对原始的证据材料进行调查，而不能以证据的替代品为事实调查的根据。[①] 言词原则又称为言词辩论原则，实质刑事案件的审理必须以言词陈述的方式进行，被告人、被害人进行口头陈述，证人、鉴定人进行口头作证，检察官、辩护人进行口头质询和辩论。我国以往人民陪审员制度形式化、庭审虚化的主要原因就在于“案卷笔录中心主义”带来的庭审过程中书面审查比重较大、言词辩论不足、证人出庭率极低等。

① 参见［德］克劳斯·罗可辛：《刑事诉讼法》（第24版），吴丽琪译，法律出版社2003年版，第429－430页。

为了使正义以看得见的方式实现，也使每一个人民群众都能够在个案中感受到公平正义，直接言词原则的贯彻对于人民陪审员制度的在地化和庭审的实质化都具有不可替代的关键作用。

贯彻直接言词原则，保障人民陪审员能够以“耳闻目见”式的亲历感知参与案件审理，最大限度地实现人民陪审员事实认定的“鲜活性”和完整性，这样才能使人民陪审员制度的功能落在实处。在适用人民陪审员制度进行审理的案件中，有必要从以下几个方面贯彻落实直接言词原则：其一，弱化案卷对庭审中人民陪审员的影响。可以借鉴德国的立法规定，禁止人民陪审员接触案卷，保障人民陪审员庭审过程中充分行使发问与质询的权利，使其对事实的证明建立在个人的亲自感知基础之上。其二，完善证人、鉴定人出庭作证制度。证人、鉴定人出庭作证以及接受质询是其证言、鉴定意见真实性的基本保障，单纯依照审前制作的证人证言笔录和鉴定意见笔录，人民陪审员的知悉性难以保证。其三，改变庭审的记录方式。根据直接言词证据的要求，整个庭审过程是以口头陈述、辩论的形式展开的，那么，如何将巨大的信息量原汁原味地保存下来供法官分析运用是进一步提高庭审价值、减少法官个人局限性的关键因素。① 其四，改变职业法官的习惯和思维。法官长期以来形成的庭前阅卷和轻视人民陪审员作用的“坏毛病”亟须改变，需要重新认识人民陪审员参与审判的重要性。

（四）人民陪审员制度与上诉权

根据比较法学家达马斯卡的诉讼模式理论，处于等级模式的司法官僚结构之下，审判权的行使者通常由等级分明的职业法官把持，

---

① 参见谭辉、彭美凤：《贯彻刑事司法直接言辞原则的几点构想》，载《人民法院报》2015 年 11 月 25 日，第 6 版。

他们上下级之间的关系强调不平等。这种官僚化的体制和长期化的任职导致职业法官审理案件过程中不可避免地形成不同程度的专业化和程式化。这就导致职业法官形成了审判案件是其专属领域的思维定式，仅对处于相同情境中的法官同僚具有身份和职业的认同，对于人民陪审员之类的外部人员参与审判表现出强烈的排斥和苛刻态度，因此，职业法官为了维护其权威性和统一性，对于人民陪审员的意见很少进行容忍，其更加注重的是人民陪审员能否和他保持步调一致，符合个案公正的“法律条文主义”和“逻辑合法主义”。

正因为如此，由人民陪审员和职业法官组成的合议庭审理案件的过程中，职业法官垄断着整个庭审程序，人民陪审员的功能和作用受到严格的控制和普遍的轻视。整个庭审程序为了服从职业法官的需求，通常被分割成片段，最后的判决结果也都是基于各阶段积累的案卷和各个程序碎片上的不同决定而形成的。基于上述机理，一审合议庭作出的判决或者裁定，都必须为将来的二次审查做准备。由于每一个程序都有下一个程序进行全面的审查和检验，所以初始的决定常常并非注意的焦点，因此程序的进行弥漫着合作与服从的精神。

与之相反，处于同位模式的司法官僚结构之下，审判权的行使通常由未受过专业法律训练的业余人士组成合议庭进行，这些业余人士往往是被随机抽选只能在有限时间内履行法定义务。因此，行使审判权的“业余法官”之间地位平等，具有同等的权力和威望，在此基础上，不同意见的容忍性和自由性能够得到充分保障。也因为此种合议庭设置，没有后续的全面审查机制，“业余法官”能够将注意力和精力付诸案件审理，一审所作出的判决也通常被认为具有终局性和不可撤销性。通过对我国的诉讼模式和人民陪审员制度的设计进行分析可知，我国诉讼模式和人民陪审员制度无疑更贴合等级模式的司法官僚结构，我国由法官和人民陪审员组成的合议庭基本上满足和遵从法官的权威，法官控制庭审过程和程序，人民陪审员必须协力和服从法官审判的基本设置。基于此，我国赋予了适用人民陪审员制度审理的案件进行救济的上诉权，二审程序可以对一审案件进行全面审查，其根本原因就在于等级模式的司法官僚结构下每一个程序都有下一个程序进行全面复查的逻辑设置。①

综上所述，我国对于适用人民陪审员制度审理的刑事案件赋予上诉权是存在合理理论依据的。但是，基于公民参与审判的特殊性，当适用人民陪审员制度出现“误判”时，被告人提起上诉，对于刑事二审程序而言，二审的合议庭之构成、审理方式等也应该进行相应变化，具体而言：其一，在一审适用人民陪审员制度的情况下，为了保证二审判决推翻一审判决的正当性，二审程序适用一审程序的审理原则、证据规则等就显得十分必要，这就要求二审程序必须改变现行的仅进行书面审查的既有规定，采取直接言词原则进行案件审理。其二，二审程序中需不需要人民陪审员参与呢？纵观世界范围内的各种公民参与审判制度，仅有极个别的参审制国家二审程序规定公民必须参与，鉴于我国人民陪审员参与审判旨在反映参与审判公民健全的公民常识和丰富的社会经验，况且我国的人民陪审员主要负责事实认定，对于法律适用和量刑仅具有提出意见的权利，而二审程序通常情况下既要进行法律审也要进行事实审，人民陪审员参与二审意义不大，反而会增加人民陪审员的不必要负担，进而会影响公民参与审判进行事实裁定的法律权威。

---

① 参见易延友：《刑事诉讼法：规则、原理与应用》（第4版），法律出版社2013年版，第57页。

二、审前制度以人民陪审员制度为中心调适

（一）人民陪审员制度与检察官客观公正义务

德国学者托马斯·维根特指出："检察官的角色是理解一国刑事司法体系如何运作的关键。"[①] 毫无疑问，人民陪审员制度的贯彻和落实会给检察官的角色定位和职能发挥带来巨大的冲击。按照我国传统的认识，检察官在刑事诉讼中属于指控者一方，检察官的偏颇是自然而然的，控方本来就不是客观公正的，也无须考虑被告人一方的利益。司法实践中，我国部分检察官受英美法系当事人主义模式下检察官角色的影响，将自己定位为一方当事人，对犯罪进行积极追诉，忽略检察官的司法官属性。打击、惩罚犯罪的目标"往往使检察官成为热情的诉讼斗士，不遗余力地争取胜诉"[②]，甚至部分检察官将自己定位为打击犯罪、维护社会秩序的急先锋，而非法律程序的守护者，这样的理念导致了只关注有罪、罪重证据，忽视无罪、罪轻证据，进而大大地提高了合议庭误判之风险。基于上述检察官的职能定位，庭审过程中检察官长期存在"重实体、轻程序""重法官、轻陪审"的现象，检察官对于庭审过程中是否有人民陪审员参与、人民陪审员是否违反程序规定、人民陪审员是否能准确认定事实等问题往往视而不见，因为他们认为人民陪审员的参与只是阻碍他们追诉犯罪的障碍，会增加其出庭支持公诉的司法成本。

我们国家的检察官应该属于"法律守护人"，发挥着国家权力双重控制之功能。[③] 基于此，对于庭审过程中出现的"阻碍"人民

---

① 邵晖：《检察一体的历史与现实》，载《国家检察官学院学报》2013 年第 1 期。

② 龙宗智：《中国法语境中的检察官客观义务》，载《法学研究》2009 年第 4 期。

③ 参见万毅：《两岸检察官法律地位之比较》，载《东方法学》2011 年第 2 期。

陪审员事实认定等程序问题，检察官应该提出异议要求法官予以更正，这也是我国检察官法律监督职能的当然之义。检察官本身就是多种利益的代表者，检察官并非仅代表被害人、代表国家的利益，检察官同时应当代表整个社会的利益包括被告人获得公正审判的要求。多种利益的维护附加于检察官一身，使检察官在追诉犯罪的同时，不得不戴上“通过防止冤枉无辜而维护司法公正、追求实质真实”的脚镣。[①] 因此，我国检察官必须秉持客观公正义务，这对人民陪审员准确地、完整地认定案件事实具有重要作用。具体而言：其一，检察官必须秉持客观取证义务，既要收集对被告人不利的证据，也要收集对被告人有利的证据，并且要在保障所有证据具备真实性、合法性、关联性的基础上一并移送庭审；其二，检察官必须秉持追求公正判决的义务，庭审过程中无论是承担举证责任、说服责任，还是提出法律适用意见，都必须考虑人民陪审员是否能够真正理解；其三，检察官必须秉持维护程序的义务，在庭审中具体表现为对于人民陪审员是否实质参与庭审，检察官应当从维护法律程序的严格性和正当性的立场出发积极进行防范、制止和惩戒。

（二）人民陪审员制度与案卷中心主义

检察官过于强调追诉犯罪，导致其单方面追求制作案卷笔录的技术而忽略了检察机关的职能定位并非好事，在实务技术的驱使下，卷宗笔录的精细化和技术化可能使检察官的职能异化。从我国决心实行审判中心主义的初衷来看，频繁适用卷宗材料会使检察官成为我国笔录裁判的元凶，背离审判中心主义，但是，我国刑事司法又基于对检察官的信赖，认为检察官对于卷宗的依赖是刑事诉讼发现

① 参见程雷：《检察官的客观义务比较研究》，载《国家检察官学院学报》2005年第4期。

真实、剔除巨恶的关键，是我国检察官客观义务得以履行的形式保障。但是，案卷材料不再是万能的存在，其证据地位受到了冲击。普通公民以人民陪审员的身份在庭审过程中进行事实认定，因很难对审前阶段的案卷材料和审判阶段的被告人供述进行逐一比对，严重影响其心证的形成。对于检察官出示的证据以及证明的案件事实，人民陪审员也很难在短时间内理解到位。例如，庭审中，证人主张在侦查人员调查取证时受到了不当的引诱或者威胁，人民陪审员一方面会认为证人当庭所作证言未必都是可信的，另一方面也会怀疑证人所主张的非法取证行为是否真的存在。也就是说，人民陪审员是选择信任侦查阶段的检察官的举证，还是审判中的证人证言，是左右为难的。人民陪审员制度的适用旨在达到使其“用眼看、用耳听就能读懂审判内容”，人民陪审员和法官一样虽有阅读证据笔录的法定权限，但并未负有必须阅读的法定义务。

鉴于此，2012 年修改《刑事诉讼法》的主要内容之一就是侦查阶段讯问的录音录像制度。该制度的适用范围包括：可能判处无期徒刑、死刑的案件；致人重伤、死亡的严重危害公共安全犯罪、严重侵犯公民人身权利犯罪案件；黑社会性质组织犯罪案件，包括组织、领导黑社会性质组织，入境发展黑社会组织，包庇、纵容黑社会性质组织等犯罪案件；严重毒品犯罪案件，包括走私、贩卖、运输、制造毒品，非法持有毒品数量大的，包庇走私、贩卖、运输、制造毒品的犯罪分子情节严重的，走私、非法买卖制毒物品数量大的犯罪案件；其他故意犯罪案件，可能判处 10 年以上有期徒刑的。可以看出，讯问时应该录音录像的案件基本上必须适用人民陪审员制度进行审判。当人民陪审员面对检察官的举证和审判者的陈述无所适从时，录音录像这一客观的可视化材料，可以有效地帮助其进行判断。但是对于录音录像制度，我国立法者保持谨慎态度，录音录像适用范围相对较小，且只能用于证明口供的真实性、自愿性。

另外，检察官的公诉书内容的专业化、精密化也使人民陪审员很难读懂。司法实践中，人民陪审员对于审判的内容尤其是检察官的公诉书、鉴定意见等证据材料，会在评议期间再次查看，但是检察官的公诉书已然在长期的司法传统中形成了格式化、固定化的内容。也就是说检察官已习惯以职业法官作为阅读对象，公诉书的内容以法律构成要件为基础，充斥着大量的文字情报，这与人民陪审员所期望的内容简洁的、核心观点明确的检察官公诉书相去甚远。因此，笔者认为公诉书应对质问（讯问）和回答（供述）予以明确区分，并按照一问一答的形式制作。故事风格的公诉书，人民陪审员可迅速把握核心要点，从而降低刑事司法的成本。与之相反，专业的公诉书在记录过程中会将故事风格部分和心理攻防部分舍弃，打乱问答顺序，按照法律要件的形式归纳整理供述内容。法律要件风格的公诉书在公诉事实争议问题上会呈现重大缺陷，具体而言：其一，被告人的供述过程不明朗；其二，因为质问和回答的糅合，导致公诉人频发“并非公诉人原本主张的发言”或“感觉有类似的话语，却无从应答”等问题。出现上述问题，即使合议庭想确认，也由于供述过程和具体问答记录的缺失而无所适从，这也导致合议庭很难形成心证，致使审判长期化、复杂化。概言之，故事风格的公诉书相比较于法律要件风格的公诉书，更容易理解，更有利于人民陪审员和法官心证的形成。

（三）人民陪审员制度与辩护权的有效行使

辩护制度是刑事诉讼制度的重要组成部分，也是刑事诉讼中人权保障水平的重要体现。我国刑事辩护制度的改革经验表明，辩护律师参与诉讼过程，赋予其提出证据、事实和法律意见的权利，并与追诉方进行充分的对抗和辩论，向作出判决或者裁定的合议庭成员发表辩护意见。唯有如此，侦、检机关的追诉权才能受到有效的约束和限制，合议庭才能不偏不倚地作出裁判，被告人才有可能与追诉机关、合议庭进行理性的、平等的对话、讨论和协商，合议庭尤其是人民陪审员才会最大限度地减少错误和违法的可能性，被告人的财产、自由乃至于生命才不会受到任意剥夺。[①] 然而，我国长期以来不存在一个整体框架上符合司法规律的庭审程序，辩护制度发生作用的空间就有了有限性。不存在一个有利于实现司法公正的程序安排，律师辩护的有效性也无法得到实现。也正因如此，司法实践中，庭审辩护过程乱象频出。

不过，随着庭审实质化的不断深入和《人民陪审员法》的颁布实施，由人民陪审员和法官组成的合议庭不但为辩护律师充分辩护提供了契机，而且也对辩护律师的辩护技术提出了新的要求。起码因为人民陪审员对于法官的分权和监督会使“配合性表演辩护”[②]得到一定程度的遏制。同时，庭审实质化的本质是控辩双方的“平等武装”“平等对抗”而非单方面的屈服或妥协，辩护律师的职能应该是积极争取被告人合法利益的最大化。这就要求辩护律师：其一，对被告人的涉嫌罪名及刑事责任要有清醒认知，应该使其知悉

① 参见陈瑞华：《刑事辩护制度四十年来的回顾与展望》，载《政法论坛》2019年第6期。

② “配合性表演辩护”，是指辩护律师通常既不对公诉方指控的罪名提出异议，也不会对案件是否达到“事实清楚、证据确实充分”发表意见，更不会在法庭上指出公安司法机关及其工作人员在案件处理过程中存在违反刑事诉讼法或者侵犯被告人合法权利的行为，而只是“轻描淡写”地提醒法庭注意那些有利于被告人的法定或者酌定情节。参见李奋飞：《论“表演性辩护”：中国律师法庭辩护功能的异化及其矫正》，载《政法论坛》2015年第2期。

相关的法律规定和现实风险；其二，应当对检察机关企图以何种罪名起诉、亟须哪些证据以及提出证据的种类及数量等检方意图作出基本合理的预判；其三，应当通过庭前会议中控辩双方的证据展示获得目标案件的全案证据，并以此为根据，对证人证言进行整合性分析，以此甄别证人的诚实性和发生错误的可能性，如果对于证言的可信性存疑，但无确凿证据证明且遭遇专业障碍时，可以寻求犯罪心理学专家的支援，通过对相关证人的“非语言行为的观察”和“陈述的有效性评价”来佐证判断；其四，辩护律师应该秉持忠诚义务，最大限度地保护被告人的合法权益。但是，辩护律师不能为了维护被告人利益而不择手段，尤其是不能逾越法律明文规定的禁止性规则和义务性规则这一“红线”。

（四）人民陪审员制度与证人证言可信性的保障

证人出庭作证率低一直是“老大难”问题。虽然证人出庭作证难的原因纷繁复杂，但笔者认为庭审过程对证人出庭的需求度不高是其主要原因。因为侦查中心主义和“流水线”诉讼模式带来的卷宗中心主义致使以封闭式的查阅卷宗工作替代了公开式的对抗审判，这种情形下，侦查阶段形成的证人证言笔录完全可以替代证人的当面陈述，证人完全没有出庭的必要。然而，随着庭审实质化的推进和《人民陪审员法》的颁布实施，我国证人出庭的条件也逐渐成熟：其一，审判中心主义的改革要求贯彻直接言词原则，复杂案件证人出庭成为常态，普通案件关键证人出庭成为必要；① 其二，《刑事诉讼法》2012 年增设的一系列证人出庭作证保护制度为证人的人身安全提供了法律保障。然而，证人证言作为言词证据中最不

① 参见董坤：《认罪认罚从宽中的特殊不起诉》，载《法学研究》2019 年第 6 期。

可靠的法定证据种类，证人出庭时往往距离案发亲历时间已经相当遥远，如何保障其提供证言的可信性是合议庭不得不面对的问题。

笔者认为，由人民陪审员和法官组成合议庭审理刑事案件有利于证人证言的甄别和分析。由于人民陪审员的非绝对理性、可能受到非法律因素影响以及不具备法官因常年审理案件而形成的职业理性等原因，法官和人民陪审员的事实认知过程很难完全相同。因此，我国人民陪审员对证言可信性的判断可以从社会经验、行业差异等方面给予职业法官多维视角的襄助。但值得注意的是，人民陪审员制度对于证人证言的运用并非全部都是积极意义，因为其法律专业知识的阙如，被虚假或者夸大证人证言误导或者欺骗的情形也不在少数，因此，庭审中证言可信性的适正评价可以有效避免无辜第三人陷入误判风险。庭审中证言可信性评价的多元措施应当包括以下内容：其一，构建审前证人测试机制。证人测试既可以增强控辩双方"交叉询问"的有效性，又有利于通过测试尽早觉察"暗箱交易"等违法情形。因此，我国有必要构建审前证人测试机制，控辩双方通过该机制，提前确认预定询问事项、唤起证人一定程度的记忆及需要审前整理的其他事项。但是，为了规避域外检察官滥用职权恣意进行证人测试的违法情形，有必要事先明确证人测试时的禁止性规定，并对测试过程全程录音录像。其二，构建我国的证人弹劾制度，最大限度地检验证言的可信性。证人弹劾制度旨在凭借弹劾证人，揭露证人的"失信"及证明的"失真"，从而保障证言在认定事实中的准确性。庭审过程中证言前后不一致的情形如何进行质证，可否适用品格证据质疑证人以及先前定罪记录是否对证言可信性存在影响等问题，都需要依靠证人弹劾制度予以解决。

第三节　我国人民陪审员制度理论问题的考订

一、限定人民陪审员制度的理论依据

根据上文对世界范围内公民参与审判制度的理论依据论述，就司法民主理论而言，直接式司法民主理论、代议式司法民主理论、协商式司法民主理论、衡平式司法民主理论、司法民主的正当性理论以及司法民主的教育理论都不同程度实质影响着人民陪审员制度的技术设计和功用发挥。其中，直接式司法民主理论中的直接参与、人人平等、少数服从多数等理念影响着人民陪审员参与审判的亲历性、与法官“同职同权”的平等性以及评议、评决的民主性；代议式司法民主理论所蕴含的“精英民主”理念对于人民陪审员的选任和推荐影响重大，是人民陪审员广泛性、代表性的基本保障；协商式司法民主理论中的平等商谈、协商等理念对于人民陪审员制度中合议庭的组成形式以及合议庭评议、评决的操作程序具有实质性作用；衡平式司法民主理论重点关注的是人民陪审员与职业法官的分工、制约关系，倡导参与审判公民健全的公民常识的彰显以及公民权利对司法权力的有效制约；司法民主的正当性理论的核心含义在于通过人民陪审员参与审判，增进其对于司法的信赖，强化司法的民主正当性，进而挽救司法的信赖危机；司法民主的教育理论将人民陪审员制度作为教育公民参与公共事务的有效工具，达到改变人民陪审员作为民主法治社会一分子的自我认知、态度及公共行为的目的。

就依宪执政理论而言，其根本目的在于限制和制约国家权力，保障公民个人权利，基于此理念，人民陪审员制度的设计目的就是限制法官司法权力的恣意，保障诉讼过程中被告人和无辜第三人的个人权利，“努力让人民群众在每一个司法案件中都感受到公平正义”，进而达到司法的法律效果与社会效果的统一。就公民参与阶梯理论而言，该理论重视人民陪审员参与审判的有序性和实质性，既要求人民陪审员大胆负责勇于发表意见，又要求人民陪审员的意志要在参与过程中进行充分体现，对公共事务决策要具有相当程度的控制力。就分工效率和协调增进理论而言，该理论既要排除参与审判公民的非专业化，又要利用参与审判公民丰富的生活经验和社会常识来提高审判效率。可以说，分工效率和协调增进理论是保证人民陪审员独立进行事实认定以及人民陪审员与职业法官相互补充、知识互换的重要保障。就政治风险转移理论而言，人民陪审员和法官组成合议庭进行审判相较于职业法官独任审判的优势在于控辩双方对于案件判决结果的有效认同，可以有效避免上诉、缠诉、甚至上访、信访等现象出现。

可以看出，人民陪审员制度并非仅有单一价值的法律制度，其可视为政治制度、经济制度与法律制度的结合体，这也是政治学理论、经济学理论、法学理论都可以为其提供理论养分的根本原因之所在。人民陪审员制度的规则设计应当与上述领域的改革互为支撑、配套，合力推进司法民主理念以及其他改革目标的实现。[①] 因此，探寻人民陪审员制度的理论依据不能单从法律制度的角度出发，这样容易导致人民陪审员制度的法律工具化，应当充分考量公民在政

① 参见樊传明：《陪审制导向何种司法民主？——观念类型学分析与中国路径》，载《法制与社会发展》2019 年第 5 期。

治、经济、法律、社会等方面的地位和功能的基础上，以多方位视角审视公民参与审判的活动。也正因如此，司法民主各式理论、依宪执政理论、阶梯理论、分工效率和协调增进理论、政治风险转移理论等都可以从不同角度为人民陪审员制度提供理论支撑。人民陪审员制度理论依据的多元性决定了该制度具有包容性、混合性等特点，这也是人民陪审员制度定位和功能具有多样性的原因之所在。

但值得注意的是，人民陪审员制度的包容性和混合性是存在一定限制条件的，这些限制条件是由法庭审判的权威性和专业性决定的。因此，参与审判的人民陪审员必须遵循诉讼规律和职业法官的指示，司法民主各式理论、依宪执政理论、阶梯理论、分工效率和协调增进理论、政治风险转移理论等也应该在遵循基本司法理论的框架下运行，只有这样才能最大限度地保障人民陪审员的广泛性、代表性与刑事判决的专业性、权威性进行有效的融合。另外，纵观我国人民陪审员制度的发展历史，我国人民陪审员制度确实从人民群众中来，在革命战争年代也确实通过马锡五审判方式将群众路线的工作方式引入审判中来，为中国审判工作留下浓墨重彩的一笔，但是当时强调审判权的群众性并非本书中提及的公民参与审判以反映健全的公民常识和丰富的社会经验，审判权的群众性是特殊时期为了达到争取民心所采取的便民手段，群众更多承担的是定分止争的调解作用。就中国目前的司法实践来说，群众性审判已然不能适用司法专业化和权威化的现实需求。

二、明确人民陪审员制度的宪法依据

通过上文对于我国人民陪审员制度违宪争议的论述可知，我国现行宪法中确实没有人民陪审员制度的直接规定，这也成为人民陪审员制度违宪论的直接依据。其实，纵观世界范围内的公民参与审判的发展历史，无论是大陆法系，还是英美法系，欧美诸国极少涉及本国公民参与审判制度违宪的讨论，仅在新兴法治国家创设或者实施公民参与审判制度时才会涌现出此起彼伏的违宪争议，例如，日本的裁判员制度和韩国的国民参与裁判制度立法时都不同程度地受到了违宪的质疑。笔者认为原因主要在于：其一，新兴法治国家的公民参与审判制度普遍起步较晚，往往是本国宪法制定并实施多年后才尝试构建该制度，立宪者当时不可能预留公民参与审判制度的存在空间；其二，就新兴法治国家而言，西方法律思想和制度的移植和借鉴不过是近百年的事情，这些国家历史上长期处于中央集权的独立法系，导致其传统观点认为司法审判权本就是中央权力的延伸，因此，该权力应该由统治精英阶层来执行，公民参与审判制度的构建不仅会打破既有的权力配置，而且会破坏已经形成的各种正面价值。因此，在我国《宪法》找不到直接依据的情况下，有人会质疑人民陪审员制度的合宪性实属再合理不过了。根据上文所述，我国《宪法》中虽然没有明文规定人民陪审员制度，但是自 1954 年《宪法》以来，我国对于公民参与审判制度始终持有的是肯定和积极态度，只是“文化大革命”时期的“群众司法”和长期的低适用率等不利因素致使现行宪法未明文予以规定。

笔者认为，将人民陪审员制度纳入宪法文本还需等待时机，不宜操之过急。就基本法违宪的类型来看，一般可分为基本法条文的字面违宪和基本法条文的适用违宪。前者是指基本法条文的规定和宪法文本的规定不一致，甚至相冲突；后者是指基本法条文适用于个案时，背离了宪法相关规定的基本精神。[①] 就我国目前现实情况而言，为了避免人民陪审员制度违宪争议带来的诸多阻碍，有必要尝试从现行宪法文本中去寻找相关的法理基础，避免个案中人民陪审员制度的运行背离宪法的基本精神。宪法乃司法正当性之规范渊源，司法则是宪法实施的基本途径和保障。

因此，司法及其运行过程必须接受宪法的规制，同时，宪法也应当对司法及其运行过程形成持续的规约能力。[②] 人民陪审员制度作为我国刑事司法改革的重要举措，有必要在条文文字无法与宪法保持一致的情形下，起码条文适用与宪法相关规定保持一致。我国《宪法》第 2 条规定："中华人民共和国的一切权力属于人民。……人民依照法律规定，通过各种途径和形式，管理国家事务，管理经济和文化事业，管理社会事务。"因此，我国公民有权介入司法领域，参与司法管理并实质参与审判与法官"同职同权"，我国《人民陪审员法》的制定和实施可以看作是司法民主和依宪执政理论的践行。《宪法》第 3 条第 1 款规定："中华人民共和国的国家机构实行民主集中制的原则。"人民陪审员参与审判的 3 人、5 人、7 人合议庭构成以及少数服从多数评议规则的规定都可以解释为民主集中制精神的体现。《宪法》第 41 条第 1 款规定："中华人民共和国公民对于任何国家机关和国家工作人员，有提出批评和建议的权利；对于任何国家机关和国家工作人员的违法失职行为，有向有关国家机关提出申诉、控告或者检举的权利，但是不得捏造或者歪曲事实

① 参见杜强强：《法律违宪的类型区分与合宪性解释的功能分配》，载《法学家》2021 年第 1 期。

② 参见江国华：《司法立宪主义与中国司法改革》，载《法制与社会发展》2016 年第 1 期。

进行诬告陷害。”第27条第2款规定：“一切国家机关和国家工作人员必须依靠人民的支持，经常保持同人民的密切联系，倾听人民的意见和建议，接受人民的监督，努力为人民服务。”这两款的规定赋予了人民陪审员当家作主的监督意识，是人民陪审员有效履行民主监督，确保司法廉洁性的重要保障。综上所述，目前可以暂时通过寻找关联性法理依据的方式赋予人民陪审员制度运行的合宪性基础。但随着司法改革的不断深入，有必要在宪法文本中明确规定人民陪审员制度。因为只有这样，才会弱化公民参与审判的基本价值，引导公民更好地依法、守法。

三、平衡人民陪审员的权利和义务

通过上文对于我国《人民陪审员法》中人民陪审员权利和义务属性的分析，笔者赞同将《人民陪审员法》定位为平衡法，即本法实施过程中强调人民陪审员权利和义务达到一种动态的、可供调整的关系共存，既表现为权利和义务在各自不同属性与功能上的相互对立和有所侧重，也表现为权利和义务在该法中的相互统一。

纵观世界范围内的公民参与审判制度，在放任自由主义的纠纷解决模式下，陪审员同法官组成了同位模式的司法官僚结构，陪审员和法官原则上享有相同的威望，只是二者在案件审理中的分工有所不同。此种模式下的公民参与审判的权利属性往往要重于义务属性，主要原因在于：其一，职业法官和控辩双方审前和审判过程中有义务保障陪审员权利的实现；其二，整个审判程序的构造秉持集中审理原则，尽量减少庭审的中断，进而最大限度地保障陪审员事实认定的连贯性和关注力；其三，一系列证据规则的设置减轻陪审员事实认定的负担，强化其丰富社会经验和健全公民常识的“用武之地”。

在积极行动主义的政策执行模式下，参审员和法官组成了等级模式的司法官僚结构。参审员和职业法官的威望不可同日而语，参审员通常只是职业法官审理案件的协力者。此种模式下的公民参与审判的义务属性往往要重于权利属性，主要原因在于：其一，一般公民对于法官职业精英的信任和崇拜远胜参审员；其二，整个庭审更注重依赖法官运用专业知识和经验达到查清案件事实真相之目的，这对于参审员很不友好。我国《人民陪审员法》确立的人民陪审员制度汲取和借鉴了陪审制、参审制的积极因素，其定位属于积极行动主义的政策执行模式下，等级模式的司法官僚结构之下的纠纷解决模式，此种模式下人民陪审员虽然达不到与职业法官相同的威望，但是形式上基本能“同职同权”，人民陪审员的权利和义务虽然会根据不同阶段有所侧重，但整体而言能够保持二者的动态平衡。

我国人民陪审员制度整体上权利和义务二者的动态平衡是我国惩罚犯罪和保障人权的目的所决定的。然而，权利义务的整体对等性并不会影响权利义务特定阶段的侧重性。就人民陪审员制度而言，由于各环节目的不同，人民陪审员相应的权利和义务也会有所侧重：其一，在人民陪审员的选任和推荐环节，如何选任具有广泛性和代表性的人民陪审员是法院、司法行政机关以及公安机关的首要任务，但就人民陪审员而言，是否同意参与审判是宪法规定的基本权利，当然可以基于正当理由予以放弃。其二，在人民陪审员正式参与审判环节，人民陪审员参与审判的实质性与人民陪审员协力、监督的有效性是合议庭能够公正审判的前提。因此，对于庭审过程中人民陪审员而言，其权利（权力）和义务同等重要，权利和义务都必须切实履行。其三，在人民陪审员评议之后，人民陪审员主要权利已经行使，为了保障其自身的安全和审判的权威性、公正性，有必要让其负担一定程度的守密义务。但我国人民陪审员守密义务范围不宜过宽也不宜过窄。过宽如日本裁判员守密义务的规定，势必给参与审判的公民带来沉重心理压力，影响公民参与审判积极性；过窄，又容易损害司法权威，招致打击报复等。《人民陪审员法》关于人民陪审员守密义务仅作出“保守国家秘密和审判工作秘密”的原则性规定。笔者认为，应该明确人民陪审员守密义务应兼顾司法公正及其“工作负荷”。具体而言，守密义务应当包括：合议庭评议情况、审委会讨论情况；以人民陪审员身份得知的国家秘密、商业秘密和个人隐私；其他人民陪审员姓名、年龄、住址等个人信息。另外，还应该明确细化违反守密义务的处罚规定，除《人民陪审员法》规定的“在辖区范围内公开通报、纳入个人诚信系统不良记录”等措施外，还应增加罚款等措施。但值得注意的是，不得将人民陪审员对于公开审判过程中知悉的与案件内容无关的法官言词、印象、法庭氛围、设施以及其参加审判的感想等归入守密范围之内。

四、事实问题与法律问题的认定方法

从字面意思来看，事实问题是“本案发生了什么”的问题，法律问题是“本案发生的事实怎么适用法律”的问题。前者主要以事实真相的还原作为价值追求，后者主要以对证明的事实进行法律评价作为价值追求。实际上，在整个刑事审判语境下，事实问题和法律问题的区分都是一个具有普遍意义的课题。[①] 无论是对于事实和

① 参见魏晓娜：《刑事审判中的事实问题与法律问题：从审判权限分工的视角展开》，载《中外法学》2019 年第 6 期。

法律基本概念的理解适用，还是陪审团与职业法官的职能分工，抑或一审法院与二审法院的结构性关系，上述情形中普遍存在事实问题与法律问题的区分与交融。可以说，事实问题与法律问题的区分在世界范围内，有着某种基于经验常识以及理性思维的共识，这些共识是服务于功能性需求的，带有鲜明的实用主义色彩。① 就公民参与审判制度中的事实问题与法律问题而言，英美法系国家陪审团和法官是处于事实问题和法律问题的理想分权之中，事实问题涉及的是“运用证据推理寻求事实真相的过程，其主要任务是为法律推理提供小前提”。而法律问题描述的是“根据事实真相检索和解释法律规则，并运用三段论推理得出法律结论的过程”②。然而，司法实务经验反映出事实问题和法律问题并非截然二分，也根本不存在将事实问题与法律问题剥离的可供操作的规则和原则。大陆法系国家对于事实问题与法律问题的区分依然争议颇大，其认为事实认定是可以用日常生活语言表达的，法律评价必须依据法典用法律用语予以表达。然而，通过对参审制的庭审考察可知，职业法官主导下的庭审并未完全遵循事实问题与法律问题在语义上、逻辑上的定义，基本上是出于功利主义考量，混淆或者模糊二者之间的边界。

我国目前对于事实问题与法律问题的区分研究主要集中在人民陪审员与职业法官的职能分工这一问题，立法者已经清醒地知道人民陪审员的优势在于利用丰富的社会经验和健全的公民常识进行经验性判断，而非规范性判断，因此，《人民陪审员法》中才有人民

---

① 参见巩寒冰：《刑事诉讼中事实与法律区分的传统逻辑与解释路径》，载《环球法律评论》2020 年第 4 期。

② 张保生：《事实认定及其在法律推理中的作用》，载《浙江社会科学》2019 年第 6 期。

陪审员的年龄和学历“一升一降”以及与法官“分职分权”的相关规定。但是，对于事实问题和法律问题区分的问题我国和域外国家一样并不能使其泾渭分明，这也是庭审过程中法官“大包大揽”、人民陪审员“陪而不审”的重要原因之一。其实，笔者认为，事实问题和法律问题的区分属于一个伪命题，因为事实问题和法律问题在实际运用中并非静态的、对立的两极，二者彼此交融，而且经常处于相互不断动态转化的过程中，根本不可能用静态的、单一的标准对其进行区分。

因此，在认识到事实问题与法律问题无法区分的前提下，再来思考如何有效解决人民陪审员进行事实认定的问题。人民陪审员事实认定过程中事实问题与法律问题的区分是次要问题，其如何完全知悉和理解事实问题与法律问题是首要问题。因为我国奉行案卷中心主义，直接言词原则、集中审理原则等尚未完全贯彻，人民陪审员事实认定的最大难题在于无法理解事实问题与法律问题。职业法官经常运用的印证方法是一种侧重于证据客观层面的分析方法，其内涵并不包括经验法则、证据推理、内心确信等主观判断因素。① 而上述主观因素恰恰就是人民陪审员认定案件事实的优势和关键所在。

基于此，笔者认为在法官的指引下，可以运用故事方法和论证方法帮助人民陪审员准确地认定案件事实。故事方法属于整体主义的证据分析方法，通过在事实认定过程中构建故事，能够使人民陪审员更加快捷、有效地把握案件事实的轮廓。论证方法属于原子主义的证据分析方法，人民陪审员在掌握案件事实轮廓的基础上，可

① 参见纵博：《印证方法的不足及其弥补：以多元证据分析方法体系为方向》，载《法学家》2020年第6期。

以运用此方法对每个案件证据的推理链条进行检验而得出最终结论。但值得注意的是，故事方法和论证方法并非完美无缺的证据分析方法，故事方法存在脱离证据的现实危险，论证方法存在推理随时可被推翻的可能性。因此，印证方法、故事方法、论证方法的综合应用，对于人民陪审员而言是十分必要的。

五、人民陪审员制度与新闻自由的界限

从权力制衡和监督的角度来看，新闻和司法之间互存戒心和不信任是具有一定积极意义的，但是，如果二者关系异化为对立甚至是对抗，则新闻自由和司法公正都会受到损害。新闻媒体所追求的新闻自由与人民陪审员制度所追求的司法民主看似也没有冲突，但是如果新闻自由“过界”就会通过司法民主实质影响依法独立行使审判权和司法公正，也就是说有偏见的人民陪审员会最终影响个案审判结果的公正实现。

近些年，随着时代的发展，新闻自由达到了前所未有的高度，然而，对于新闻自由规制的法律配套制度却并未及时跟进，这就导致部分新闻媒体为了话题流量，无底线无道德渲染案件事实。如此“放纵”新闻媒体的恣意报道，极有可能产生以下问题：其一，“媒体审判”。对于社会关注度高的适用人民陪审员制度审判的案件，新闻媒体的过早介入及无良报道，必然会严重影响参与审判的人民陪审员的独立判断，甚至对其造成道德绑架，最终形成“媒体审判”，如药某鑫案、李某一案等就属于代表性案例。其二，会使人民陪审员形成有罪的预断。媒体的过早介入及无良报道，可能使参与审判的人民陪审员产生有罪预断，致使其作出偏颇的事实认定，合议庭如果作出的判决与人民陪审员的预期相去甚远的话，

会造成普通公民对司法的质疑。其三，对当事人的不利影响。媒体的过早介入及无良报道，可能造成控辩对抗的“一面倒”局面，人民陪审员无视被告人及其辩护人的辩解，作出不利于被告人的裁定。

反对和预防“媒体审判”，维护法官依法独立行使审判权和司法公正，在国际新闻界和法律界是有共识的。1948 年，《联合国国际新闻自由公约草案·第三公约》把“妨碍法庭审判之公正进行”的新闻列为禁载。1994 年，世界刑法学会第十五届代表大会《关于刑事诉讼中人权问题的决议》第 15 条规定：公众传媒对法庭审判的报道，必须避免产生预先定罪或者形成情感性审判的效果。如果预期可能出现这种影响，可以限制或禁止无线电台和电视台播送审判情况。然而，在适用公民参与审判制度的大部分国家，对于公民参与审判与新闻媒体的报道都“同等对待”，也就是说对于适用公民参与审判制度的案件的新闻媒体报道并无成体系的立法规制，反观适用陪审制的英国与美国对新闻媒体报道的立法规制，英国偏重保障陪审团的独立事实认定，要求新闻媒体在庭审后集中报道、禁止公开陪审员的基本个人信息及防止媒体引导陪审员进行事实认定等；美国则恰恰偏重对新闻媒体自由的保护，赋予新闻媒体进入司法审判的权利及通过法官与陪审员的自我约束来防止新闻媒体的引导等。

西塞罗曾言：“法是最高的理性。”也就是说，在个案的审判过程中，法律不应该被外界的舆论和压力所左右，如果新闻媒体代表的大众舆论真是民心所向和符合客观实际，那么我们应当拷问的是程序的公正性和判决的合理性。因此，在依法独立行使审判权不能减损的情形下，我们对于新闻自由进行合理规制便是明智之举。我国目前尚未有立法对适用人民陪审员制度案件的新闻媒体报道进行规制，但是新闻媒体对司法审判的不利影响已经影响到了案件的公正审理，“媒体审判”在中国有愈演愈烈之趋势。

对于新闻媒体的报道进行规制，笔者认为应该从以下三方面着手：其一，庭前的有效报道。新闻媒体的庭前报道，应该客观真实，不得发表主观诱导性言论或者建议，禁止公开人民陪审员的姓名、住址等个人基本信息。其二，庭中禁止报道。庭审过程中，尤其是评议阶段，禁止新闻媒体的无故干扰，使事实认定等能公平、公正进行，新闻媒体对于案件的信息一律推迟至庭审后集中报道。其三，庭后有条件地自由报道。判决宣布以后，新闻媒体可以对案件审理过程及结果进行报道，发表意见及评论，在人民陪审员或者法官的许可之下，可以公开其个人相关信息。

另外，人民陪审员可以根据具体情况采取以下措施保障其进行公正审判：其一，在选任人民陪审员时，对于候选人民陪审员应当接受控辩双方的质询，甄别其是否存在偏见，对于存在偏见的候选人民陪审员可以申请回避；其二，人民陪审员正式参加庭审后应该提醒并采取相关措施预防其阅读、浏览与案件有关的报纸报道、电视节目等；其三，如果因为新闻媒体的报道，在本地审判极有可能影响公正审判的，应该变更审判地点进行审理；其四，对于新闻媒体集中、高频报道的案件，如果及时审理会影响案件的公正审判，也可以决定延期审理，等到新闻媒体对案件的报道“降温”之后再恢复审理程序。

第四节　我国人民陪审员制度实践问题的建言

一、完善人民陪审员的选任机制

2018年《人民陪审员法》规定了我国对于人民陪审员采取“随机抽选方式为主，个人申请和组织推荐方式为辅”的选任方式，达到随机抽选占比95%，个人申请和组织推荐占比5%的目标，从而实现人民陪审员来源的广泛性与代表性。可以看出，我国人民陪审员的选任机制一方面直接彰显了司法民主的基本要求，将人民陪审员制度定位为“人民群众参与司法活动最直接、最重要的形式”①，使具有广泛性和代表性的各式公民聚在一起，增强司法审判的民主性和公开性，防止法官司法权的专断和恣意；另一方面，人民陪审员的选任机制也必须兼顾公正和效率价值的实现，利用人民陪审员丰富的社会经验和健全的公民常识弥补法律判决的有限性，从而促进司法公正，同时，为保障庭审的集中、不间断审理必然会提升正式庭审的效率，扩充审前准备程序。然而，通过笔者对《人民陪审员法》实施以来的人民陪审员选任机制实践的考察，发现这方面普遍存在随机抽选执行困难、选任机构相互推诿责任、人民陪审员代表性与广泛性不足、公民参与审判意识薄弱、公民参与审判满足感低下等共性问题。

① 参见《关于〈关于完善人民陪审员制度的决定（草案）〉的说明——2004年4月2日在第十届全国人民代表大会常务委员会第八次会议上》，载《中华人民共和国全国人民代表大会常务委员会公报》2004年第6期。

纵观域外各国公民参与审判制度中公民的选任方式，发现英美法系的陪审制中陪审员基本上是以“一案一选”的随机选任方式进行选任，旨在实现“同侪审判”的朴素正义理念。大陆法系的参审制中参审员基本上存在随机抽选、组织推荐、个人申请等多种选任方式，其旨在实现参审员的稳定性和协助性。新兴法治国家中的公民参与审判制度虽然属于陪审制和参审制的有益糅合，但其中参与审判公民的选任基本上借鉴了陪审制随机抽选的相关规定，旨在实现参与审判公民的随机性和广泛性。同时，陪审员在选任过程中奉行的基本规则包括：放宽陪审员的选任条件，最大限度地保障公民参与审判的权利；制定来源广泛的陪审员候选人名单，保障陪审团意见的广泛性和代表性；规定担任陪审员公民应尽的法律义务，严格限制豁免公民陪审职责；充分发挥控辩律师在挑选陪审员程序中的积极作用，以消解当事人和社会公众对陪审员选任公正性的疑虑。① 参审员在选任过程中奉行的基本原则包括：以行政区划为界限制定参审员总候选人名册；选任委员会制定参审员名册，选任委员会一般倾向的职业群体大多是教师、文职人员、社会福利工作者、管理人员等，而家庭主妇以及蓝领的代表则相对较少；参审员一般实行任期制。综上所述，基本上所有实行公民参与审判制度的国家都将普通公民参与司法活动视为公民一项重要的政治权利，普遍对于参与审判的年龄、学历、能力等基本条件要求宽松，以达到最大限度地保障本国公民行使司法参与权的目的。

立足我国人民陪审员选任工作长期以来遵循的司法传统和司法理念，借鉴域外公民参与审判制度中参与审判公民选任的有益经验，

---

① 参见胡荣、胡夏冰：《美国：陪审员选任程序及其特色》，载《人民法院报》2017年9月29日，第8版。

为了达到人民陪审员充分协商评议之目的，必须使参与审判的人民陪审员具有广泛性和代表性。对此，有必要对我国人民陪审员的选任机制进行进一步完善：

其一，贯彻随机抽选的基本原则。随机抽选机制是人民陪审员制度最重要的举措，是保障人民陪审员广泛性和代表性的前提条件。为此，有必要进一步扩大人民陪审员候选名单的基数，取消个人申请和单位推荐的选任方式，取消人民陪审员任期期限的规定，构建人民陪审员“一案一选”的个案选任机制。

其二，明确负有人民陪审员选任职责的基层法官、司法行政机关以及公安机关的分工、配合关系，避免司法实践中三机关因为职责不明而相互推诿。2018 年《人民陪审员法》规定的司法行政机关会同法院和公安机关组织开展选任工作的规定不利于人民陪审员选任广泛性和代表性的实现。因为司法行政机关在刑事诉讼过程中的职能定位和公检法三机关存在一定的“疏远”，而且人民陪审员的选任工作与其机关职能并无紧要关联。应该由案件审理的法院在审前会同掌握公民基本信息的公安机关制定人民陪审员候选人总名册，然后依据法定程序随机抽选。

其三，进一步扩大人民陪审员的广泛性和代表性。目前的人民陪审员身份构成中，基层占比过低，很多案件人民调解员以人民陪审员的身份参与审判，成为所谓的“陪审专业户”，应该明确调解并非刑事诉讼中人民陪审员的职能，明确人民陪审员和人民调解员适用的边界，禁止二者身份混同。

其四，利用新闻媒体、法制教育、走访宣传等多方力量宣扬人民陪审员制度，拉近普通公民与专业法律制度之间的距离，使公民知悉人民陪审员的功能和定位，调动公民参与司法审判的积极性，进而促使其行使人民陪审员的权利。

其五，提升人民陪审员参与审判的满足感。司法实践中，人民陪审员“陪而不审，审而不议，议而不决”的花瓶式效果，使人民陪审员因为实质参与度不足而体验感极差。因此，要切实保障人民陪审员的实质参与性，人民陪审员才能获得满足感和成就感，这也是司法民主的应有之义。

二、明确人民陪审员制度的适用范围

根据我国《人民陪审员法》的规定，人民陪审员制度的适用范围可划分为两种类型：一是明确应该由人民陪审员和法官组成 3 人合议庭进行审理案件。具体包括：其一，涉及群体利益、公共利益的；其二，人民群众广泛关注或者其他社会影响较大的；其三，案情复杂或者有其他情形，需要由人民陪审员参加审判的。二是应该由人民陪审员和法官组成 7 人合议庭进行审理案件。具体包括：其一，涉及可能判处 10 年以上有期徒刑、无期徒刑、死刑，社会影响重大的刑事案件；其二，根据《民事诉讼法》《行政诉讼法》提起的公益诉讼案件；其三，涉及征地拆迁、生态环境保护、食品药品安全，社会影响重大的案件；其四，其他社会影响重大的案件。可以看出，我国立法者对人民陪审员制度抱有高度的期望，在信任人民陪审员多种角色和多元功能的基础上，进一步扩大了人民陪审员制度的适用范围。2018 年《人民陪审员法》实施以来，简易程序、速裁程序中适用人民陪审员制度的刑事案件占到了该制度总适用率的绝大部分，而且简易程序、速裁程序中因为案件事实和程序设计的特性，对于人民陪审员的需求性极低，这就造成了我国人民陪审员制度形式上的适用率很高，但适用效果却不尽如人意，人民陪审员在适用简易程序、速裁程序的刑事案件中沦为“装饰花瓶”。

鉴于我国人民陪审员制度适用范围积极“扩张”的情形，运用比较的方法对域外的公民参与审判制度的适用范围进行考察。就陪审制而言，英国陪审制的适用范围受到了英国法院体系和罪责种类的双重限制，适用于刑事法院受理的涉嫌杀人、抢劫、强奸、叛国、严重故意伤害等多数严重刑事犯罪案件和涉及公民名誉的民事案件；美国基于司法效率和司法效益的考量，仅针对严重、疑难的刑事案件和标的额巨大的民事侵权案件才赋予被告人是否适用陪审团的选择权。就参审制而言，法国对于可能被判处 10 年以上有期徒刑或者无期徒刑的重罪案件以及符合法定情形的轻罪案件可以适用参审制，对于违警罪禁止适用参审制；德国参审员广泛参与各级法院审判，通常被称为“名誉法官”，参审制不仅适用于刑事审判，在民事、行政等司法领域也同样适用。就糅合模式而言，日本裁判员制度仅适用于可能判处无期徒刑或者禁锢或者故意犯罪致人死亡的重大刑事案件，并不适用于民事、行政案件。韩国国民参与裁判制度适用于一审刑事案件，即可能判处 1 年以上的有期徒刑或者禁锢、无期徒刑、死刑的刑事案件，并不适用于民事、行政案件。可以看出，因为运行周期长、诉讼效率低等原因，陪审制的权限和威望正在逐年缩小和降低，参审制和糅合模式国家对于公民参与审判的范围共同持有审慎的态度，尤其是对于轻微罪案件几乎共识性地禁止适用公民参与审判制度。

要明确人民陪审员制度的适用范围，必须要回归司法权的本质。明确司法权的本质是判断权，合议庭应在中立立场判断被告人有罪还是无罪。构建人民陪审员制度的目的不是“完成上级的任务”和“让民主的数据看起来更美好”，而应该回归人民陪审员的功能定位上，即在事实认定存在争议的重大案件中，需要人民陪审员带来“丰富的社会经验和健全的公民常识”，避免法官对案件先入为主的看法，发挥普通公民的价值判断、常识常情以及社会经验来缓解审判的沉重压力，以中立、独立的立场判断被告人的罪责，提升司法公信力，实现司法公正。

因此，公民参与审判的范围不宜过大，限制在重大的刑事案件范围内是共识，其根本原因在于各国对于公民参与审判的角色和职能的定位比较统一，并没有赋予其过多的角色和职能。我国人民陪审员制度也并不是万能的，其核心职能只能是分享审判权和监督审判权。基于此，明确人民陪审员制度的适用范围应该围绕其核心职能而展开，禁止盲目扩大公民参与审判的范围。

因此，笔者认为人民陪审员制度适用的禁止条件应该包括：其一，除了根据《民事诉讼法》《行政诉讼法》提起的公益诉讼案件和涉及征地拆迁、生态环境保护、食品药品安全等社会影响重大的案件之外，禁止其他一般民事、行政案件适用人民陪审员制度。其二，禁止适用简易程序和速裁程序的刑事案件适用人民陪审员制度。适用简易程序和速裁程序的案件一般事实清楚，证据确实、充分，被告人也基本处于认罪状态，这类案件重点在于形式审查和法律适用，人民陪审员参与此类案件审理不但作用十分有限，而且会因为效率价值的关注而给其带来沉重诉累。其三，禁止因为法律问题和程序问题启动的二审程序适用人民陪审员制度进行审理。虽然我国二审贯彻全面审查原则，这也与人民陪审员分享审判权和监督审判权的职能相契合，但是如果因为法律问题和程序问题进行二审，人民陪审员丰富社会经验和健全公民常识几乎无用武之地。其四，对于性犯罪案件禁止适用人民陪审员制度进行审理。就目前司法实际情形来看，性犯罪作为侵犯性尊严的卑劣犯罪，普通公民容易留下憎恶印象，再加上媒体的各种渲染，人民陪审员先入为主的危险性极大。另外，此类犯罪无罪等的主张和举证困难。性犯罪通常发生在密室等具有密闭性环境，举证相对困难，根据被害人错误陈述，人民陪审员误判风险极大。

明确人民陪审员制度适用的禁止条件之后，应该进一步细化该制度适用的积极条件，具体应该包括：其一，明确人民陪审员适用的刑罚条件。人民群众广泛关注、其他社会影响较大的、案情复杂的等用语本身就比较模糊，这导致司法实践中是否适用人民陪审员制度全靠法官的个人裁量，这也是人民陪审员制度被“滥用”的主要原因。根据上述对于域外各国公民参与审判制度适用范围的分析和我国人民陪审员职能定位的考虑，笔者认为应该对上述用语加以量刑条件的限制：对于可能判处 3 年以上有期徒刑，人民群众广泛关注、其他社会影响较大的、案情复杂的刑事案件应该由人民陪审员和法官组成 3 人合议庭进行审理。对于可能判处 10 年以上有期徒刑、无期徒刑、死刑，社会影响重大的刑事案件应该由人民陪审员和法官组成 7 人合议庭进行审理。其二，明确罗列人民陪审员制度适用的具体罪名，这样有利于解决中国实践与规则文本中所出现的语义不清、模糊适用的问题，也可以防止参与审判的范围在实践中出现扭曲和违背立法原意的情形，亦符合司法发展的规律。

三、细化合议庭的评议规则

2018 年《人民陪审员法》最终确定了“2 名人民陪审员 +1 名法官”的 3 人合议庭和“4 名人民陪审员 +3 名法官”的 7 人合议庭，因为原则上人民陪审员人数必须多于法官，所以“2 名人民陪审员+3名法官”5人合议庭虽然也是我国审判组织的基本形式之一，但并不适用于人民陪审员制度。

3人合议庭和7人合议庭中的评议规则呈现出以下特点：其一，合议庭评议规则整体上完全沿袭以往的法官合议制规则，将人民陪审员当作法官对待或者忽视人民陪审员的功能，评议规则中并未体现出人民陪审员参与评议的功能和制度特色。其二，3人合议庭评议过程中“同职同权”，7人合议庭评议过程中“分职分权”，3人合议庭的评议规则更类似于大陆法系的参审制，7人合议庭的评议规则借鉴了英美法系陪审制的部分因素，但人民陪审员和法官只是刑事上相对分权，其评议、评决并不具有独立地位。其三，评决规则秉持民主集中制原则，遵循单纯的“少数服从多数”多数决规则，少数人的意见会记入评议笔录，但不会记入判决书中，不会影响判决结果的生效。基于单纯的多数决原则，3人合议庭中2名人民陪审员达成一致意见，7人合议庭中4名人民陪审员达成一致意见就可以作出事实认定，这种评决规则会导致判决正当性、公正性遭到质疑。其四，规定了评议的顺序和法官的指示义务。先由承办法官介绍案件涉及的相关法律、审查判断证据的有关规则，后由人民陪审员以及合议庭其他成员充分发表意见，审判长最后发表意见并总结合议庭意见。在评议过程中，审判长或承办法官应当对本案中涉及的事实认定、证据规则、法律规定等事项及应当注意的问题，向人民陪审员进行必要的解释和说明。① 其五，合议庭评议结果受到审判委员会的有条件制约，如果合议庭成员对于案件评议、评决结果存在重大分歧，人民陪审员或者法官在说明理由后，可以要求

① 参见樊传明：《人民陪审员评议规则的重构》，载《比较法研究》2019年第6期。

合议庭将案件提请院长决定是否提交审判委员会讨论决定，对于人民陪审员或者法官提出的要求及理由应当记入评议笔录。

基于上述我国 3 人合议庭和 7 人合议庭评议规则的特点和问题，笔者认为，要完善评议规则，首先需要明确评议规则须遵循的基本原则或者规则。

其一，秘密评议原则。对于所有合议庭组成人员来说，秘密评议有利于畅所欲言。对于同一事实问题，法官和人民陪审员从不同的角度出发可能得出截然相反的结论，判决结果是评议过程中不同意见相互调和、相互折中的产物。但奉行秘密评议原则并不是说由法官指示人民陪审员进行暗箱操作，必须要保证人民陪审员与法官评议过程中的相对独立性，对于人民陪审员的评议发言必须在评议笔录里详细记载。

其二，合议庭成员之间的平等、独立原则。人民陪审员作为参与审判的“业余法官”，其与职业法官在案件审理过程中拥有同等的权利和义务，职业法官不得利用专业地位在评议过程中威胁、引诱、欺骗人民陪审员，要尊重人民陪审员基于健全公民常识和丰富社会经验提出的有益建议，除了专业性的指引外，禁止对人民陪审员评议进行无端干扰。

其三，合议庭成员发表意见必须进行说理原则。裁判的正当性来自裁判理由的正当性，裁判说理是人民陪审员和法官展示自由心证的主要平台，是人民陪审员和法官进行证据采信、事实认定、法律判断的重要载体，因此评议过程中人民陪审员必须运用价值判断、日常经验法则等方法进行说理，法官必须运用法律推理、法律解释等方法进行说理。说理的过程其实就是合议庭成员放弃偏见，达成一致的过程，有利于提高判决结果的可接受性。

其四，同一合议庭原则。开庭审理和评议案件的合议庭必须具有同一性。司法实践中，庭审中因为各种原因更换人民陪审员和法官的情形时有发生，这就会使后续加入的人民陪审员和法官对于案情认识得不连贯和片段化，进而导致评议过程的冗长和间断，甚至会因为亲历性的不足而导致误判。

其五，全体合议庭成员必须参加评议原则。评议时，人民陪审员和法官应当全部参加，不得缺席、中途退庭或者在评议过程中从事与案件无关的其他活动。人民陪审员和法官发表评议意见原则上应该当面以言词方式作出，必要时，可以提交书面评议意见，但本人必须到场。

其六，合议庭成员发表评议意见的豁免权原则。为了避免人民陪审员和法官在评议时仅进行结论性的简单表态或者担心提出异见被打击报复等情形的发生，应当赋予合议庭成员评议时发表不同意见的豁免权，保障评议过程中相互质问、互相启发。

其七，严格遵守评议的先后顺序规则。除了首先由承办法官介绍案件涉及的相关法律、审查判断证据的有关规则之外，发问的顺序遵循人民陪审员先于法官发言、资历浅的法官先于资历深的法官发言的基本规则，以保障发言的独立性和任意性。

其八，有条件的少数服从多数规则。简单多数表决制无法激发和督促陪审员的评议热情，可能会架空协商性民主司法理念。[①] 为了进一步保障判决结果的公正性和正当性，有必要对我国单纯的少数服从多数规则进行改良，提高评决的门槛，加强合议庭内部多数意见的一致性。3 人合议庭形成的多数意见必须包括 1 名法官的意

① 参见樊传明：《陪审制导向何种司法民主？——观念类型学分析与中国路径》，载《法制与社会发展》2019 年第 5 期。

见，7 人合议庭形成的多数意见必须包括至少 2 名法官的意见，对于满足不了上述条件的，即使形成了单纯的多数决也不能作出有罪判决。

其九，评议后及时作出判决规则。合议庭成员协商一致后，及时作出判决能够强化合议庭成员的裁判意识，增强合议庭成员的责任感，提高诉讼效率和质量，避免评议走过场或者拖沓不决的现象。

其十，审判长提炼归纳合意内容规则。为了提高合意效率、确保合意质量，审判长应当对合议庭评议和表决对象先行提炼，或后作归纳，然后集中表决或逐条表决。笔者认为，应该按案件事实时空顺序或者罪名等标准进行分类处理，按照上述的发言顺序，发言内容应该具体到每一个核心议题，在每一轮发言后可以进行自由评议，在形成多数意见或者一致意见后再继续下一个议题。

其十一，确立禁止复议规则。为了保证合议庭评议过程和结果的独立性和权威性，禁止以复议的形式随意改动合议庭已经形成的评议、评决结果，除了合议庭无法形成多数意见或者评议存在重大错误等原因之外禁止启动复议程序。

四、改进人民陪审员参与审判的保障体系

人民陪审员制度的贯彻实施和功能发挥离不开人民陪审员参与审判保障体系的健全和完善，人民陪审员参与审判保障体系应该包括经费保障机制、业务水平保障机制及人身安全保障机制等多元配套措施。我国 2018 年《人民陪审员法》对于人民陪审员参与审判的经费作出了重大调整，将人民陪审员经费列入法院业务经费，由同级政府财政予以保障，而且不再区分有无固定收入，统一补助标准。然而，司法实践中，各级法院在编制部门预算时，要求政府财

政部门拨给人民陪审员专项经费，各级财政部门大都以财力有限或者法院自身拥有行政性收费的权力为由，不再另行安排此专项经费。因为目前通行的财政管理体制采用分级负担、分级管理的做法，人民陪审员经费的保障状况与各地党委、政府对于公民参与审判的认知和重视程度息息相关，可惜的是部分地方党委、政府对人民陪审员制度的重要性认识不足，片面地认为人民陪审员的经费保障是法院“家务事”，甚至认为人民陪审员的存在就是司法民主的“装饰品”而已，无须投入过多的财力、人力和物力。基于上述认识偏差，各级法院的人民陪审员专项经费基本上无法列入当地财政预算，没有列入财政预算的话，经费保障就只能是“纸上之饼”。

因此笔者认为，要保障人民陪审员的专项经费得到切实落实，必须从以下几方面着手改进：其一，提高各级党委、政府对于人民陪审员制度的认知度和重视度，遵从中央司法改革的相关精神，消除既有的偏见和短见。其二，加强人民陪审员经费预算管理。各级法院在编制人民陪审员经费预算时，秉持统筹兼顾原则，细化预算编制各项内容，对人民陪审员所必需的培训费、资料费、办公费、交通费、补助费、奖励等各项费用单独预算，加强定量分析，提高预算编制的质量。其三，构建人民陪审员经费保障监督机制。各级法院应该根据本院情况构建人民陪审员专项经费追踪问效和监督制度，进一步促进人民陪审员专项经费能够专款专用。其四，建立从根本上解决人民陪审员经费保障的长远目标，推动省以下地方各级法院、检察院的人、财、物统一管理，探索建立与行政区划适当分离的司法管辖制度。人民陪审员专项经费由省/自治区/直辖市财政直接拨付至法院系统，减少此项专项经费的流转环节，实现对经费的单独管理、单独核算，保障能够专款专用。

《人民陪审员法》通过“一升一降”的条件设置达到利用人民陪审员健全公民常识和丰富社会经验协助法官审判案件之目的。可以看出，我们虽然重视人民陪审员的业余常识和经验，但是因为我国人民陪审员是任期制，加之其和法官属于同一合议庭的“协力”关系，随着人民陪审员参与审判案件数量的不断增加，其不可避免地逐步“专业化”。“业余化”和“专业化”的平衡和互助是我国人民陪审员业务水平保障的基础。基于此，构建人民陪审员业务水平保障机制必须严格把握三个关键点：一是在重视人民陪审员“业余知识”的同时，人民陪审员的培训也同样重要，不需要人民陪审员像职业法官一样专业，但必须通过培训使其对于“业余知识”的运用有逻辑支撑和框架界定，防止人民陪审员对于生杀予夺案件事实认定的恣意性和无因性。二是严格落实人民陪审员制度的宣誓制度。担任人民陪审员对于公民而言既是行使权利也是履行义务，通过宣誓可以使人民陪审员知悉参与审判工作的重要性，认识到自己肩负的职责和使命。三是构建我国的无因回避制度。无因回避制度，使控辩双方提出的回避申请不受法定事由的限制，能够有效阻断熟人社会对司法的消极影响。在对人民陪审员进行资格甄选的时候，构建由检察官和辩护律师双方对于人民陪审员是否能够公正履职的无因回避制度，保障人民陪审员参与审判的中立性和公正性。

《人民陪审员法》自 2018 年实施以来，人民陪审员参与审判过程中因为心理压力过大、人身安全受到威胁等问题主动辞职的情形时有发生。根据笔者电话访谈，相当一部分人民陪审员认为一个陪审案件一般至少要跑 3 次法院，刑事案件的次数更多、周期更长，仅仅参与案件审理就需要花费很多的时间，另外还要参加专业学习和培训等活动又可能占去部分休息时间，很多人民陪审员参与审判期间心理压力过大主动提出辞职。

另外，也有很多当事人不满法院作出的判决或者裁定结果，对一审参与案件审理的人民陪审员实施上门质问、无理纠缠、恐吓威胁、限制人身自由等违法行为，给人民陪审员及其近亲属的人身和住宅安全带来了严重影响。对于人民陪审员参与审判心理压力过大的问题，笔者认为可以通过贯彻集中审理原则，保障庭审过程的集中、不间断审理，最大限度地减少人民陪审员出庭的次数和缩短其参与审判的时间，进而减少冗长、专业审判对其的过度干扰。对于人民陪审员及其近亲属进行报复陷害、侮辱诽谤、暴力侵害等问题，笔者认为可以借鉴部分对于证人的特殊保护措施，比如不公开人民陪审员的真实姓名、住址和工作单位等个人信息；禁止特定的人员接触人民陪审员及其近亲属；对人民陪审员的人身和住宅采取专门性保护措施等。人民陪审员因为参与审判，本人或者其近亲属人身或者住宅安全面临危险的，可以向法院、检察院、公安机关申请保护，有关单位和个人必须积极配合提供相关保护措施。

五、健全人民陪审员的考核、退出及惩戒机制

2019 年《人民陪审员培训、考核、奖惩工作办法》以 2018 年《人民陪审员法》为依据，承继原有人民陪审员制度的有益经验，对于人民陪审员的考核、退出以及奖惩作出了细化的操作规定，但是实践效果却并不甚理想，因为考核、退出、奖惩机制的形式化和机械化，许多人民陪审员将大部分精力都放在了填表、报数据上，对于审判工作敷衍了事。就人民陪审员的考核机制而言，存在考核主体（法院和司法行政机关）分工不明确、考核内容单一、考核程序混乱等问题。

因此，对于人民陪审员考核机制的完善应该关注以下事项：其一，因为人民陪审员的考核主体包括司法行政机关和法官两个主体，应该秉持“谁监管，谁考核”的原则，必要时另一机关可以提供帮助，明确两机关之间的适用阶段和权力分工。其二，设置多元考核指标，将考核内容分为工作态度、业务绩效、职业道德三个方面。工作态度包括人民陪审员参加培训的次数、庭审中的积极态度、评议时独立发表意见等。业务绩效包括人民陪审员参与审判案件的数量、质量、当庭裁判率、息诉服判率等。道德纪律包括人民陪审员是否存在接受当事人请客送礼、是否违规办案、是否严重违反法庭纪律等。平时对上述具体指标进行加分、扣分，最后累计分数作为年终考核结果的依据。其三，落实人民陪审员对于考核结果的异议程序，各级法院对于人民陪审员的考核结果应该本着公正、公开的原则进行，人民陪审员有权在 15 日内对于考核结果申请复核。其四，对于人民陪审员参与审判过程中作出显著成绩或者存在突出事迹的，应该通过荣誉称号或者物质奖励的方式予以公开表彰，增强人民陪审员参与审判的满足感，扩大公民参与审判的积极效应。其五，加强人民陪审员制度的信息化建设，将人民陪审员的信息库、随机抽选、履职信息、考核评价等信息纳入专门的人民陪审员管理系统，提升人民陪审员参与审判的信息化水平。

对于人民陪审员退出机制的完善首先需要明确人民陪审员选任和退出、退出和惩戒之间的关系。司法实践中，人民陪审员一经选任，除非严重违反《人民陪审员法》的履职规定或者构成刑事犯罪，否则不会启动退出程序，这种做法就是混淆了人民陪审员选任和退出的界限，将人民陪审员的退出和惩戒等同视之。可以说，选任程序是人民陪审员参与审判的入口，退出程序是人民陪审员退出审判的出口。严格控制入口，可以有效减少人民陪审员的违法违纪的非正常退出，但对人民陪审员正当理由的正常退出影响很小。也就是说，人民陪审员选任后就面临其“正常”退出和“非正常”退出的风险，仅有“非正常”退出才会启动惩戒措施。

基于此，对于人民陪审员退出机制应该根据具体情形进行完善：其一，人民陪审员任期届满后，其职务自动免除的，本人因正当理由申请辞去人民陪审员职务的，因病长期无法坚持正常参与审判工作的，因职业和岗位变动，不宜参与审判工作的，因工作调动，无法进行陪审工作的，应当积极启动退出程序，并为了保护人民陪审员的正当理由、个人隐私等，可以考虑不通知其所在单位、社区等；其二，对于人民陪审员存在严重怠于履行参与审判职责和违法违规造成错误裁判或者其他严重后果的，在积极启动退出程序的同时，应该积极履行惩戒机制。

现行法对于人民陪审员的惩戒仅局限在辖区范围内公开通报、依法追究刑事责任等有限范围内，而且上述两种惩戒措施分别趋于过轻和过重两个极端，缺乏层次分明的过渡措施，这就导致司法实践中对人民陪审员惩戒的单极化，严重影响人民陪审员对公民参与审判的积极态度和敬畏心理。

基于此，笔者认为应该在公开通报和依法追究刑事责任的基础上，秉持比例原则，构建梯度化、多层次的人民陪审员惩戒措施：其一，增设司法罚款措施。对于人民陪审员无正当理由缺席审判程序或者审判过程中无正当理由退庭，严重影响审判活动正常运行的，可以由审判委员会讨论决定对该人民陪审员处以司法罚款。当然，人民陪审员在收到司法罚款通知书之日起可以向合议庭提出异议。司法罚款这一惩戒措施对于人民陪审员严重违法的行为可以起到实质的震慑作用，这是公开通报这种不能实质影响人民陪审员自身利益的措施不能比拟的，能有效促进人民陪审员依法履职。其二，我国人民陪审员负有法定的守密义务，如果人民陪审员泄露因参与审判所获取的审判不应公开的案件信息，应该根据具体情况适用不同的惩戒措施。如果人民陪审员泄露的不应公开信息没有大范围公开传播或者造成后果不严重的，可以采取在辖区范围内公开通报的形式进行惩戒。如果人民陪审员泄露信息属于国家秘密、商业秘密、个人隐私等对国家或者当事人权益造成重大影响的信息，符合泄露不应公开的案件信息罪的，应该依法追究刑事责任。其三，针对不同惩戒措施，细化和完善不同的违法惩戒程序。针对公开通报和司法罚款的一般惩戒程序应该由人民陪审员所属合议庭一致同意后提请院长交由审判委员会讨论作出。针对依法追究刑事责任的惩戒程序，先由人民陪审员所属法院根据控告、检举或者移送的违法线索进行初步调查核实，认为确实需要依法追究刑事责任的，应该移送有管辖权的机关立案侦查（调查）。

结　语

行文至此，笔者对如何在刑事诉讼中完善人民陪审员制度作出了比较全面的论述和分析。在此基础上，笔者认为我国人民陪审员制度的完善路径，有必要从以下三个维度展开：

其一，立足我国国民性和司法文化的基础完善此项制度。我国人民陪审员制度的进一步完善离不开对我国国民性的全面审视。比如，中国“和谐”文化教育下的公民更愿意也更容易接受通过协商或各方的利益调和达到公正，将来构建该制度必须建立在这种协商性民主的基础之上；再如，我国国民“信官不信民”及“尊卑长幼有序”的文化传统使公民信任代表公权力的职业法官而不相信和自己一样的普通公民等。

其二，人民陪审员制度的完善应该注重各方利益的调和。通过对各国公民参与审判制度的比较和分析可知，公民参与审判制度的内容会因国别不同而有差别，即使在同一国家，也会因时代变迁而有差异。完善我国的人民陪审员制度，立法者需要结合本国的法律文化及法律传统，通过调和各方利益的方式，使制度内容符合各方要求，如“如何保证审判质量”与“如何减少陪审员的负担”的调和、“如何使陪审员实质参与审判”与“如何保障法官依法独立行使审判权”等。

其三，必须审视人民陪审员制度与现行《刑事诉讼法》的相容性。人民陪审员制度的完善必须充分考虑其与现行《刑事诉讼法》的基础理论和制度框架具不具有相容性？比如，移植陪审制的话，陪审团的事实认定无须说理，而且其裁决具有终局特性，这与中国的判决书必须说理及事实认定错误可以上诉的法律规定相悖，公民参与审判制度的运行对于现行的刑事诉讼程序会产生什么影响？再如，陪审制的移植势必带来无罪推定原则、直接言词原则的贯彻、严格证据规则的制度以及直接审理主义、审判中心主义的贯彻。现行刑事诉讼程序是否应该配合该制度进行改革等？

总之，笔者认为我国人民陪审员制度完善没有必要非得从顶层设计入手，应从实际国情出发，在尊重本国法律文化、法律传统、现行制度以及国民性的基础上，如何确保公民有效参与司法，实现司法民主、司法公正，进而彰显司法权威才是关键。换言之，无论是分工模式还是协作模式，抑或糅合模式都不是尽善尽美的，各自的利弊也都很明显，整套的“移植”没有必要，归纳本国的公民参与审判的经验和教训，对症下药，遵循相对合理主义，具体问题具体解决，这一个个问题就像一颗颗种子，妥善解决的话，势必相互交织形成公民参与审判体系的葳蕤森林。

参考文献

中文专著

1. 陈卫东主编：《刑事诉讼法学》，高等教育出版社 2019 年版。

2. 张建伟：《刑事诉讼法通义》，北京大学出版社 2016 年版。

3. 陈瑞华：《刑事诉讼法》，北京大学出版社 2021 年版。

4. 陈瑞华：《比较刑事诉讼法》，北京大学出版社 2021 年版。

5. 陈瑞华：《论法学研究方法——法学研究的第三条道路》，北京大学出版社 2009 年版。

6. 孙长永主编：《刑事诉讼法学》，法律出版社 2019 年版。

7. 孙长永主编：《中国刑事诉讼法制四十年——回顾、反思与展望》，中国政法大学出版社 2021 年版。

8. 宋英辉主编：《刑事诉讼原理》，法律出版社 2007 年版。

9. 易延友：《刑事诉讼法——规则、原理与应用》，法律出版社 2013 年版。

10. 高一飞：《上帝的声音——陪审团法理》，中国民主法制出版社 2016 年版。

11. 何家弘：《谁的陪审谁的团》，法律出版社 2011 年版。

12. 胡云红：《陪审制度比较与实证研究》，人民法院出版社

2014 年版。

13. 蒋耀祖：《中美司法制度比较》，台北，台湾商务印书馆 1976 年版。

14. 廖永安、[美] 彼特·安德森主编：《对话与交融——中美陪审制度论坛》，湘潭大学出版社 2012 年版。

15. 李立丰：《司法民主与刑罚适用——以日本裁判员制度为研究视角》，中国政法大学出版社 2015 年版。

16. 李玉华：《中国特色陪审制度的新发展》，中国政法大学出版社 2014 年版。

17. 李玉华：《京城陪审故事》，中国政法大学出版社 2016 年版。

18. 刘锡秋：《陪审制度的历史研究》，法律出版社 2010 年版。

19. 刘晴辉：《中国陪审制度研究》，四川大学出版社 2009 年版。

20. 施鹏鹏：《陪审制研究》，中国人民大学出版社 2008 年版。

21. 钱弘道：《英美法讲座》，清华大学出版社 2004 年版。

22. 吴景钦：《国民参与刑事审判制度——以日本裁判员制度为例》，台北，丽文文化事业股份有限公司 2010 年版。

23. 杨成华：《人民陪审员札记》，人民法院出版社 2016 年版。

24. 张永和、于嘉川等：《武侯陪审——透过法社会学与法人类学的观察》，法律出版社 2009 年版。

25. 张文显主编：《法学概论》，高等教育出版社 2010 年版。

26. 张永宏：《我国引进国民参与刑事审判制度之研究——以日本裁判员制度为借镜》，台北，政大出版社 2014 年版。

27. 张志伟：《陪审制度的民主问题辨析》，人民出版社 2010 年版。

28. 胡云红、胡岩：《人民陪审员庭审实务指南》，人民法院出版社 2018 年版。

29. 廖永安、刘方勇：《人民陪审员制度实证研究（2004—2014）——以中部 H 省为分析样本》，中国人民大学出版社 2018 年版。

30. 陈颖：《人民陪审员制度改革的理念和实践》，武汉大学出版社 2016 年版。

31. 刘方勇：《人民陪审员角色研究》，法律出版社 2016 年版。

32. 胡云红、刘仁琦编著：《人民陪审员认定事实审判指引》，中国法制出版社 2018 年版。

33. 张志伟：《陪审团制度——价值与构建》，法律出版社 2017 年版。

34. 朝颜：《陪审员手记》，作家出版社有限公司 2019 年版。

35. 陈卫东主编：《公民参与司法研究》，中国法制出版社 2011 年版。

36. 熊秋红：《公民参与和监督司法研究》，中国社会科学出版社 2020 年版。

37. 黄蓬威：《刑事司法中的公民参与》，社会科学文献出版社 2016 年版。

38. 陈敏编著：《公民参与司法研究——以刑事司法为视角》，西北工业大学出版社 2012 年版。

39. 何家弘主编：《中国的陪审制度向何处去——以世界陪审制度的历史发展为背景》，中国政法大学出版社 2006 年版。

40. 季卫东等：《中国的司法改革：制度变迁的路径依赖与顶层设计》，法律出版社 2016 年版。

41. 何挺：《刑事司法改革中的实验研究》，法律出版社 2020

年版。

42. 赵瑞罡：《司法改革背景下合议制度研究》，法律出版社2018年版。

43. 蒋惠岭：《司法改革的知与行》，法律出版社2018年版。

44. 胡云腾主编：《司法改革》，社会科学文献出版社2016年版。

45. 卞建林、李兰英主编：《司法改革背景下刑事诉讼制度的完善》，中国人民公安大学出版社2018年版。

46. 龙宗智等：《司法改革与中国刑事证据制度的完善》，中国民主法制出版社2016年版。

47. 龙宗智：《刑事程序论》，法律出版社2021年版。

48. 龙宗智：《相对合理主义》，中国政法大学出版社1999年版。

49. 龙宗智：《刑事庭审制度研究》，中国政法大学出版社2001年版。

50. 陈光中等：《中国现代司法制度》，北京大学出版社2020年版。

51. 陈光中：《中国古代司法制度》，北京大学出版社2017年版。

中文译作

1. ［爱尔兰］J. M. 凯利：《西方法律思想简史》，王笑红译，法律出版社2002年版。

2. ［英］S. F. C. 密尔松：《普通法的历史基础》，李显冬等译，中国大百科全书出版社1999年版。

3. ［意］莫诺·卡佩莱蒂：《比较法视野中的司法程序》，徐昕、王奕译，清华大学出版社2005年版。

4. ［英］卡内冈编著：《英国普通法的诞生》，李红海译，中国政法大学出版社 2003 年版。

5. ［德］马克斯·韦伯：《经济与社会》，林荣远译，商务印书馆 2004 年版。

6. ［法］卢梭：《社会契约论》，何兆武译，商务印书馆 1996 年版。

7. ［法］勒内·达维：《英国法与法国法：一种实质性比较》，潘华仿、高鸿钧等译，清华大学出版社 2002 年版。

8. ［美］伯纳姆：《英美法导论》，林利芝译，中国政法大学出版社 2003 年版。

9. ［美］约翰·亨利·梅利曼：《大陆法系》（第 2 版），顾培东、禄正平译，法律出版社 2004 年版。

10. ［美］伦道夫·乔纳凯特：《美国陪审团制度》，屈文生、宋瑞峰、陆佳译，法律出版社 2013 年版。

11. ［美］约翰·加斯蒂尔、佩里·迪斯、辛迪·西蒙斯：《陪审团与民主——论陪审协商制度如何促进公共政治参与》，余素青、沈洁莹译，法律出版社 2016 年版。

12. ［美］约翰·格里森姆：《失控的陪审团》，郭坤译，译林出版社 2005 年版。

13. ［美］多米尼克·邓恩：《陪审团睡了——美国当代名案审判纪实》，吴文忠译，中信出版社、辽宁教育出版社 2003 年版。

14. ［日］小岛武司等：《司法制度的历史与未来》，汪祖兴译，法律出版社 2000 年版。

15. ［意］D. 奈尔肯编：《比较法律文化论》，高鸿钧、沈明等译，清华大学出版社 2003 年版。

16. ［美］约书亚·德雷斯勒、艾伦·C. 迈克尔斯：《美国刑事诉讼法精解》（第 2 卷・刑事审判），魏晓娜译，北京大学出版社 2009 年版。

17. ［日］田口守一：《刑事诉讼法》，张凌、于秀峰译，法律出版社 2019 年版。

18. ［德］克劳思・罗科信：《刑事诉讼法》，吴丽琪译，法律出版社 2003 年版。

19. ［英］萨达卡特・卡德里：《审判为什么不公正》，杨雄译，新星出版社 2014 年版。

20. ［英］丹宁：《法律的界碑》，刘庸安、张弘译，法律出版社 2011 年版。

21. ［德］托马斯・魏根特：《德国刑事诉讼程序》，岳礼玲、温小洁译，中国政法大学出版社 2004 年版。

22. ［法］卡斯东・斯特法尼、乔治・勒瓦索、贝尔纳・布洛克：《法国刑事诉讼法精义》，罗结珍译，中国政法大学出版社 1999 年版。

23. ［英］麦高伟、杰弗里・威尔逊主编：《英国刑事司法程序》，姚永吉等译，法律出版社 2003 年版。

24. ［德］尼克拉斯・卢曼：《法社会学》，宾凯、赵春燕译，上海人民出版社 2013 年版。

25. ［德］托马斯・魏根特：《德国刑事程序法原理》，江溯等译，中国法制出版社 2021 年版。

26. ［美］E. 博登海默：《法理学——法律哲学与法律方法》，邓正来译，中国政法大学出版社 2004 年版。

27. ［美］弗洛伊德・菲尼编：《美国刑事诉讼法经典文选与判例》，岳礼玲等译，中国法制出版社 2006 年版。

28. ［美］罗斯科·庞德：《美国刑事司法制度》，黄涛译，商务印书馆 2020 年版。

29. ［意］切萨雷·贝卡里亚：《论犯罪与刑罚》，黄风译，北京大学出版社 2008 年版。

30. ［法］米歇尔·福柯：《刑事理论与刑事制度》，陈雪杰译，上海人民出版社 2019 年版。

31. ［美］斯蒂芬诺斯·毕贝斯：《刑事司法机器》，姜敏译，北京大学出版社 2015 年版。

32. ［荷］威廉·A. 瓦格纳、彼得·J. 范科本、汉斯·F. M. 克罗伯格：《锚定叙事理论——刑事证据心理学》，卢俐利译，中国政法大学出版社 2019 年版。

33. ［荷］弗洛里斯·贝克斯：《论证、故事和刑事证据——一种形式混合理论》，杜文静、兰磊、周兀译，中国政法大学出版社 2020 年版。

34. ［美］哈罗德·J. 伯尔曼：《法律与革命（第 1 卷）——西方法律传统的形成》，高鸿钧、张志铭、夏勇等译，法律出版社 2018 年版。

35. ［英］麦高伟、切斯特·米尔斯基：《陪审制度与辩诉交易——一部真实的历史》，陈碧、王戈等译，中国检察出版社 2006 年版。

36. ［美］斯黛丽、弗兰克：《美国刑事法院诉讼程序》，陈卫东、徐美君译，中国人民大学出版社 2002 年版。

37. ［英］约翰·斯普莱克：《英国刑事诉讼程序》，徐美君、杨立涛译，中国人民大学出版社 2006 年版。

38. ［美］罗纳德·德沃金：《认真对待权利》，信春鹰、吴玉章译，中国大百科全书出版社 2002 年版。

39. ［美］R. M. 昂格尔：《现代社会中的法律》，吴玉章、周汉华译，译林出版社 2008 年版。

40. ［美］罗·庞德编著：《通过法律的社会控制/法律的任务》，沈宗灵、董世忠译，商务出版社 1984 年版。

中文论文

1. 陈卫东：《公民参与司法：理论、实践及改革——以刑事司法为中心的考察》，载《法学研究》2015 年第 2 期。

2. 陈卫东：《中国刑事审判制度的发展与完善》，载《中国律师》2000 年第 2 期。

3. 陈卫东、刘计划、周军：《21 世纪中国刑事诉讼法学前瞻》，载《中国人民大学学报》2000 年第 1 期。

4. 陈卫东、刘计划：《论集中审理原则与合议庭功能的强化——兼评〈关于人民法院合议庭工作的若干规定〉》，载《中国法学》2003 年第 1 期。

5. 陈卫东、王政君：《刑事诉讼中的司法资源配置》，载《中国法学》2000 年第 1 期。

6. 陈瑞华：《陪审团制度与俄罗斯的司法改革》，载《中外法学》1995 年第 5 期。

7. 陈瑞华：《论协商性的程序正义》，载《比较法研究》2021 年第 1 期。

8. 陈瑞华：《有效辩护问题的再思考》，载《当代法学》2017 年第 6 期。

9. 陈瑞华：《审判中心主义改革的理论反思》，载《苏州大学学报（哲学社会科学版）》2017 年第 1 期。

10. 陈瑞华：《论刑事诉讼中的过程证据》，载《法商研究》2015 年第 1 期。

11. 陈学权：《刑事陪审中法律问题与事实问题的区分》，载《中国法学》2017 年第 1 期。

12. 刘方勇：《人民陪审员角色冲突与调适》，载《法律科学（西北政法大学学报）》2016 年第 2 期。

13. 苗连营：《和谐社会的宪政之维》，载《法学评论》2006 年第 1 期。

14. 丁以升：《司法的精英化与大众化》，载《现代法学》2004 年第 2 期。

15. 林劲松：《我国合议庭评议制度反思》，载《法学》2005 年第 10 期。

16. 郭响宏：《近代俄国陪审制度的创立及其实践》，载《世界历史》2012 年第 4 期。

17. ［美］查尔斯·魏塞尔伯格、聂友伦：《论陪审团的不当行为——以影片〈十二怒汉〉中的“糟糕陪审团”为例》，载《北外法学》2020 年第 2 期。

18. 龙宗智：《比较法视野中的印证证明》，载《比较法研究》2020 年第 6 期。

19. 魏晓娜：《以审判为中心的诉讼制度改革：实效、瓶颈与出路》，载《政法论坛》2020 年第 2 期。

20. 郭志远：《司法体制综合配套改革：回顾、反思与完善》，载《法学杂志》2020 年第 2 期。

21. 魏晓娜：《刑事审判中的事实问题与法律问题——从审判权

限分工的视角展开》，载《中外法学》2019 年第 6 期。

22. 樊传明：《人民陪审员评议规则的重构》，载《比较法研究》2019 年第 6 期。

23. 张善根：《民主嵌入司法：〈人民陪审员法〉的价值向度》，载《北方法学》2019 年第 6 期。

24. 樊传明：《陪审案件中的审判责任制——以保障和管控人民陪审员裁判权为核心》，载《法学家》2019 年第 5 期。

25. 黄河：《裁判者的认知与刑事卷宗的利用——直接审理原则的展开》，载《当代法学》2019 年第 5 期。

26. 樊传明：《陪审制导向何种司法民主？——观念类型学分析与中国路径》，载《法制与社会发展》2019 年第 5 期。

27. 尤乐：《论司法辅助事务集约化的含义、内容和法治化路径》，载《北方法学》2019 年第 4 期。

28. 李响：《人民陪审员回避制度改革的法理与情感逻辑》，载《深圳大学学报（人文社会科学版）》2019 年第 4 期。

29. 左卫民：《如何打造具有法理合理性的刑事诉讼法——审思 2018 年刑事诉讼法修正案》，载《比较法研究》2019 年第 3 期。

30. 郑飞：《论中国司法专门性问题解决的“四维模式”》，载《政法论坛》2019 年第 3 期。

31. 李文杰：《裁判员新制下日本的量刑实践及其对中国的启示》，载《东南法学》2019 年第 1 期。

32. 高一飞、陈恋：《中国司法改革四十年变迁及其时代特征》，载《东南法学》2019 年第 1 期。

33. 左卫民：《七人陪审合议制的反思与建言》，载《法学杂志》2019 年第 4 期。

34. 黄河:《陪审向参审的嬗变——德国刑事司法制度史的考察》,载《清华法学》2019 年第 2 期。

35. 杨莹:《俄国亚历山大二世时期刑事审判制度改革研究》,载《江汉大学学报(社会科学版)》2019 年第 1 期。

36. 刘方勇、孙露、周爱青:《人民陪审员只参与事实审机制立法评析——对〈人民陪审员法〉第二十二条的解读》,载《湖南大学学报(社会科学版)》2019 年第 1 期。

37. 樊崇义:《2018 年〈刑事诉讼法〉最新修改解读》,载《中国法律评论》2018 年第 6 期。

38. 王群:《技术何以保障公众参与司法》,载《湖北社会科学》2018 年第 10 期。

39. 刘静坤:《以审判为中心的诉讼制度改革之立法思考》,载《中国刑事法杂志》2019 年第 1 期。

40. 高通:《美国陪审团事实认知机制研究》,载《比较法研究》2018 年第 6 期。

41. 孙皓:《非法证据排除规则之本土化》,载《苏州大学学报(法学版)》2018 年第 4 期。

42. 姚万琴:《刑法治理的公众参与:过程叙事、理论重塑与路径实现》,载《刑法论丛》2018 年第 1 期。

43. 樊传明:《陪审员是好的事实认定者吗?——对〈人民陪审员法〉中职能设定的反思与推进》,载《华东政法大学学报》2018 年第 5 期。

44. 刘梅湘、孙明泽:《刑事陪审团指示制度研究——论中国刑事诉讼人民陪审员指示的完善》,载《重庆大学学报(社会科学版)》2019 年第 2 期。

45. 刘奕君：《模式、依据与冲突：人民陪审员参审职权研究》，载《法学杂志》2018 年第 9 期。

46. 陈光中、曾新华：《中国刑事诉讼法立法四十年》，载《法学》2018 年第 7 期。

47. 刘计划：《陪审制改革中的几个问题》，载《法律适用》2018 年第 15 期。

48. 余彦：《人民陪审员“事实审”的困境透视与司法选择——以〈人民陪审员法〉第 21、22 条为分析重点》，载《湘潭大学学报（哲学社会科学版）》2018 年第 4 期。

49. 王海军：《近代俄罗斯的司法现代化之路——基于司法改革进程的考察》，载《北方法学》2018 年第 4 期。

50. 高一飞：《陪审团的价值预设与实践障碍》，载《北方法学》2018 年第 4 期。

51. 樊传明：《证据排除规则的发展动因：制度史解释》，载《中外法学》2018 年第 3 期。

52. 高翔：《陪审员参与民事案件事实认定程序构建论》，载《现代法学》2018 年第 3 期。

53. 高翔：《陪审员参审民事案件中事实问题与法律问题的区分》，载《法律科学（西北政法大学学报）》2018 年第 3 期。

54. 樊传明：《陪审员裁决能力问题研究——优秀的还是拙劣的事实认定者？》，载《中国刑事法杂志》2018 年第 2 期。

55. 赵泽君：《咨询陪审制：人民陪审员制度改革的可能路径》，载《国家检察官学院学报》2018 年第 2 期。

56. 贾志强：《人民陪审员参审职权改革的中国模式及反思》，载《当代法学》2018 年第 2 期。

57. 陈学权：《刑事裁判权在法官与陪审员之间的配置》，载《现代法学》2018 年第 1 期。

58. 翟李鹏：《专家陪审制度的研究》，载《证据科学》2017 年第 6 期。

59. 占善刚、王超：《论我国人民陪审员制度的权利认同》，载《河北法学》2018 年第 1 期。

60. 唐力：《“法官释法”：陪审员认定事实的制度保障》，载《比较法研究》2017 年第 6 期。

61. 刘译矾：《论对公诉方案卷笔录的法律限制——审判中心主义改革视野下的考察》，载《政法论坛》2017 年第 6 期。

62. 施鹏鹏：《刑事问题列表制度研究——以完善人民陪审员事实认定机制为切入点》，载《北方法学》2017 年第 6 期。

63. 胡云红：《论我国人民陪审员选任机制的完善》，载《政治与法律》2017 年第 11 期。

64. 陈卫东：《司法责任制改革研究》，载《法学杂志》2017 年第 8 期。

65. 万旭：《论人民陪审员制度改革对全面贯彻证据裁判的影响》，载《新疆大学学报（哲学·人文社会科学版）》2017 年第 4 期。

66. 周振杰：《日本死刑司法控制的经验及其借鉴》，载《法学》2017 年第 6 期。

67. 黄美玲：《律师职业化如何可能——基于古希腊、古罗马历史文本的分析》，载《法学家》2017 年第 3 期。

68. 张志伟：《陪审民主话语的历史建构及实践基础》，载《政法学刊》2017 年第 3 期。

69. 季晨溦：《民意沟通：公共理性的司法构建基础》，载《政法论丛》2017 年第 3 期。

70. 丁相顺：《中日“民众参与司法裁判”的表达与比较》，载《中国应用法学》2017 年第 3 期。

71. 蒋银华：《论司法的功能体系及其优化》，载《法学论坛》2017 年第 3 期。

72. 陈学权：《美国刑事审判中陪审团适用法律权述评》，载《比较法研究》2017 年第 2 期。

73. 孙长永、王彪：《论刑事庭审实质化的理念、制度和技术》，载《现代法学》2017 年第 2 期。

74. 李拥军：《司法改革中的体制性冲突及其解决路径》，载《法商研究》2017 年第 2 期。

75. 詹建红：《论我国刑事司法模式的回应型改造》，载《法学杂志》2020 年第 4 期。

76. 陈洪杰：《现代性视野下司法的信任危机及其应对》，载《法商研究》2014 年第 4 期。

77. 邵晖：《司法与民主的对冲与平衡：对司法问责的审视》，载《北方法学》2020 年第 4 期。

78. 魏在军：《刑事司法视域中的民意应对》，载《海南师范大学学报（社会科学版）》2017 年第 5 期。

79. 于增尊：《为刑事审限制度辩护——以集中审理原则之功能反思为视角》，载《政法论坛》2014 年第 6 期。

80. 崔志伟：《“卡迪”模式与刑事公正司法的实现》，载《交大法学》2021 年第 2 期。

外文书籍

1. 佐藤幸治＝竹下守夫＝井上正仁『司法制度改革』(有斐閣，2002年)。

2. 柳瀬昇『裁判員制度の立法学——討議民主主義理論に基づく国民の司法参加の意義の再構成』(日本評論社，2009年)。

3. 丸田隆『裁判員制度』(平凡社，2004年)。

4. 五十嵐二葉『説示なしでは裁判員制度は成功しない』(現代人文社，2007年)。

5. 伊佐千尋『裁判員制度は刑事裁判を変えるか——陪審制度を求める理由』現代人文社（現代人文社，2006年)。

6. 竹田昌弘『知る、考える裁判員制度』(岩波書店，2008年)。

7. 土屋美明『裁判員制度が始まる——その期待と懸念』(花伝社，2008年)。

8. 清原博『裁判員　選ばれる前にこの一冊』(自由国民社，2008年)。

9. 小林剛『図解ビジュアル裁判員のことがよくわかる本』(実務教育出版，2008年)。

10. 伊東乾『ニッポンの岐路裁判員制度』(洋泉社，2009年)。

11. 池田修『解説裁判員法［立法の経過と課題］』(弘文堂，2009年)。

12. 大川一夫『「裁判員制度」の本義——なぜ市民参加が必要なのか』(双葉社，2009年)。

13. 井上薫＝門田隆将『激突！裁判員裁判』(ワック株式会，2009年)。

14. 片山善博＝国谷裕子＝四宮啓『ここだけは聞いておきたい裁判員裁判——31の疑問に答える』（日本評論社，2009年）。

15. ダニエル・H・フット＝溜箭将之『名もない顔もない司法：日本の裁判は変わるのか』（NTT出版，2007年）。

16. コリンP. A. ジョーンズ『アメリカ人弁護士が見た裁判員制度』（平凡社，2008年）。

17. 小坂井敏晶『人が人を裁くということ』（岩波書店，2011年）。

18. 瀬木比呂志『絶望の裁判所』（講談社，2014年）。

19. 高山俊吉『裁判員制度はいらない』（講談社，2006年）。

20. 西野喜一『裁判員制度の正体』（講談社，2007年）。

21. 西野喜一『さらば、裁判員制度——司法の混乱がもたらした悲劇』（ミネルヴァ書房，2015年）。

22. 井上薫『つぶせ！裁判員制度』（新潮社，2008年）。

23. 小田中聰樹『裁判員制度を批判する』（花伝社，2008年）。

24. 梓澤和幸、田島泰彦『裁判員制度と知る権利』（現代書館，2009年）。

25. 小浜逸郎『「死刑」か「無期」かをあなたが決める「裁判員制度」を拒否せよ！』（大和書房，2009年）。

26. 石松竹雄＝伊佐千尋『裁判員必携——批判と対応の視点から』（筑摩書房，2009年）。

27. 織田信夫『裁判員制度廃止論——国民への強制性を問う』（花伝社，2013年）。

28. 猪野亨＝立松彰＝新穂正俊『マスコミが伝えない裁判員

制度の真相』（花伝社，2015 年）。

外文论文

1. 常本照樹「国民の司法参加と憲法」ジュリスト1198 号（2001 年）。

2. 笹田栄司「裁判員制度と日本国憲法」法律時報 77 巻 4 号（2005 年）。

3. 松井茂記「裁判員制度と取材・報道の自由」法律時報 77 巻 4 号（2005 年）。

4. 三谷太一郎「裁判員制度と日本の民主主義」法律時報 77 巻 4 号（2005 年）。

5. 柳瀬昇「裁判員制度の憲法理論」法律時報 81 巻 1 号（2009 年）。

6. 緑大輔「裁判員の負担・義務の正当性と民主主義」法律時報 77 巻 4 号（2005 年）。

7. 柳瀬昇「下級裁判所による初めての裁判員制度合憲判決」法学セミナー 667 号（2010 年）。

8. 葛野尋之「裁判員制度における民主主義と自由主義ー本特集の趣旨に触れながら」法律時報 84 巻 9 号（2012 年）。

9. 但木敬一「裁判員裁判合憲判決の歴史的意義」論究ジュリスト2 号（2012 年）。

10. 西野喜一「裁判員制度合憲判決にみる最高裁判所の思想とその問題点」法政理論 44 巻 3 号（2012 年）。

11. 森山弘二「裁判員制度の合憲性に関わる判例法理ー下級審判例を中心として」札幌法学 24 巻 1 号（2012 年）。

12. 平野龍一「参審制の採用による核心司法を刑事司法改革の動きと方向」ジュリスト1148号（1999年）。

13. 安村勉「国民の司法参加―刑事法の立場から」ジュリスト1998号（2001年）。

14. 川崎英明「裁判員制度の課題」法律時報79巻12号（2007年）。

15. 中川孝博「裁判員制度と刑事司法改革の課題――未決拘禁システム・適正な事実認定」法律時報77巻4号（2005年）。

16. 渕野貴生「刑事司法改革の理念と捜査の構造」法律時報83巻2号（2011年）。

17. 正木祐史「被疑者取調べの可視化：録画DVDの証拠利用の是非」法律時報84巻9号（2012年）。

18. 坂根真也「公判前整理手続の現状と課題」季刊刑事弁護72号（2012年）。

19. 松宮孝明「裁判員裁判と公判前整理手続での打切り」論究ジュリスト2号（2012年）。

20. 芦澤政治「公判準備と公判手続の在り方」論究ジュリスト2号（2012年）。

21. 三井誠「コミュニケイティブ（communicative）司法」論究ジュリスト2号（2012年）。

22. 久保井一匡「直接主義・口頭主義を後退させるな――読む裁判から見る裁判への徹底を」論究ジュリスト2号（2012年）

后　　记

为何会选择公民参与审判制度作为博士论文的选题，源自笔者写作公判前整理程序论文时接触到日本的裁判员制度，发现日本裁判员制度不同于陪审制或者参审制，而是一种兼采陪审制和参审制积极因素的糅合模式。而彼时我国人民陪审员制度的实施效果不尽如人意，“陪而不审，审而不议，议而不决”的现象饱受诟病，甚至出现了禁止普通公民参与专业审判活动的呼声。笔者始终认为，比较法学的真谛就在于发现诸国法律和判例之间的异同以及明晰诸国法律秩序之间的影响序列，进而取其精华、去其糟粕，达到诸国法律相互调和之目的。

基于此，笔者开始大量收集和阅读公民参与审判相关方面的资料，逐渐发现公民参与审判其实是一个老生常谈的问题，这方面的著作和论文已颇为丰富，然而，这对公民参与审判实践中存在的问题的解决却成效甚微。这是何原因？通过对陪审制和参审制的资料进行了详细整理和学习后，笔者发现因为司法文化和司法传统的显著差异，这两种公民参与审判模式离我国有些遥远，反观邻国日本和韩国同源于中华法系一脉，同属于新兴法治国家和汉字文化圈，它们的公民参与审判制度对我国借鉴性较高。因此，就需要理清为何日本、韩国最终没有选择陪审制或者参审制，而是创新地采用了糅合模式。为此，借助留基委的资助，笔者前往日本的一桥大学进行学习交流。留日期间笔者收集和学习了大量的裁判员制度设立的相关内容，对此问题有了基本的认识。在此基础上，笔者尝试通过类型化研究的方法对公民参与审判制度进行分类和比较研究，进而提炼出有利于我国人民陪审员制度完善的积极因素。

当然，博士论文作为笔者人生的第一部大部头学术著作，难免尝试成分多于创新，依然存在非常多的不足，希望读者多多包容。另外，由于毕业论文答辩后的第二年我国《人民陪审员法》就正式实施了，因此，我在尽量保留博士论文写作原貌的基础上，对与新法相关的部分进行了契合式修改。因为公民参与审判制度内涵的丰富性和庞杂性，囿于篇幅，对部分重要问题没有进行深度研究和积极回应，不过这也正是笔者将来学术道路上需要继续钻研的地方。

回顾求学路，笔者兰州大学本科毕业后，考取了中国人民大学法学院的研究生，师从程雷教授主攻刑事诉讼法学，有幸在程雷教授的带领下参与了很多项目的实地调研工作，打开了笔者对刑事诉讼学科的新认知。以此为契机，在程雷教授和家人的鼓励下，笔者继续攻读诉讼法学博士。读博期间，师从知名刑事诉讼法学专家甄贞教授，她深厚的理论功底和丰富的实践经验对笔者的学习和研究产生重大影响。陈卫东教授也是笔者求学和生活的重要引路人。另外，笔者有幸以联合培养博士生的身份，师从日本一桥大学王云海教授学习，王云海教授严谨的治学态度和精湛的比较刑事法研究方法使我受益匪浅。当然，在笔者的求学路上，还有许多老师、师兄弟姐妹都给予了很多的鼓励和帮助，这些都是笔者美好的校园生活不可或缺的组成部分，对此我时刻心怀感恩。

2017 年，笔者加入了西北政法大学刑事法学院刑事诉讼法教研室的大家庭。“从教的前提是在讲台上要立住”，对于没有任何教学经验的新手，刑事诉讼法教研室的各位老师都给予了笔者极大的指导和帮助。马克斯·韦伯曾经说过：“把学术作为一种志业。”学术是一个非常特殊的职业，需要天赋、基础、训练以及持续不断地并且充满激情地投入大量的精力——可即使如此，也不一定能够取得所谓的成功。所幸的是，笔者入职西北政法大学之后，在坚持阅读、备课、写作的同时，遇见了志同道合的各位同人——无论是朋辈学运团，还是陕西省刑事法学青年创新团队，每次对于教学和学术的交流讨论都能碰撞出思想的火花，结束后大家都收获满满。笔者非常喜欢一句话：“其业有不精，德有不成者，非天质之卑，则心不若余之专耳，岂他人之过哉。”笔者认为，对于教学和科研的坚持其实是选择了一种无比纯粹的生活方式，无论是教学还是科研，都要坚持勿忘初心、至精至诚，方能未来可期，才能有所收获。

最后，本书的出版得到西北政法大学刑事辩护高级研究院和法律出版社的大力支持，尤其是法律出版社法律应用出版分社冯雨春分社长对本书的出版作出了充分的协调和指导工作，法律出版社张颖编辑极为认真地对本书进行审读，提出了宝贵的意见。在此，谨向她们表达诚挚的感谢。

陈建军

2021 年 6 月 6 日于西安